FTA戦略の潮流

課題と展望

石川幸一・馬田啓一・国際貿易投資研究会 編著

文眞堂

はしがき

　広域で多国間のメガFTA（自由貿易協定）締結が今や世界の潮流となった。WTO（世界貿易機関）のドーハ・ラウンドが停滞する中で，主要国の通商政策の軸足はFTAに加速的にシフトしている。通商交渉におけるWTO離れは止まりそうもない。

　企業による国際生産ネットワークの拡大とサプライチェーンのグローバル化に伴い，これまでの枠を超えた21世紀型の貿易ルールが求められている。通商秩序は，関税撤廃が中心の20世紀型貿易から，国内規制の撤廃・調和を目指す21世紀型貿易の時代に変貌しつつある。そのルールづくりの主役は今やWTOでなく，メガFTAである。新たな通商秩序の力学は，TPP（環太平洋パートナーシップ），RCEP（東アジア地域包括的経済連携），TTIP（環太平洋貿易投資パートナーシップ），日EU・FTA，日中韓FTAなどのメガFTAを中心に動き始めているといってよかろう。

　こうした中で，日本のFTA戦略は今まさに正念場を迎えている。TPP，RCEP，日中韓FTA，日EU・FTAなど，日本が参加する4つのメガFTA交渉が合意に向けて重要な局面に差し掛かっているからだ。これらメガFTA交渉の行方が，日本経済の再生を目指すアベノミクスの成長戦略の成否につながると言っても過言ではない。

　成否のカギは先行するTPP交渉である。交渉参加の12カ国は2014年末の交渉妥結を目指したが，関税撤廃や知的財産権，国有企業規律などセンシティブな問題の対応をめぐり，対立の深い溝は埋まらず，越年となった。米議会中間選挙の結果，上下両院とも自由貿易に前向きな共和党が支配することになったが，レームダック化したオバマ政権に，交渉妥結の勝算はあるのか。共和党の協力を取り付けて，新議会からTPA（貿易促進権限）を獲得し，それによってTPP交渉に弾みをかけ，2015年前半までに交渉妥結に持ち込みたいところだ。果たして思惑通りにいくのか，予断を許さない。

TPPの登場で、アジア太平洋地域は今やメガFTAの主戦場となった。TPPは、高度で包括的な21世紀型のFTAを目指す。RCEPはTPPに比べると自由化のレベルは低いが、中国、インド、ASEANなどの新興国を含むルールづくりの枠組みとして大きな意義を持つ。日中韓FTAやAEC（ASEAN経済共同体）の交渉も進む中で、RCEPもこれらと連動しながら2015年末の妥結を睨んで交渉が行われている。

同床異夢といわれるRCEPの「運転席に座っている」国は一体どこなのか。中国は、RCEPについて表向きはASEAN中心性を尊重する姿勢を見せている。しかし、本音は、RCEPを米主導のTPPに対する対抗手段と位置付け、RCEPで実質的な主導権を握り、経済的な影響力を増大させようとしている。

米中の角逐が強まる中、TPPとRCEPの関係について競争的かそれとも補完的か、見方は分かれる。双方が将来、より広範なFTAAP（アジア太平洋自由貿易圏）に収斂する可能性はあるのだろうか。APECにその調整役を期待する声は少なくない。

日本のメガFTA交渉はワンセットで捉えなければならない。そもそも日本のTPP交渉参加が、中国やEUを刺激して日中韓FTAやRCEP、日EU・FTAの交渉の開始につながった。したがって、TPP交渉の行方が、日本の他のメガFTA交渉に影響する。万が一にもTPP交渉が漂流すれば、日中韓FTAもRCEPも交渉に緩みが生じて足踏みする恐れがある。TPPをテコに、日本が日中韓FTAやRCEPの交渉でイニシアティブを発揮するというシナリオも狂う。

さらに、EUとのFTA交渉にも影響する。TPPに対抗して米国との間でTTIP交渉を開始したEUは、対米交渉を優先、対日交渉への盛り上がりはいま一つだ。EUは、TPP交渉で日本がどこまで譲歩するかを見極めながら交渉を進める考えである。EUを前向きにさせるには、TPPの日米協議を進展させ、EUを焦らせるしかない。

地政学的に有利な位置にある日本のFTA戦略は、これまでTPPやRCEP、日中韓FTAの交渉を通じてアジア太平洋地域のルールづくりを目指してきた。だが、TTIPと日EU・FTAによるEUの巻き返しにより、今後はこれらの交渉の動きも見据えながら、ルールづくりに向けて攻めのFTA戦略を展開

していくことが必要であろう。

　日本にとってTTIP交渉の影響は極めて大きい。米国とEUの狙いは，TTIPによって環大西洋の貿易や投資を拡大させることだけではない。TTIPは，21世紀型の貿易ルールを意識した米欧のメガFTA戦略といってよい。米欧が合意すれば，事実上のグローバル・スタンダードとなる公算が大きいからだ。日本が蚊帳の外に置かれた形で，米欧主導で貿易ルールができることは避けたい。日本が米欧の動きを牽制できるかどうか，そのカギを握るのがTPPと日EU・FTAである。

　以上のような問題意識を持ちつつ，本書では，世界の通商戦略の潮流となっているFTAについて，様々な視点からその現状と課題を検証し，今後の展望を試みた。本書の構成は2部14章から成る。第1部では，FTA別の分析を行い，揺らぐWTO体制の下，FTAAP（APEC），TPP，RCEP，TTIP，日EU・FTA，日中韓FTA，AECなどのメガFTAを中心に新たな通商秩序に向けた動きについて考察している。第2部では，国別の分析を行い，日本，米国，EU，ASEAN，中国，韓国など，主要国のFTA戦略の現状と課題を検証している。読者の方々がFTA戦略の潮流について考える上で，本書がいささかなりとも寄与すれば幸いである。

　なお，本書の共同執筆陣はいずれも，国際貿易投資研究会（座長・馬田啓一）に参加するメンバーの有志である。当研究会は，一般財団法人国際貿易投資研究所（ITI）において定期的に開催され，ジェトロ等の協力も得て，最新かつ重要な通商問題をテーマとした報告・討論が毎回行われている。本書は，当研究会の2014年度に企画された出版プロジェクトの成果である。

　最後に，本書の刊行を快諾され編集の労をとられた文眞堂の前野弘氏と前野隆氏ほか編集部の方々に，心から御礼を申し上げたい。

2015年1月

編著者

目　　次

はしがき ……………………………………………………………………… i

第1部　メガFTAと新通商秩序：展望

第1章　メガFTA時代のWTO：
　　　　　その新たな役割 …………………………(馬田　啓一)… 3

　はじめに ……………………………………………………………… 3
　1. 崖っぷちのWTOドーハ・ラウンド：見えない着地点 ………… 4
　2. ポスト・バリ合意への期待と不安 ………………………………… 5
　3. 21世紀型貿易とメガFTAの潮流 ………………………………… 7
　4. WTOの役割は終わったのか ……………………………………… 8
　5. 保護主義の抑制とWTO …………………………………………… 9
　6. WTOの制度上の問題：改革の焦点 ……………………………… 11
　7. プルリ合意の意義：WTO復活の起爆剤か ……………………… 12
　8. メガFTA時代のWTO：主役か脇役か …………………………… 14

第2章　APECとFTAAP ……………………………(石戸　　光)… 18

　はじめに ……………………………………………………………… 18
　1. APECの性格：歴史的経緯から …………………………………… 19
　2. APEC域内の貿易自由化動向 ……………………………………… 23
　3. APECとFTAAP，ボゴール目標，TPPとの関連性 …………… 25
　4. APECとFTAAP：今後の展望 …………………………………… 27

第3章　メガFTA時代を先導するTPP ………………(菅原　淳一)… 31

　はじめに ……………………………………………………………… 31

1. メガ FTA 時代の幕を開けた TPP ………………………………… 32
2. 新たな「ひな型」としての TPP ………………………………… 36
3. メガ FTA 時代の TPP と日本 …………………………………… 39

第 4 章　RCEP の意義と課題 ……………………(石川　幸一)… 42

はじめに …………………………………………………………………… 42
1. EAFTA と CEPEA を統合 ………………………………………… 42
2. 包括的な FTA を目指す …………………………………………… 43
3. 市場・生産基地として重要な意義 ……………………………… 45
4. RCEP の課題 ………………………………………………………… 47
おわりに …………………………………………………………………… 51

第 5 章　TTIP（米 EU・FTA）交渉の現状と展望…(安田　　啓)… 53

はじめに …………………………………………………………………… 53
1. TTIP 交渉開始の動機 ……………………………………………… 54
2. 市場アクセス交渉の論点 ………………………………………… 55
3. 規制問題と非関税障壁の論点 …………………………………… 58
4. グローバルな共通課題 …………………………………………… 61
5. 今後の展望 ………………………………………………………… 64

第 6 章　日本・EU 経済連携協定（EPA）
　　　　　―新たな日 EU 関係強化への歩みと展望― ……(渡邊　頼純)… 66

はじめに …………………………………………………………………… 66
1. 日 EU 通商関係の歴史
　　―「摩擦・対立」から「協力・協調」へ― ……………………… 67
2. 「民間主導」で始まった議論
　　―野心的な日本側，慎重な EU 側― …………………………… 69
3. EPA 交渉までの道のり
　　―「スコーピング作業」から交渉開始まで― ………………… 74
4. 日 EUEPA 交渉の留意点 …………………………………………… 76

5．結びにかえて ……………………………………………………… 80

第7章　日中韓FTAの意義—再検討 ………………（阿部　一知）… 82

　はじめに ……………………………………………………………… 82
　1．日中韓FTAの交渉経緯 …………………………………………… 83
　2．日中韓FTAの経済効果：再検討 ………………………………… 86
　3．将来に向けて有意義な日中韓FTAを目指して ………………… 91

第8章　ASEAN経済共同体とメガFTA ……………（清水　一史）… 95

　はじめに ……………………………………………………………… 95
　1．ASEAN域内経済協力の展開とAEC …………………………… 96
　2．世界金融危機後のASEANと東アジア ………………………… 99
　3．2015年のAEC実現とメガFTA ………………………………… 102
　おわりに ……………………………………………………………… 107

第2部　主要国のFTA戦略：現状と課題

第9章　日本のFTA ……………………………………（高橋　俊樹）… 113

　はじめに ……………………………………………………………… 113
　1．日本のFTAの現状とFTA利用の実態 ………………………… 114
　2．FTAはどのような農産物・機械機器部品の輸出に効果的か … 118
　3．求められる日本企業のメガFTAの活用 ……………………… 123

第10章　米国のFTA …………………………………（滝井　光夫）… 129

　はじめに ……………………………………………………………… 129
　1．FTA政策の展開 ………………………………………………… 130
　2．米国型FTAの特色 ……………………………………………… 133
　3．形骸化しつつあるTPA ………………………………………… 138

第11章　EU統合の深化・拡大とFTA戦略 ………（田中　友義）… 142

はじめに……………………………………………………………………142
　　1. 統合化の手段としてのFTA戦略……………………………………143
　　2. FTA戦略の目的と手段 ………………………………………………148
　　3. 新FTA戦略の展開と今後の展望……………………………………155

第12章　ASEANの域外FTA ……………………（助川　成也）…159
　　はじめに……………………………………………………………………159
　　1. ASEANの域外FTA形成の動きとその特徴………………………161
　　2. 5つのASEAN＋1 FTAの利用拡大に向けた動き ………………173

第13章　中国のFTA政策とTPP ………………（中島　朋義）…182
　　はじめに……………………………………………………………………182
　　1. 中国のFTA政策の概要………………………………………………182
　　2. TPPの展開 ……………………………………………………………188
　　3. 中国における国有企業問題…………………………………………195
　　おわりに……………………………………………………………………198

第14章　新たな展開を見せる韓国のFTA …………（奥田　聡）…201
　　はじめに……………………………………………………………………201
　　1. 輸出主導による経済発展の軌跡……………………………………202
　　2. FTAの採用とその後のあゆみ………………………………………204
　　3. 韓中FTA ………………………………………………………………209
　　おわりに……………………………………………………………………215

索引……………………………………………………………………………218

第1部

メガFTAと新通商秩序：展望

第1章
メガFTA時代のWTO：その新たな役割

はじめに

　2013年12月にインドネシアのバリで開かれたWTO（世界貿易機関）の閣僚会議で，貿易円滑化など3分野の部分合意が成立した。かろうじて決裂は回避されたが，ドーハ・ラウンドの推進力がこれで簡単に蘇るわけではない。
　WTOの再活性化に向けた機運が高まることへの期待も膨らんだが，それもつかの間，冷や水をかけるような事態が起きた。WTOが，2014年7月末に予定していた貿易円滑化協定の採択を土壇場になってインドの反対で断念，交渉全体が機能マヒに陥ったからだ。
　11月下旬の一般理事会で採択にこぎつけたが，WTO加盟国は部分合意すら容易に実現できなくなったことに，危機感を強めている。特定の国が強硬な主張を続けると合意が危うくなる「全会一致の原則」に基づくWTO交渉の難しさが，改めて浮き彫りとなった。
　主要国はWTO交渉に対する嫌気から，通商戦略の軸足をFTA（自由貿易協定）に置き，メガFTA締結への動きを加速させている。21世紀の新たなルールづくりの主役は，今やメガFTA交渉にシフトしてしまった。
　しかし，WTOの役割が終わったわけではない。WTOの3つの機能のうち，ルールづくりの機能は低下したが，保護主義の動きに懸念が高まるなか，ルールの監視と紛争解決の機能は健在である。もちろん，監視と紛争解決の機能強化だけでは，WTOの求心力回復にはつながらない。21世紀型貿易が直面する課題に，WTOが強力にグローバル・ガバナンスを発揮できるか否かが問われている。
　メガFTA時代のWTOが再び求心力を取り戻し，主役に返り咲けるかどう

か，それとも脇役に低迷したままなのか，そのカギは，WTOが21世紀型貿易のルールづくりに積極的に関与することができるか否かだ。

本章では，いかにして主要国のWTO離れに歯止めをかけるか，メガFTA時代のWTOの新たな役割とは何か，グローバル・ガバナンスの視点から，WTOの今後の可能性を探る。

1. 崖っぷちのWTOドーハ・ラウンド：見えない着地点

2001年11月に開始されたWTOのドーハ・ラウンドは，2008年に妥結寸前にまで至りながら，先進国と途上国の主張の隔たりを解消できず，2011年末，近い将来の妥結を断念，失速状態が続いている。着地点は未だ見いだせない。

ドーハ・ラウンドは，農業，鉱工業，サービス，貿易円滑化，ルール（貿易救済措置など），知的財産権，開発，環境の8つの交渉分野に分かれている。現在160カ国・地域が交渉に参加しているが，先進国と新興国・途上国の利害がぶつかり，これまで何度も決裂している。

このため，2006年7月に開催された米国，EU，ブラジル，インド，オーストラリア（以下，豪州），日本の6カ国・地域による非公式閣僚会合（ジュネーブ）では，農業と鉱工業の2分野を最優先とし，モダリティ（関税や補助金の削減方法）合意を目指したが，ここでも決裂，交渉は一旦凍結された。

その原因は，いわゆる「三すくみ」(the triangle of issues) の対立にあ

表1-1　WTO交渉の経緯

2001年11月	閣僚会議（カタール・ドーハ）で新ラウンドの交渉開始に合意
2008年7月	非公式閣僚会合（ジュネーブ），米印の対立により合意寸前で決裂
2011年12月	閣僚会議（ジュネーブ）で8分野の包括合意を断念，部分合意を目指すことで一致
2013年12月	閣僚会議（インドネシア・バリ）で，貿易円滑化，農業の一部，開発の3分野で部分合意
2014年7月	貿易円滑化協定の採択を断念
11月	同協定を採択。ドーハ・ラウンドの残る分野の交渉計画づくりを，当初の12月末から15年7月末まで延期

（資料）　筆者作成。

る。日本とEUが農産品関税引き下げ，米国が農業補助金の削減，途上国が鉱工業品の関税引き下げに強く抵抗し，3つの争点ごとに各国の攻守関係が異なるという，複雑な対立の構図が出来てしまった。

ドーハ・ラウンドが最大のヤマ場を迎えたのは，2008年7月の7カ国・地域（中国も参加）による非公式閣僚会合（ジュネーブ）である。モダリティ合意に向けた意見の収斂があり，一度は大筋合意に近づいた。米国発の金融危機がもたらした食糧価格の高騰を背景に，米国が譲歩の姿勢を見せたからだ。

しかし，会合の最終局面で，農産品の途上国向け特別セーフガード・メカニズム（SSM）をめぐって，発動条件の緩和を求めるインド・中国とそれに反対する米国との対立が表面化，交渉は決裂した。米国が強く反対した理由の1つは，SSMが譲許税率を大幅に上回るような関税引き上げを認めるような内容であり，それは農産物自由化の後退を意味したからである。

その後，WTOは2009年11月，4年ぶりに公式閣僚会議をジュネーブで開いたが，ドーハ・ラウンドに関してはほとんど成果がないまま閉幕した。米国と新興国の間に依然として深い溝がある。一度は解消しかけた三すくみの対立も再燃するなど，膠着状態に陥った。

そうしたなか，2011年12月ジュネーブで開かれたWTO閣僚会議の共同声明が，ドーハ・ラウンドについて「近い将来の最終合意を断念する」と，事実上の交渉休止宣言を打ち出した。ドーハ・ラウンドはすべての加盟国によるすべての交渉項目の一括受諾を原則とする。しかし，その実現が難しいことから，一部の分野での先行合意（アーリーハーベスト）で交渉の進展を図ることになった。

かくして，2013年12月にインドネシア・バリ島で開かれる第9回WTO閣僚会議（以下，MC9）で，3分野（貿易円滑化，農業の一部，開発）の部分合意が成立するかどうかに注目が集まった。

2. ポスト・バリ合意への期待と不安

MC9において，3分野に限った部分合意（バリ・パッケージ合意）が成立

した。だが，WTOのアゼベド新事務局長が一旦は直前の一般理事会で部分合意の失敗を宣言するほど，交渉は難航した。農業分野（食糧備蓄，輸出補助金，関税割当）が最大の争点となった。

とくに揉めたのが，食糧備蓄のための農業補助金の扱いである。補助金で食糧を備蓄して貧困層に配給する措置について，WTO農業協定の対象外とするよう要求するインドと，協定違反だと主張する米国が激しく対立。次の閣僚会議が開かれる2017年まではWTO紛争解決の対象にしないという「平和条項」を盛り込むことで合意が得られるかに見えたが，2014年に総選挙を控えていたインドは農業補助金の恒久的な措置を求め，この案を拒否。結局，妥協点を探る交渉の末，特例として恒久的な措置を講じるまでは現状を維持するという「玉虫色の解決」となった。

バリ合意は，WTO発足後初の協定となる貿易円滑化協定について，全加盟国の合意を得たという点で画期的である。貿易円滑化は，通関手続きを簡素化し，透明性を高めることを目指している。

貿易円滑化交渉では，途上国が貿易円滑化の履行に際して先進国から資金や技術の支援を受ける代わりに，法的拘束力のある義務を負うかどうかが焦点となった。2013年11月，LDC（後発途上国）グループが，貿易円滑化の支援負担や義務協定で大筋合意を発表，これが難航する交渉の潮目を変えた。

LDCグループが妥協した背景には，バリ合意が成立しなければ，WTOか

表1-2　バリ・パッケージ合意の内容

分　類	内　　容
貿易円滑化	●通関手続の簡素化（電子化，窓口一本化） ●透明性確保（規制の事前公表，不服申立制度）
農業の一部	●食糧備蓄：途上国政府が食糧備蓄のため生産者から穀物買上げに要した負担のうち，貧困層に放出する分をWTO農業協定上の削減対象から暫定的に除外 ●関税割当の運用改善：関税割当の輸入枠の消化率改善 ●輸出競争：輸出補助金の削減の義務付け
開発	●WTO協定上の途上国優遇規定の履行モニタリング制度の設置 ●後発途上国（LDC）向け特恵関税の対象条件（原産地規則）のガイドライン，LDC向けサービス分野の特恵，LDC向け無税無枠の拡大 ●綿花補助金の削減

（資料）　外務省。

らFTAへのシフトが一段と加速し,FTAに参加できない途上国が完全に取り残されることへの危機感もあった。メガFTA交渉が進むなかで,とくに途上国の間でWTOを重視し,マルチの成果を望む声が高まった。

WTO交渉の今後の見通しについて,当初,バリ閣僚宣言では,WTO事務局が2014年12月までにドーハ・ラウンドの残された交渉分野に関する作業計画を作成するとしており,WTOの再活性化に向けた機運が高まることへの期待も膨らんだ。しかし,それもつかの間,それに冷や水をかけるような事態が起きた。

WTOの貿易円滑化協定を14年7月末までに一般理事会で採択する予定であったが,土壇場になって農業補助金の扱いを蒸し返したインドの反対で採択を断念,交渉全体が機能マヒに陥ったからだ[1]。5月に発足したインドのモディ新政権は,「2017年までの暫定措置」を受け入れたシン前政権の方針を撤回し,採択の見返りとして農業補助金の恒久化を強硬に要求。結局,米国がインドに譲歩したため,11月下旬,一転して採択の運びとなった。

WTO加盟国は部分合意すら容易には実現できなくなったことに,危機感を強めている。特定の国が強硬な主張を続けると合意が危うくなる「全会一致の原則」に基づくWTO交渉の難しさが,改めて浮き彫りとなった。ドーハ・ラウンドの行方は再び不透明さを増している。WTO離れはなかなか止まりそうもない。

3. 21世紀型貿易とメガFTAの潮流

通商秩序の新たな力学は,TPP(環太平洋パートナーシップ),RCEP(東アジア地域包括的経済連携),日EU経済連携協定,TTIP(環大西洋貿易投資パートナーシップ,米欧FTA)の4大メガFTAを中心に動き始めている。加速するメガFTAの背景には,サプライチェーンのグローバル化も影響している。

企業のグローバル化が進むなか,今や原材料の調達から生産と販売まで,サプライチェーンの効率化が企業の競争力を左右する。これが「21世紀型貿易」

(21st century trade) の特徴だ[2]。21世紀型貿易は，企業による国際生産ネットワークの進展によって，貿易と投資の一体化が進み，これまでの枠を超えた新たな貿易ルールを必要としている。

21世紀型貿易のルールは，サプライチェーンの効率化を通じて，企業が迅速かつ低コストで製品を生産できるようにすることが求められている。この結果，21世紀型貿易においては，企業の国際生産ネットワークの結びつきを妨げる政策や制度はすべて貿易障壁となった。ルールの重点は，国境措置（on the border）から国内措置（behind the border）へシフトしている。具体的には，「WTOプラス」のルール，例えば，サービスの自由化，投資の自由化・保護，知的財産権の保護，競争政策の強化，政府調達の改善，規制の調和などが必要となってきている。

一方，サプライチェーンの拡大に伴い，2国間FTAの限界も明らかとなってきた。2国間FTAでは，サプライチェーンが展開される国の一部しかカバーされない。サプライチェーンをカバーするために複数の2国間FTAを締結しても，「スパゲティ・ボウル現象」と呼ばれるようなルールの不整合が起きてしまう。

サプライチェーン全体をカバーするには，メガFTAが必要だ。メガFTAによって，企業はグローバルなサプライチェーンを拡げることが可能となる。サプライチェーンの効率化という点からみると，「地域主義のマルチ化」(multilateralizing the trade regionalism) が進み，2国間FTAを包含する広域のメガFTAができ，ルールが統一されていくことのメリットはきわめて大きい。

ドーハ・ラウンドの停滞によって，21世紀型貿易のルールづくりの主たる牽引役はWTOではなく，今やメガFTAが担っている。メガFTAの動きが，WTOの求心力低下に拍車をかけている。

4. WTOの役割は終わったのか

WTOは3つの機能のうち，自由化とルールづくりの機能は低下したが，監

視と紛争処理の機能は健在である。WTO のすべての加盟国が，WTO にとって代わるだけの機能をもった FTA を締結することができない以上，WTO の役割は終わらない。

　メガ FTA の潮流が加速しても，WTO の役割が欠かせない理由が 3 つある。第 1 に，FTA を締結していない国との通商政策は，WTO を活用するしかなく，FTA だけでは不十分である。例えば，米国，EU，中国の 3 市場を包含するメガ FTA が近い将来締結される見込みはない。欧米にとって頻発する中国との貿易紛争の解決は WTO に頼るしかない。

　第 2 に，FTA 競争から取り残された途上国にとっては，WTO は必要な枠組みである。経済規模が小さく FTA 締結の機会も少ない途上国は，WTO の失速と機能低下によってグローバル化から取り残されてしまうという懸念がある。メガ FTA 間の隙間に埋もれてしまう途上国への対応を忘れてはならない。

　第 3 に，FTA は事務局を持たず，強力な監視および紛争解決の機能を期待できない。とくに経済が縮小するような局面では，FTA は保護主義を阻止する上では有効に機能しない。むしろブロック経済化が進む危険性すらある。

　したがって，FTA でも代替できることと，WTO でしか果たせない役割を認識すべきである。WTO と FTA の棲み分けが非常に重要である。

5. 保護主義の抑制と WTO

　2008 年のリーマン・ショック以降，保護主義的措置が急増した。各国が発動した措置はきわめて多様で，関税引き上げ，輸入数量制限といった従来型に加え，規格・基準の厳格化，輸入許可制の導入，輸入港・空港の制限，貿易救済措置が増えた。また，政府調達における国産品優先（バイ・アメリカン条項など）や，政府による資金支援も実施された。しかし，1930 年代の世界大恐慌のような深刻な事態には陥らなかった。WTO の監視機能が保護主義を抑制したと見られる。

　WTO による監視には限界もある。例えば，関税引き上げは貿易制限的な措

置であるが、実際に適用している関税率がWTO協定で約束している関税率（譲許税率）を超えない範囲であれば、WTO協定違反にはならない[3]。

また、WTO協定で認められた正当な目的を掲げ、協定で定められた手続きに則っている限り、WTO協定違反とはならない。だが、正当な目的を隠れ蓑にした保護主義的な措置が後を絶たない。それらは「偽装された保護主義」と呼ばれている。

例えば、アンチ・ダンピング（AD）税などの貿易救済措置が増加しているが、不公正貿易の抑止という正当な事由のため、WTO協定で定められた要件と手続に則っている限り、AD税の発動は合法的である。しかし、実際には協定で認められた範囲を逸脱した保護手段として濫用・悪用されているとの指摘が多い。現行ルールの解釈や適用方法に問題があるからだ。

最近目立っているのが、強制規格の導入だ。途上国を中心に相次いで実施されている。規格遵守を任意でなく義務とする強制規格については、WTO協定の中のTBT（貿易の技術的障害に関する協定）によって、正当な目的の達成のために必要以上に貿易制限的であってはならないとされる。しかし、不必要な措置であるか否かの判定が難しい場合が多い[4]。

最も注意しなければならないのは、危機直後に先進国を中心に広がった国内企業への政府支援で、WTO協定違反か否かを判断しにくい場合が多い。リーマン・ショックは、政府と企業の関係についてこれまでの常識を一変させた。金融機関は別として、一般企業に対する政府による救済は避けるべきだとされてきた。市場での競争原理を歪めるからである。しかし、米政府によるGMとクライスラーへの支援をきっかけに、危機管理を大義名分に、欧州各国でも政府が公然と国内企業にテコ入れする動きが広がった。しかし、政府支援は危機が去るまでの一時的な措置であることを忘れてはならない。

各国が保護主義に走らないよう、睨みを利かせるWTOの監視機能は重要である。2009年4月のG20ロンドン・サミットでは、スタンドスティル（新たな貿易障壁の導入禁止）とロールバック（危機後導入した保護主義的措置の是正）のほか、保護主義的措置に関するWTOへの通報、WTOによる各国の遵守状況についてのモニタリング（監視）についても合意された。

WTOは、経済危機以降に各国で新たにとられた貿易制限的な措置をリスト

にまとめ，2009年1月と4月に第1次と第2次の報告書を公表した。G20ロンドン・サミットは，WTOによるこの作業を評価し，各国に保護主義的措置の通報を義務づけ，WTOに対し四半期ごとの報告書のとりまとめと公表を指示した。

その後，保護主義的措置を監視するため，2009年9月のG20ピッツバーグ・サミットの合意に基づき，WTOは半年ごとに「G20諸国の貿易措置に関する報告書」を作成している[5]。ただし，報告書が扱う貿易制限措置については，G20各国の通報に基づいてWTO事務局がリストアップしたものであり，これらの措置がWTO協定と整合的かどうかは問われていない[6]。

6. WTOの制度上の問題：改革の焦点

ドーハ・ラウンドが停滞している主な要因の1つとして，WTOにおける制度上の問題が指摘されている[7]。

第1に，ドーハ・ラウンドは，シングル・アンダーテーキング（一括受諾方式）を採用しているが，この交渉方式がもはや機能しなくなっている。シングル・アンダーテーキングとは，"Nothing is agreed until everything is agreed."という意味であるが，交渉分野が容易なところから困難な領域に移行するのに伴い，すべての分野の合意を交渉妥結の前提条件とするようなやり方が重荷となっている。ラウンド交渉からの切り離しを含めて，特定分野ごとの交渉方式（部分合意）も選択肢に入れるべきである。

第2に，コンセンサス（全会一致）の原則が意思決定を困難にしている。WTOに事実上，160の拒否権が存在するのと同じだ。加盟国の増加と多様化が進む中で，全会一致の合意を取り付けることは今や至難の業となった。

第3に，加盟国が一律の権利義務関係を持つというやり方が限界に直面している。自国に都合の良い協定にだけ参加する「つまみ食い」を懸念して，WTOはすべての協定を一括して受諾する方式をとっている。WTOではサービス（GATS）や知的財産権（TRIPS）などに関する協定が導入され，すべての加盟国が参加を義務付けられた。しかし，加盟国の多様性によって，一律

の規律では協定の内容を質的に高めることが難しくなっている。

2011年12月のMC8における議論が，WTOにとって大きな転換点と位置づけられる。WTO交渉の失速を懸念して，WTOの制度改革を求める声が高まった。

第1に，ドーハ・ラウンドについて，これまでのアプローチ（全会一致と一括受諾方式の原則など）では合意が困難であるとの認識が共有された。これを受けて，有志国によるプルリ合意の可能性が議論されることになった。

第2に，案件ごとに異なったスピードで処理する可能性が容認されたことの意義は大きい。これによって部分合意の可能性が高まり，バリ・パッケージ合意の実現につながった。

7. プルリ合意の意義：WTO復活の起爆剤か

WTOのドーハ・ラウンドが行き詰まるなか，最近，注目を集めているのが，プルリ協定（pluri-lateral agreement）である。これは有志国間の協定だが，包括的な広域FTAと異なり，個別分野ごとの複数国間の枠組みである。

主要国は，包括的なラウンドよりも比較的に妥結しやすい有志国によるプルリ合意に大きな関心を持ち始めている。プルリ合意は，WTOの意思決定における欠陥をカバーして，WTOの交渉に弾みを与えるかもしれないからだ。

第1に，特定分野の交渉であるため，多数の分野を包括的に交渉するラウンドにみられるようなシングル・アンダーテーキング（一括受諾方式）の制約を全く受けない。第2に，有志国による交渉であるため，コンセンサス（全会一致）方式の弊害を緩和できる。

プルリ協定にはWTO協定を補完する役割が期待される。例えば，日米EUなど11カ国・地域が参加する模倣品・海賊版拡散防止条約（ACTA）は，本来的にはWTOのTRIPS（知的財産権の貿易関連側面）協定の改正により模倣品や海賊版の取り締まりを強化すべきものであるが，途上国が知的財産権の強化に対して消極的であるため，プルリ協定の形となった[8]。

一方，WTOにおけるプルリ合意としては，WTO情報技術協定（ITA）がある。1997年に発効したITAは，コンピュータ，通信機器，半導体などのIT関連製品および部品に課された関税の撤廃を目指した協定である。1996年12月に29カ国が合意，その後参加国を増やし，現在は78カ国まで拡大している。しかし，ITAの対象品目（約140品目）は変わっていない。当時はまだ普及していなかったデジタル製品も多いため，ITAの対象品目の見直しが必要となっている。

このため，2012年5月からITAの品目拡大交渉が始まった。当初，2013年12月のMC9で正式合意を目指したが，中国が相当数の品目についてITAの対象とすることに難色を示したことで，日米欧との溝は埋まらず，MC9での合意は見送られ，今も交渉は続いている。

MC9の成果の1つとしては，2012年3月に採択された改正政府調達協定（GPA）の2014年3月までの発効が加盟国間で確認された。GPAもWTOにおけるプルリ協定だ。加盟国は日米EUなど15カ国・地域である。

いま最も注目されるプルリ合意に向けた動きが，新サービス貿易協定（仮称TISA）である。TISAは，1995年のサービス貿易一般協定（GATS）を全面的に見直し，新しいサービス貿易のルール作りを目指している。

サービス貿易の自由化はドーハ・ラウンドの主要議題の1つであるが，交渉は行き詰まっている。このため，2012年以降，WTOの全メンバーではなく，自由化に前向きなメンバーだけでプルリ協定の交渉を進めようとする動きが強まり，2013年6月から，TISAに関する有志国会合（日米EUを含む22カ国・地域）が本格的な交渉段階に入った。

さらに，ごく最近の動きでは，2014年1月のダボス会議で，日米やEU，中国，韓国など41カ国・地域が，環境物品の関税引き下げに向けた自由化交渉を始める準備に入ると発表した。環境物品の協議は，21カ国・地域が参加するAPEC（アジア太平洋経済協力会議）が先行しており，2012年9月にウラジオストックで開かれたAPECサミットで，54品目の環境物品について関税率を2015年末までに5％以下にすることで合意している。

プルリ協定の締結は，これまでの多国間交渉の枠組みを変えようとする動きであるが，いくつか問題点もある[9]。第1に，交渉開始が困難である。WTO

で交渉を始める場合は，非参加国も含めて WTO 加盟国すべての合意が必要である。たとえ有志国間の交渉であっても，将来，多国間のルールに発展する可能性を嫌って交渉開始に反対する国も出るだろう。

　第2に，ラウンドの一括合意へのこだわりがある。特定分野の合意を認めると，他の交渉分野の合意に向けた推進力が弱まり，各国の譲歩が得られず，一括合意に向けた分野横断的な妥協の余地が狭まることが懸念されるからだ。プルリ合意は自分の首を絞めることになるのか。

　プルリ合意が WTO 復活の起爆剤となれるか，それとも WTO 崩壊の自爆テロに終わるのか。それは，WTO によるグローバル・ガバナンス次第だ。現在のようにドーハ・ラウンド合意の見込みがない状況では，特定分野の交渉をラウンド交渉から切り離すべきだという声は，先進国を中心に増えており，プルリ合意へのインセンティブはますます強まるだろう。

8. メガ FTA 時代の WTO：主役か脇役か

　21世紀型の貿易ルールづくりを目指すドーハ・ラウンドは，膠着状態に陥り抜け出せない。このため，サービス，投資，知的財産権，競争政策，政府調達，環境，労働などの分野をカバーする新しいルールは，TPP，TTIP などメガ FTA を中心に WTO の外で作られようとしている。

　だが，一連のメガ FTA 交渉が進んでも，地域主義の性格上，参加国と非参加国との間に「域外差別」の問題が生じる。メガ FTA は，グローバルな貿易システムを自動的に保証するわけではなく，さまざまな弊害を生む危険があることに注意しなければならない。

　サプライチェーンの効率化を進める企業にとって，メガ FTA ごとにルールが違うのは困る。貿易システムの分極化は避けねばならない。メガ FTA の間でルールの調和が必要だ。その調整の場は WTO しかないであろう。

　メガ FTA がいくつも躍り出たことで，逆に，再びグローバルなルールとそれを支える多国間の枠組みとしての WTO の存在意義が再認識されるとすれば，WTO にとってはチャンスである。WTO 復活のカギは，メガ FTA 間の

調整というWTOの「第4の機能」にかかっている。

WTOの将来像についてどのようなシナリオが描けるのか。21世紀型貿易におけるWTOの将来は，悲観と楽観の2通りが考えられる。第1のシナリオは，21世紀型貿易においてWTOが脇役に甘んじるという悲観的なケースだ。WTOは，監視と紛争解決の機能に特化，21世紀型貿易のルールづくりはすべてメガFTA任せとなる。

これに対して，第2のシナリオは，WTOの求心力を回復させ，主役に復帰するという楽観的なケースだ。WTOは，情報技術，政府調達，サービス，投資，知的財産権，競争政策，環境などの問題について，新たな多国間のルールを提案するか，メガFTAの新しいルールの一部を多国間に適用するようにするなど，21世紀型貿易のルールづくりに積極的に関与していく。メガFTA間の調整役をWTOは担うべきだ。

なお，関与の形態としては，複数のバリエーションがある。ITAやTISAなどのように有志国によるプルリ協定や，バリ・パッケージ合意のように特定分野に関する多国間協定としてまとめることも考えられる。

WTOの将来は，21世紀型貿易に十分対応できずこのまま脇役に退くのか，それとも，主役として21世紀型貿易の新たなルールづくりに創造的に関わっていくことができるのか，WTOは今まさに剣ヶ峰に立っていると言えよう。

注
1) 貿易円滑化協定の採択を求める先進国が，他のバリ合意事項の実施やドーハ・ラウンドの作業計画づくりに関する協議を拒否，WTO交渉全体が機能マヒに陥る事態となった。
2) Baldwin (2011, 2012)。
3) 2011年12月のMC8の議論では，保護主義抑止のために強いコミットメントを行うべきとの主張に対して，WTO協定の範囲内で自由化を後退させる余地を認めるべきとの主張もあった。
4) 例えば，08年9月，インドは一部の鉄鋼製品に対する強制規格を実施した。これによりインドに輸入される鉄鋼製品は，BIS (Bureau of Indian Standards) 規格を取得しなければならなくなった。インドはその目的を製品の安全および品質の確保と説明している。
5) WTOウェブサイト：http://www.wto.org/english/news_e/news13_e/trdev_18dec13_e.htm。
6) これは，貿易制限措置によって被害を被った加盟国によるWTO提訴があって，初めてWTOのパネル（紛争処理小委員会）がWTO協定との整合性について調査に乗り出し，裁定を下す仕組みとなっているからだ。
7) 中富 (2012)。
8) ACTAは今後，グローバル・ルールとなることを期待されているが，2012年7月にEU議会が批准を拒否するなど，前途は多難である。

9) 小寺 (2012)。

参考文献

馬田啓一 (2010a)「WTOドーハ・ラウンドと日本の課題」青木健・馬田啓一編著『グローバリゼーションと日本経済』文眞堂。
馬田啓一 (2010b)「経済危機と保護主義」青木健・馬田啓一編著『グローバル金融危機と世界経済の新秩序』日本評論社。
馬田啓一 (2013a)「TPPと新たな通商秩序：変わる力学」石川幸一・馬田啓一・木村福成・渡邊頼純編著『TPPと日本の決断』文眞堂。
馬田啓一 (2013b)「オバマの通商戦略に死角はないか：WTOとメガFTAへの対応」国際貿易投資研究所『季刊国際貿易と投資』No.94。
馬田啓一 (2014)「メガFTA時代のWTO：主役か，脇役か」国際貿易投資研究所『季刊国際貿易と投資』No.95。
外務省 (2013)「第9回WTO閣僚会議（概要と評価）」(2013年12月11日)。
川瀬剛志 (2009)「世界経済危機後の保護主義とWTO—多国間通商協定によるガバナンスの役割，実効性および課題—」RIETI 政策シンポジウム報告 (2009年7月16日)。
木村福成 (2005)「ドーハ開発アジェンダとWTO体制の危機」馬田啓一・浦田秀次郎・木村福成編著『日本の新通商戦略—WTOとFTAへの対応』文眞堂。
経済産業省編 (2013)『2013年版不公正貿易報告書』経済産業調査会。
日本貿易振興機構編 (2013)「特集・到来！メガFTA時代」『ジェトロセンサー』2013年12月号。
小寺彰 (2012)「通商ルール定立の場としてのWTO：今後の可能性」浦田秀次郎・21世紀政策研究所編著『日本経済の復活と成長へのロードマップ』文眞堂。
中富道隆 (2012)「プルリの貿易ルールについての検討」RIETI policy Discussion Paper Series 12-p-002 (http://www.rieti.go.jp/publications/pdp/12p002.pdf)。
吉野文雄 (2011)「WTOとFTAの関係：悲観と楽観」馬田啓一・浦田秀次郎・木村福成編著『日本通商政策論—自由貿易体制と日本の通商課題』文眞堂。
吉野文雄 (2012)「WTOの失速：その存在意義」馬田啓一・木村福成編著『国際経済の論点』文眞堂。
渡邊頼純 (2012)「WTOとアジア太平洋における経済統合」山澤逸平・馬田啓一・国際貿易投資研究会編著『通商政策の潮流と日本：FTA戦略とTPP』勁草書房。
渡邊頼純 (2013)「日本の通商戦略とTPP：地域主義のマルチ化を求めて」山澤逸平・馬田啓一・国際貿易投資研究会編著『アジア太平洋の経通商秩序：TPPと東アジアの経済連携』勁草書房。

Baldwin, R., (2011), "21st Century Regionalism: Filling the Gap between 21st Century Trade and the 20th Century Rules," Centre for Economic Policy Research, *Policy Insight*, No.56, May 2011.
Baldwin, R., (2012), "21st Century Trade and the 21st Century WTO," Research Institute of Economy, trade and Industry, June 2012.
Baldwin, R. and Patrick Low eds. (2009), *Multilateralizing Regionalism: Challenges for the Global Trading System*, Cambridge University Press.
Hufbauer, G.C. and J. Schott (2012), "Will the World Trade Organization Enjoy a Bright Future?" Peterson Institute for International Economics, Policy Brief 12-11, May 2012.
OECD, WTO and UNCTAD (2010), *Report on G20 Trade and Investment Measures (September 2009 to February 2010)*, 8 March 2010.

USTR (2014), *2014 Trade Policy Agenda and 2013 Annual Report*, March, 2014.
WTO (2004), "The Future of the WTO: Addressing Institutional Challenges in the New Millennium," Report by the Consultative Board to the Director-General Supachai Panutchpakdi.
WTO (2013a), *WTO Annual Report 2013*.
WTO (2013b), *Bali Ministerial Declaration*, Adopted on 7 December 2013, Ministerial Conference ninth Session, Bali, 3-6 December 2013.

(馬田啓一)

第 2 章

APEC と FTAAP

はじめに

　アジア太平洋経済協力（Asia Pacific Economic Cooperation: APEC）は1989年に日本およびオーストラリアの主導で設立され，2014年で設立25周年を迎えた。経済統合を深化させるヨーロッパの動きに刺激されて設立されたAPECであるが，現在のところ，いまだFTAとみなしうる段階にはない。しかしAPECは，アジア太平洋自由貿易圏（Free Trade Area of the Asia-Pacific: FTAAP〈エフタップ〉）というメガFTAの具体化の可能性を秘めた国際的な経済協力の枠組みである。APEC自体がFTAAPへという自由貿易の枠組みへと変貌していくのか，あるいはAPECはそのまま機能し続けながらもFTAAPを生み出していくのか，といったAPECとFTAAPの関係性については，議論が分かれている。そこで，本章では，このAPECとFTAAPの関係性について，その歴史と経済動向の双方を参照しながら論じ，今後の展望を試みる。

　第1節では，APECの設立を巡る歴史を概観する。特に日本がAPECの設立において主導的な役割を果たし，アジア太平洋地域の経済発展のための協力というニュアンスが目的として強かったこと，しかしその後アメリカの提案により貿易自由化が主軸となり，APECの主要な政策目標であり，貿易投資の自由化・円滑化を中心としたボゴール目標へと結実していった背景に焦点を当てていく。第2節では，APEC域内の貿易自由化動向について概観し，FTAAPが実現した場合の経済規模が，WTOのドーハ・ラウンドが停滞する中でいわば「第二WTO」とみなしうるほど世界全体に影響を及ぼしうる規模になることを確認したい。第3節においては，FTAAPの大きな経済効果，またFTAAPの性格として，APEC自体をベースとしたものであるという考え

方と，APECの「外側」に位置づけるべきものであるとの考え方との併存状況につき論じる。特に中国の「提案」するFTAAPと，米国主導のTPPの持つAPECとの関係について検討したい。最後の第4節においては，APECを取り巻くこれまでの動向を踏まえた上で，FTAAPの実現に向けた政策提言を行いたい。

1. APECの性格：歴史的経緯から

　まずAPECの設立を巡る歴史的事実として，日本はAPECの設立において主導的な役割を果たした。その設立の動きは実は太平洋戦争の勃発前からも，寛容的な，すなわち開かれた環太平洋共同体を構築しようという動きとして存在していた。広義の歴史的文脈において，国際連合の前身である国際連盟の事務次長を務めた新渡戸稲造は，その晩年，環太平洋地域内の民間レベルでの相互理解のため尽力していた。戦後になってからも，歴史の教訓に立って，太平洋（Pacific Ocean）が文字通り平和主義的な（すなわち"pacific"な）国際関係づくりの舞台となるべく，政治家の大平正芳は行政官出身の大来佐武郎らをブレーンとして「環太平洋連帯構想」の呼びかけに1978年より着手し，これを日本政府が太平洋戦争の戦勝国オーストラリアのフレイザー首相（当時）に提案して賛同を得たことが，いくつかの国際組織の設立[1]を経て1989年のAPEC設立につながってゆくのである（小野，2004；Yamazawa，2012）。APECの設立当初に経済協力が中心であったことは，APECの名称の一部「経済協力」（Economic Cooperation）にも如実に表れている。

　APECでは賢人会議（Eminent Persons Group）が1993年より1995年まで設置され，アジア太平洋地域における貿易体制及び政策課題に関して提言を行うことになった。同会議は有識者や研究者から構成され，大来佐武郎も有力なメンバーであった。だが1993年の大来の死去もあり，賢人会議は初代議長に就任した米国のバーグステン（F. Bergsten）のイニシアティブのもとに進められることとなった。その結果として大来の主張した経済協力を重視したAPECというビジョンではなく，貿易の自由化に力点を置いた報告書が1994

年にインドネシアのボゴールで開かれた第 6 回 APEC に提出された[2]。そして同報告書の主な内容は，首脳会議で採択された「ボゴール宣言」に盛り込まれた。ボゴール宣言（目標）とは，「APEC の先進メンバーは遅くとも 2010 年までに，途上メンバーは 2020 年までに自由で開かれた貿易および投資を達成する」という目標である。APEC はその後，このボゴール目標を大きな柱として貿易・投資の自由化・円滑化論議が相対的に盛り上がっていった。大来の見据えた「ステップ・バイ・ステップ，参加国の合意を得て太平洋協力を着実に前進させる」[3]という視点は，APEC において薄らいでいったといえる。

しかし APEC は 1997 年のアジア通貨経済危機の際にその解決のための有効な協力の政策を打ち出すことができなかったと域内外に認識されてしまった。そのため，米国は APEC への関与の度合いを低めていった。その米国も時を経て 2000 年代に入り，アジア地域における急速な経済発展を目の当たりにし，自国のアジア地域への輸出増大による雇用創出へとつなげたいという思惑のもと，APEC をより積極活用する方向へ政策転換を行った。これが 2006 年のベトナムにおける APEC 首脳会議で，太平洋自由貿易圏（Free Trade Area of the Asia Pacific, FTAAP）が米国主導で正式に提案されることにつながった。

周知の通り，FTAAP という構想がもし実現した場合には，世界人口の約 4 割，世界の国内総生産合計の約 4 割にも上る「国際共同体」が形成されることになる。これは WTO が停滞する現在，いわば「第二 WTO」と呼びうるほどの大きな規模の FTA，すなわちメガ FTA の誕生を意味する。

一方日本は 2010 年に APEC 議長であった年に，FTAAP を実現するための具体的な取り組みとして，その年の首脳宣言である「横浜ビジョン」を取りまとめた。その一部は，次の通りである。「我々は，APEC の地域経済統合の課題を進展させるための主要な手段であるアジア太平洋自由貿易圏（FTAAP）の実現に向けて具体的な手段をとる。FTAAP は，中でも ASEAN＋3，ASEAN＋6 及び環太平洋パートナーシップ（TPP）協定といった，現在進行している地域的な取組を基礎として更に発展させることにより，包括的な自由貿易協定として追求されるべきである」。この首脳宣言においては，TPP の位置づけが APEC における自由貿易圏すなわち FTAAP の形成と密接に関わる

ものと明確に位置づけられている。(しかし2014年のAPEC議長である中国は，後述のようにこれとは別のニュアンスでFTAAPの構想を謳いはじめた。)

　APECを下支えする哲学は「開かれた地域主義」(Open Regionalism)である。これは文字どおり解釈すると，山澤 (2001) にもあるとおり，域外にも開かれた地域，つまり地域のみを優先しないという主義，と考えられる。そうでなければ，「開かれた」という枕詞の意味合いが無くなってしまうであろう。この言葉の意味合いを巡っては，APECの設立当初からメンバー間での認識のギャップが存在していた。1989年のAPEC設立時点では，APECの存在意義・目的はどのようなものだったのか。APECの設立に多大な貢献のあった大来佐武郎に関する評伝（小野，2004，423ページ）にも記されているとおり，1989年のオーストラリアにおける第一回APEC閣僚会合において打ち出されたAPECの基本原則は以下のとおりであった。

1. 世界的な多角的貿易体制を支持し，貿易ブロックの形成を目指すものではない。
2. 社会経済体制や経済の発展段階の相違など，この地域の多様性[4]に配慮する。
3. コンセンサスを重視し，平等の参加と相互の利益を重視する。
4. ASEANなど既存の組織とは相互補完関係を築く。

　これらの項目のうち，項目1がAPECの持ついわゆる「開かれた地域主義」(Open Regionalism) というエコノミーである。多角的貿易体制とはもちろん，世界貿易機関WTO（当時は関税貿易一般協定，General Agreement on Tariffs and Trade: GATT）における最恵国待遇に基づいた貿易自由化交渉を指しており，日本も1990年代の後半まで，この多角的貿易自由化の体制を堅持していた。しかしWTOでの多角的貿易自由化交渉が加盟国の相互牽制により停滞するに及び，1999年の通商白書において日本は初めてこの方針を転換して多角的貿易体制とともに2国間の自由貿易協定を選択的に推進する「重層的」な貿易体制へと移行することとなった。そして2002年に日本はシンガポールとの初の自由貿易協定にあたる「日本・シンガポール新時代経済連携協定」(Japan-Singapore Economic Agreement for a New Age Partnership:

JSEPA) を発効させた。このことの背景には，米国が 1994 年に北米自由貿易協定を締結し，いわば「閉ざされた地域主義」へと移行したことと確かな因果関係があろう。

　ところで APEC の枠組みにおいて，何を称して「開かれた」とみなすかについては，きわめてあいまいな話であった。外交的にはこのあいまいさが不可欠であり，APEC においては，首脳宣言をはじめとする正式文書内の文言として Openness（開かれた）を明示しながらも，その意味合い自体を参加メンバーごとに違ったものとして持ち続けることを可能にしているといえる。さもなければ，多様な政治体制・経済的ばらつきに満ちたアジア太平洋地域における APEC の設立自体はそもそも覚束なかったであろう，ということは想像に難くない。文言の「意図されたあいまいさ」は外交一般を推進する上での配慮としてプラス面でもあるのかもしれない。今まさに「開かれた」の意味についてのあいまいさを公式に払拭すべき局面が訪れている。

　APEC メンバーの平均輸入関税率を調べてみると，一部のメンバーで，農産品貿易においては二桁台の高い関税率が見受けられるものの，全体としては一桁台のメンバーが多い。APEC 域内の貿易自由化は WTO の最恵国待遇ベースで着実に進展している。APEC の取り組みは，設立の趣旨とは裏腹に，「協力措置」というよりは，米国の意向が大きく反映された貿易・投資の自由化を軸としたものとなっている。もちろんそのような貿易自由化は協調して（すなわち協力的に）行うことで，参加メンバーは豊かさを享受できるはず，という思想が根底にあるのでは，という見方もあり，急激な自由化でない限り，現在主流の国際経済理論に照らしても，それは確かな一面の真理ではある。

　2010 年に横浜で行われた第 18 回 APEC 首脳会議では，首脳宣言として「横浜ビジョン：ボゴール，そしてボゴールを超えて」が採択され，環太平洋地域における，より強固で深化した共同体を目指していくことが合意された。具体的には，また，アジア太平洋自由貿易圏（FTAAP）について，ASEAN+3，ASEAN+6，TPP といった広域 FTA の取組を基礎として更に発展させていくことなどによって，包括的な自由貿易協定として追求されるべきであり，その実現に向けて具体的措置を取っていくことが合意されている。

2011年のAPECハワイ会合においては，自由化を軸とした経済統合，すなわち前述のアジア太平洋自由貿易圏（Free Trade Area of the Asia Pacific: FTAAP）が主要議題の1つとなった[5]。しかしTPPを経由したFTAAPの域内自由貿易化の構想は，APECのこれまで保ってきた「開かれた地域主義」というよりはむしろ，「閉ざされた」もの，すなわち参加メンバー間のみに差別的な形で関税撤廃等がなされるもののようである。TPPを積極的に活用するとすれば，それはAPEC「経済技術協力」の有効活用によって下支えされるべきである。

このようなTPPとAPECの動きを見すえた場合，閉じた地域主義としてのTPPをより開かれた形でのFTAAPへと収斂させる方策として，APECをさらに本格的に活用すべきであると考えられる。この点については後述したい。

2. APEC域内の貿易自由化動向

表2-1にアジア太平洋諸国・地域の財貿易額および平均実行関税率を示す。表中の1989年とはもちろん，アジア太平洋経済協力（Asia Pacific Economic Cooperation, APEC）の設立された年（いわばアジア太平洋での経済統合への動きが開始された年）であるが，この年と2012年との2時点で比較してみると，財の輸出額，輸入額は飛躍的に高まっている。またこの間，関税の引き下げがWTOを中心としてなされ，2010年の平均実行関税率は全品目で見た場合，ほとんどの国・地域で一桁の数字となっている。ただし農産品の平均実行関税率をみると，韓国では50％近い数字となっており，これは関税という貿易政策によって国内の農業を保護しようという意図を示している。また中国の貿易量における躍進ぶりはまさに目覚ましく，2012年には輸出額では1989年の水準の36倍，輸入額では29倍となっている。これは輸出額では米国を超えて世界第1位，輸入額では米国に次いで世界第2位の水準である。APECが世界の貿易をまさに牽引している実態がますます鮮明になってきている。

APECは現状においてまだ自由貿易地域にもなっていないものの，加盟する各国・地域で貿易自由化を積極的に推進しようと政策論議が活発に行われて

表 2-1 アジア太平洋諸国・地域の財貿易額および平均実行関税率（TPP 参加表明国は太字）

国・地域	財の輸出額（10 億ドル）		財の輸入額（10 億ドル）		全品目平均実行関税率(%)	農産品平均実行関税率(%)	非農産品平均実行関税率(%)
	1989 年	2012 年	1989 年	2012 年	2012 年	2012 年	2012 年
オーストラリア	46	256	58	261	2.7	1.2	2.9
ブルネイ	2	13	1	4	2.5a	0.1a	2.9a
カナダ	139	455	143	475	4.3	16.2	2.4
チリ	10	78	9	79	6.0	6.0	6.0
中国	57	2,049	63	1,818	9.6a	15.6a	8.7a
香港	90	493	87	553	0.0	0.0	0.0
インドネシア	24	188	22	190	7.0	7.9	6.9
日本	314	799	287	886	4.6	16.6	2.6
韓国	71	548	70	520	13.3	52.7	6.8
マレーシア	28	228	27	196	6.5	11.2	5.8
メキシコ	42	371	44	380	7.8	21.2	5.8
ニュージーランド	11	37	12	38	2.0	1.4	2.2
パプアニューギニア	2	6	2	5	…	…	…
ペルー	4	46	3	42	3.7a	4.1a	3.6a
フィリピン	10	52	13	65	6.2	9.8	5.7
ロシア	…	529	…	335	10.0	13.3	9.4
シンガポール	54	408	56	380	0.2	1.4	0.0
台湾	73	301	65	270	6.1	16.4	4.5
タイ	25	229	30	250	9.8a	21.8a	8.0a
米国	478	1,546	578	2,336	3.4	4.7	3.2
ベトナム	2	115	3	114	9.5	16.1	8.4
APEC 全体	…	8,277	…	8,782	5.7	12.0	4.7
世界全体	3,755	18,404	3,098	18,608	…	…	…

（注） メンバーの参加年については考慮せず，2014 時点で APEC に参加するすべてのエコノミーを掲載。輸出額は fob（free on board，輸出国の港までにかかる金額で計算），輸入額は cif（cost, freight and insurance，輸入国までの運賃や保険等のコストを含む）の値のため，輸出と輸入の世界合計は一致しない。 a 2011 年の値。…データなし。
（資料） APEC 事務局のオンラインデータベース StatsAPEC（http://statistics.APEC.org/）より作成。

いる。APECの特徴は山澤（2001）が指摘するように，① 多様性，② 高成長，③ 非制度化である。① はAPECメンバー国・地域の経済的発展段階，政治体制，及び文化的歴史的背景が非常に多様であること，② はこの地域の近年における高い経済成長ぶり，③ はAPECという枠組みが制度的に緩やかで自発的な性質を持つことをそれぞれ指している。また，1994年のボゴール目標以来，貿易投資の自由化・円滑化がAPECの主要な目標とされているが，「貿易投資の自由化円滑化」とは具体的にどのような状態を意味するのか，について明確な合意は存在しておらず，このことがAPECの実効性への疑問の根拠ともなっている。

そのような背景下で，上述の通り，米国は，2006年11月に，APEC全体でのFTAを実現させる政策意図を公表した。これを踏まえる形で現在のTPPを巡る大きな論点になっている。また日本も，これを長期的な目標として今後のFTAAPを進めていくようである。これらの動きは共に，FTAAPの持ちうる大きな経済効果を見越してのことであることはいうまでもない。しかしTPPはAPECとは別の枠組みとして認識されており，APECとFTAAPもまた，その関係性においては議論が分かれているのが現状である。自節ではこの点について触れたい。

3. APECとFTAAP，ボゴール目標，TPPとの関連性

表2-2に川崎（2011）による広域FTAによる実質GDPへの効果の試算を示す。日本はFTAAPにより，他の枠組みと比較して最大の利益を得ることが分かる。TPPはTPP交渉参加の12カ国（オーストラリア，ブルネイ，カナダ，チリ，日本，マレーシア，メキシコ，ニュージーランド，ペルー，シンガポール，米国およびベトナム）が差別的な関税撤廃の対象と想定されているが，APEC全メンバーをカバーしているわけではないため，GDPの拡大効果は限定的となっている。

TPPについて，中国は韓国と並んで懸念を表明しているが，それは表2-2にある通り，貿易転換効果による実質GDPへのマイナスの影響を懸念しての

表 2-2 広域 FTA による実質 GDP への効果（TPP 参加表明国は太字，ただしブルネイを除く）

(%)

	世界全体の貿易自由化	FTAAP	TPP	ASEAN+6	ASEAN+3	日中韓FTA
日本	1.25	1.36	0.54	1.10	1.04	0.74
中国	7.35	5.83	-0.30	3.43	3.16	2.27
韓国	8.68	7.10	-0.33	6.34	5.94	4.53
香港	3.19	2.65	-0.22	-0.24	-0.10	-0.30
台湾	7.51	6.44	-0.33	-1.88	-1.73	-1.18
シンガポール	3.53	2.42	0.97	3.15	2.71	-0.42
インドネシア	4.71	3.64	-0.36	3.69	3.00	-0.32
マレーシア	12.34	9.43	4.57	8.27	7.53	-0.52
フィリピン	6.00	6.07	-0.39	4.60	4.42	-0.75
タイ	26.35	20.24	-0.89	17.03	16.31	-1.19
ベトナム	37.50	34.75	12.81	23.42	23.13	-0.50
オーストラリア	2.46	2.08	1.16	2.44	-0.04	-0.11
ニュージーランド	4.86	3.80	2.15	2.29	-0.19	-0.24
米国	0.35	0.26	0.09	-0.07	-0.03	-0.05
カナダ	0.71	0.71	-0.24	-0.22	0.03	-0.02
メキシコ	4.46	3.03	-0.42	-0.10	-0.07	-0.08
チリ	1.57	1.35	0.40	-0.13	-0.02	-0.13
ペルー	1.88	0.94	0.64	-0.06	-0.02	-0.04
ロシア	5.45	1.50	-0.17	-0.05	0.06	-0.08
CLM	12.95	-1.78	-0.35	9.21	9.04	-0.23
EU	0.87	-0.31	-0.14	-0.12	-0.05	-0.09

（注） CLM　カンボジア，ラオスおよびミャンマーを指す（1地域として計算）。
（資料） 川崎（2011），表 2-1 を元に作成。

ことである。2014 年は中国が APEC 議長を務めたが，同年における APEC の 3 つの優先課題は，(1) 地域経済統合（すなわち FTAAP）の進展，(2) 創造的な発展，経済改革及び成長の促進，(3) 包括的な連結性及びインフラ開発の強化）であった。本章執筆時点では明らかでないが，現在のところ，2010 年の首脳宣言に至る際とは異なり，Trans Pacific Partnership（TPP）の名が

FTAAP を具体化する道筋として明示されてはいない。すなわち中国は TPP を回避した形で新たに FTAAP を提起していきたいという意図を持っているようである。伝え聞いたところでは，FTAAP 完成の目標年として，中国は 2025 年という数字にこだわっているという。これには中国独自の主導で FTAAP を完成させたい，米国主導かつ日本も参加表明した TPP ではない形でアジア太平洋地域に自由貿易圏を完成させたいという意図が見受けられる。年次的にも，2020 年以降に目標年を設定することで，少しでも中国にとって不利益の少ない形での FTAAP を目指しているといえる。

またボゴール目標と FTAAP は共に中国議長年の 2014 年に議題として取り上げられているが，両者は併記されているにとどまり，両者間の関係はあいまいにされている。ボゴール目標は最恵国待遇に基づく貿易投資の自由化・円滑化目標であるのに対して，FTAAP は特恵的な取り組みによる貿易自由化である。

そして次章で詳述される TPP は，現時点の姿としては「APEC の生み出した自由貿易構想」（すなわち APEC の外側に存在）である[6]のに対し，FTAAP は「APEC 自体による自由貿易構想」であるといえる。TPP から FTAAP へ，という道筋を見すえると，FTAAP も APEC の外側に位置するという議論はあるものの，アジア太平洋に自由貿易圏を構築することこそが APEC の設立目的であった。

4. APEC と FTAAP：今後の展望

APEC を取り巻くこれまでの経緯を踏まえると，日本の生み出したともいえる APEC という枠組み生み出そうとしている FTAAP に関して，日本には「特別な」役割があるのではないか。FTAAP の実現は APEC 設立にイニシアティブを発揮した日本主導により，ボゴール目標の達成年に合わせた 2020 年に向けて行い，そこに向けて地道に，実利的に取り組み続けていくことが肝要である。日本政府（外務省）も「日中関係には難しい問題もありますが，戦略的互恵関係という大局的な考え方に則り，省エネ，環境，物流など経済分野で

の協力を進めて行くべきとの認識が共有できました」とAPECにおける日中関係の重要性に言及している[7]。

　日中問題など，双方の思惑を巡ってのコミュニケーションの希薄な状況下で，APECを活用したFTAAP（開かれた地域主義のものにせよ，あるいは閉じられたFTAのものにせよ）の実現が，すなわちシェリング（Schelling, 1960）のいう「フォーカル・ポイント（合焦点）」となることが重要と考える。筆者は年に一度APEC議長のエコノミーで開催されるAPEC研究センター・コンソーシアム・カンファレンス（APEC Study Centers Consortium Conference: ASCCC）に参加してきているが，2014年に中国・青島にて開催されたASCCCにおいては，中国がFTAAPに関してと同様，個別の経済技術協力的な分野に多大な関心を抱いていることが感じられた。例えば中国は現在，大気汚染など環境問題の除去に多大な関心を寄せており，この面においては日本の協力を積極的に求めてきている。このことは，政治的な対立を乗り越えると双方が認識しうる「フォーカル・ポイント」であろう。

　また同様に，グローバル・バリューチェーン（Global Value Chain: GVC）もまた，中国を含めたAPECメンバーは大きな関心を寄せている。例えば2014年に「グローバル・バリューチェーンに関するブループリント」がAPECの貿易投資委員会（Committee on Trade and Investment: CTI）で承認されたが，これはFTAAP全体の原産地規則の原型を模索する動きの1つである。FTAAPの枠組みにおいて，累積的な原産地規則の必要性が増してきているからである。例えばチリ産サケをタイで加工して日本で販売する場合，日本，チリ，タイの3カ国間でそれぞれ2国間自由貿易協定（FTA）が締結されているものの，タイで加工されたチリ産サケは原産地規則の規定により日本で関税が賦課されるため，GVCを円滑に進める上で広域FTAの必要性がある[8]。さらにまた「APEC環境物品」（たとえば，風力発電の部品など54品目）の関税を相互に引き下げることで環境負荷の低い物品を域内で相互供給することを通して環境問題を解決していこうというもので，中国からは歓迎されている。これらはいずれも実利的で，域内企業および消費者の日常生活に直接プラスの影響をもたらす「次世代型の貿易投資」アジェンダである[9]。

　FTAAPの構想には捉え方に幅がある現状であるが，上述の「フォーカル・

ポイント」としての吸引力をAPECが高めるためには，地政学的な戦略よりもAPECの実利性を地道に高めていくことが最重要と考える。周知の通り，世界貿易機関（World Trade Organization: WTO）は，貿易を域内優先において行うことにより域外国からの貿易を縮小させる「貿易転換効果」という，いわば不利益の押し付け的な状況（これこそがやがて戦争に至らしめる原因）を回避するために，第二次大戦後設立された。FTAに関するWTOの規定であるGATT24条の精神は，不完全ではあっても，まさに「開かれた」地球レベルでの自由貿易共同体を推進するための枠組みであった。これはAPECにおける，まさに「開かれた地域主義」（Open Regionalism）の精神と通底している。そのため，地理的には環太平洋地域と限られているものの，いわばWTOの「大きな部分集合」として，開かれた経済圏への取組が可能なのである。

　アジア太平洋地域における米国と中国あるいは日本と中国の間での地政学的な覇権争い，という問題を横目でにらみつつも，APECは域内に所在する企業および消費者にとって直接役立つ，より実利的な「協力」のための枠組みであるべきで，優勝劣敗的な「自由貿易ありき」としてはならない。FTAAPの動きは，いわば，自由貿易化による「競争を通じた協力」として捉えるべきで，そのような「FTAAPを後ろから押し上げる」（山澤，2011，58ページ）APECの役割はさらに高まっていくべきである。アジア太平洋地域の経済成長は欧州および米州との比較の中で，世界的な注目を浴びているが（Kahler and MacIntyre, 2013），APECはメンバーの発展段階の多様性を考慮し，域内の発展の格差の縮小と成長の障害の除去を目的として，人材養成，情報交換や能力構築等の活動を行っている。FTAAPという地域経済統合はこのような「協力」の観点から推進されることが，APECを擁するアジア太平洋独自の経済統合のあり方の1つではないであろうか。

注
1）　民間あるいは学者レベルの環太平洋組織体として，太平洋貿易開発会議（Pacific Trade and Development Conference: PAFTAD），太平洋経済委員会（Pacific Basin Economic Council: PBEC）や太平洋経済協力会議（Pacific Economic Cooperation Council: PECC）などが挙げられ，これらは政府間協議体のAPECの設立へとつながっている。
2）　山澤逸平氏（現・一橋大学名誉教授）は賢人の1人として同報告書の作成および提出に携わっ

ている。
3) 小野（2004）431ページ。
4) 山澤（2001）では，APECの最も顕著な特徴として経済的な面を含めた「多様性」が指摘されている。
5) アジア太平洋自由貿易圏については，Morrison and Eduardo (2007) がその現実性につき詳細に研究している。
6) APECとTPPの萌芽としてのいわゆるP4（ブルネイ，シンガポール，ニュージーランド，チリというAPECメンバーエコノミーによる自由貿易協定）の成立の関係については，馬田（2013）に詳しい。
7) 経済産業省ホームページ「茂木大臣がAPEC貿易大臣会合（MRT）に出席しました」，http://www.meti.go.jp/press/2014/05/20140519001/20140519001.html より。
8) アジア経済研究所サイト「付加価値貿易理論は政策提言に有用—グローバル・バリューチェーンに関する国際シンポ開催—（チリ）」（2013年12月6日　サンティアゴ事務所，http://www.jetro.go.jp/world/cs_america/cl/biznews/52a019b5d4670
9) 外務省サイト（http://www.mofa.go.jp/mofaj/files/000039023.pdf）より。

参考文献

馬田啓一（2013），「APECとTPPの良い関係・悪い関係：アジア太平洋の新通商秩序」，『国際貿易と投資』Summer 2013/No.92, 3-26ページ。
小野善邦（2004）『わが志は千里に在り：評伝大来佐武郎』日本経済新聞社。
川崎研一（2011），「コラム：第318回　EPAの優先順位：経済効果の大きい貿易相手は？」（http://www.rieti.go.jp/jp/columns/a01_0318.html）。
山澤逸平（2001），『アジア太平洋経済入門』東洋経済新報社。
山澤逸平（2011），「APECからアジア太平洋FTAへの道」，『海外事情』2011年9月号，46-58ページ。
Yamazawa, Ippei (2012), *APEC: New Agenda in Its Third Decade*, Singapore: Institute of Southeast Asian Studies.

APEC (2010), *2010 Leaders' Declaration* (*Yokohama Declaration-The Yokohama Vision-Bogor and Beyond*) (http://www.apec.org/Meeting-Papers/Leaders-Declarations/2010/2010_aelm.aspx).
APEC (2014), *2014 Meeting of APEC Ministers Responsible for Trade* (*Qingdao Statement*) (http://www.apec.org/Meeting-Papers/Ministerial-Statements/Trade/2014_trade.aspx).
Kahler, Miles and Andrew MacIntyre (eds.) (2013), *Integrating Regions: Asia in Comparative Context*, Stanford, California: Stanford University Press.
Schelling, Thomas (1960), *The Strategy of Conflict*, Harvard University Press（河野勝監訳『紛争の戦略：ゲーム理論のエッセンス』勁草書房，2008年）。

（石戸　光）

第3章
メガFTA時代を先導するTPP[1]

はじめに

　WTO（世界貿易機関）の下でのドーハ・ラウンド交渉が長きにわたり漂流状態にある中，貿易投資の自由化や関連ルール形成の場として主役に躍り出たのがメガFTA（自由貿易協定）交渉である。メガFTAはその経済規模や人口の大きさ，あるいは参加する国の数の多さや地理的広がり（広域性）などから，域内外諸国の経済や社会，また，地域やグローバルな貿易秩序にもたらす影響がこれまでのFTAに比べてはるかに大きい。2013年には，世界人口の約半分を包含するRCEP（東アジア地域包括的経済連携）や，GDPで世界の約46％を占めるTTIP（環大西洋貿易投資パートナーシップ）などの交渉が次々と開始され，今や本格的なメガFTA時代を迎えている。

　このメガFTA繚乱の時代の先頭を走っているのがTPP（環太平洋経済連携協定）である。TPP交渉は他のメガFTA交渉よりも約3年早い2010年3月に開始されており，メガFTAの中で最も交渉が進んでいる。また，その内容もこれまでのFTAを上回る高水準のものになると見込まれている。TPP交渉がいつ，どのような内容で合意するのか，また，現在12カ国で交渉されているTPPがどこまで，どのようなペースで拡大していくのかは，他のメガFTAや地域及びグローバルな貿易秩序に大きな影響をもたらすものとみられている。

　そこで本章では，メガFTA時代を先導しているTPPの意義に焦点を当てて論じてみたい。TPPの意義については，日本の通商戦略の観点から，あるいは米国の対アジア戦略上の位置付けからなど，多角的に論じることができる。その中から本章では，アジア太平洋地域における地域経済統合やグローバ

ルな貿易秩序への影響といった視点から，特にメガ FTA 時代のフロントランナーという点に注目して TPP の意義を検討したい．また，TPP がこれらの意義を有する上での日本の果たしうる役割についても，合わせて論じたい．

結論を先に述べれば，TPP には，① メガ FTA 時代の幕を開ける起爆剤となり，他のメガ FTA 交渉進展の促進剤となっている，② 他のメガ FTA 交渉に先行し，高い水準の自由化とルール形成を目指すことで，他のメガ FTA の「ひな型」となり，さらにはグローバル・ルールへと発展する可能性を持つ，という 2 つの意義がある．そのため，TPP 交渉が早期に合意に至らず，長期化することになれば，それに続くメガ FTA の内容にも，それらの交渉妥結時期にも影響を及ぼすと見込まれる．また，現在交渉が行われている 5 つのメガ FTA 交渉のうち，4 つの交渉に唯一参加している日本が，メガ FTA 交渉間の相互作用に与える影響は大きく，日本の交渉姿勢がメガ FTA 時代の行方を大きく左右することになるだろう．

1. メガ FTA 時代の幕を開けた TPP

メガ FTA 時代の幕が開いたのはアジア太平洋地域からであった．WTO ドーハ・ラウンド交渉が 10 年以上にわたって停滞する中で，世界各地域では 2 国間 FTA 締結や地域経済統合の試みが活発化した．なかでも，1990 年代末まで「FTA の空白地帯」となっていた東アジアでは，2000 年代に FTA への取り組みが一気に加速した[2]．

この 2000 年代の 2 国間 FTA 締結を中心とした「FTA 時代」は，2010 年代に入り，広域 FTA の構築を目指す「メガ FTA 時代」へと移行した．その起点となったのが TPP 交渉の開始である．アジア太平洋地域では，2000 年代の 2 国間 FTA 締結の活発化がいわゆる「スパゲティ・ボウル（ヌードル・ボウル）」現象による貿易取引コスト増への懸念を生み，同年代半ばには錯綜する FTA の調和・統合を求める声が産業界を中心に高まっていた．また，工程間分業が進み，いくつもの国境を跨ぐサプライチェーン（バリューチェーン）を構築している域内企業の貿易取引に 2 国間 FTA では十分対応できておらず，サプライ

チェーン全体を包含する地域大のFTA締結への要請が強まっていた[3]。こうした域内企業の事業活動上の必要を背景に，2000年代半ば以降，アジア太平洋地域では広域FTA構想に関する議論が進められていた（図3-1）。ASEAN＋3（ASEAN（東南アジア諸国連合）10カ国と日中韓3カ国）の枠組みによる「東アジア自由貿易地域（EAFTA）」構想や，ASEAN＋3に豪州，ニュージーランド，インドを加えたASEAN＋6の枠組みによる「東アジア包括的経済連携（CEPEA）」構想，さらにAPEC（アジア太平洋経済協力）21カ国・地域による「アジア太平洋自由貿易圏（FTAAP）」構想である。しかし，いずれも構想段階に留まり，2000年代に交渉が開始されることはなかった。

その中で先陣を切って交渉を開始したのがTPPである。他のメガFTA構想と異なり，TPPは2006年5月にすでに発効していた環太平洋戦略的経済連携協定（P4）の拡大交渉という形をとったため，参加候補国による共同研究などの助走期間を経ずして交渉に入ることができた。P4は，ブルネイ，チリ，ニュージーランド，シンガポールのAPEC参加4カ国によるFTAであるが，発効後の新規参加を認める条項を備えており，将来の参加国の拡大を予め想定

図3-1 メガFTA構想

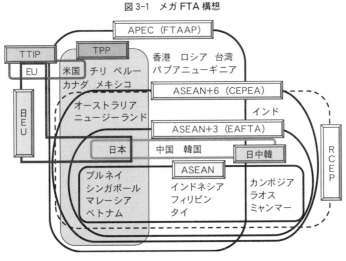

（資料）筆者作成。

したFTAであった。アジア太平洋地域との経済的結びつきの強化を図る米国が，2008年9月にP4への参加を表明し[4]，これに豪州，ペルー等が続いた。このP4の拡大交渉が，2010年3月に開始されたTPP交渉である。TPP交渉は，P4の拡大という形をとりながらも，P4の協定内容に拠らず，新たなFTAを構築する交渉となっている[5]。

　このTPP交渉の開始が，他のメガFTA構想を交渉開始へと向かわせる重要な要因となった。特に，2010年10月に日本がTPP交渉参加への関心を表明すると，TPPがアジア太平洋地域に巨大な経済圏を構築する「メガFTA」となる可能性が高まった。これを契機に，カナダとメキシコがTPP交渉へ参加したのに加え，他のメガFTA構想の動きも加速した。その最も顕著な例がRCEP交渉の開始である。

　先述のように，ASEANを中核とする広域FTA構想は，日中両国をはじめとする域内諸国の思惑の相違により，いずれも交渉開始に至ることなく，議論の段階に留まっていた。ASEAN＋6の枠組みを選好してCEPEA構想を支持する日本，ASEAN＋3の協力を重視してEAFTAを推し進める中国，米国等との独自のFTA戦略を進める韓国，東アジアの経済統合においてASEANの「中心性」の確保を図るASEAN諸国が，ひとつの構想を共同で進めるには，何らかの「起爆剤」が必要な状況にあった。その「起爆剤」の役割を果たしたのが，TPP交渉の開始と，同交渉への日本の参加関心表明であった[6]。TPP交渉の開始とはすなわち，東アジア域内で議論されていた広域FTA構想が進捗をみない一方でアジア太平洋地域での広域FTA構想が具体化するということであり，その主要なプレーヤーとして米国が参入することを意味した。これに日本が参加する可能性が高まったことは，アジア太平洋地域における経済統合をTPP交渉が主導していく可能性もまた高まったと認識された。

　こうしたアジア太平洋地域における経済統合を巡る力学の変化に最初に具体的な対応を示したのは中国であった。2011年8月，日中両国は「東アジア自由貿易地域（EAFTA）及び東アジア包括的経済連携（CEPEA）構築を加速化させるためのイニシアティブ」を共同で提案した。同提案は，EAFTA，CEPEAという枠組みの違いにとらわれず，広域FTAに関する議論を進めようとするもので，中国から日本に持ちかけられたものと言われている。この中

国の姿勢の変化の背景には，TPP 交渉開始とそれへの日本の参加可能性の高まりにより，アジア太平洋地域における新たな貿易秩序の形成が，自らが関与しないままに進む可能性が高まったことへの警戒感があったとみられている。こうした中国の姿勢の変化は，2012 年 5 月の日中韓 FTA の交渉開始合意にもつながったとされる[7]）。

　この日中両国のイニシアティブに対し，ASEAN が提案したのが RCEP 構想である。東アジアにおける地域経済統合において，ASEAN は ASEAN の「中心性」と「一体性」を確保することを重視してきた。中心性とは，ASEAN が東アジア地域経済統合を主導するということであり，ASEAN が「運転席」に座ると表現される。しかし，この日中両国の動きは，両国が東アジア地域経済統合の主導権を握ることにつながり，ASEAN の中心性を脅かしかねないものであった。また，TPP 交渉の進展に関しても，インドネシアなどが ASEAN の一体性が脅かされることを懸念していた。TPP 交渉には，ASEAN10 カ国のうち 4 カ国が参加しており，ASEAN が TPP 参加国と非参加国に分断される事態が生じかねない。2015 年末の ASEAN 経済共同体構築に向けて域内統合を進めている最中に，域内に TPP という楔を打ち込まれることへの警戒感が ASEAN 域内にはあった。つまり，TPP 交渉の進展及びそれに触発された日中両国の動きは，ASEAN にとって東アジア地域経済統合における ASEAN の中心性と一体性を脅かしかねないものであった。これらの動きに対する ASEAN としての対抗策が RCEP 構想の提案であった。RCEP 構想は，EAFTA や CEPEA という枠組みや，そこに反映された日中両国をはじめとする域内諸国の思惑の相違を乗り越え，東アジア地域で広域 FTA 構想を ASEAN 主導で推し進めていくというものであり，日中共同提案と軌を一にしながらも，ASEAN がその中心性と一体性を確保する方策であった。こうして，TPP 交渉の進展を契機として，2013 年 5 月から RCEP 交渉が開始されるに至った。

　2013 年 4 月に開始された日 EU（欧州連合）EPA（経済連携協定）についても，TPP 交渉と日本の参加関心表明がその開始を促した側面があると指摘されている。日本が高い競争力を有する自動車産業との域内市場でのさらなる競合への懸念などを背景に，日本との EPA 交渉開始に消極姿勢を示していた

EUがその姿勢を転じた理由のひとつには，TPPへの日本の参加によって日本市場で米国等のTPP参加国企業に比べEU企業が不利となることを避ける狙いがあったとみられている。

このように，TPPは他のメガFTA構想を交渉開始へと至らせる起爆剤としての役割を果たした。言い換えれば，TPPには，メガFTA時代の幕を開け，他のメガFTA交渉開始をもたらす「メガFTAドミノ」の起点になったという意義がある。このドミノ効果はメガFTA交渉開始後も継続しており，TPP交渉の進展が刺激となって他のメガFTA交渉の進展を促すという「促進剤」の役割もTPPは果たしている。

2. 新たな「ひな型」としてのTPP

メガFTAは，その経済規模や広域性から，域内外に与える影響がこれまでの2国間FTAに比べてはるかに大きい。その影響は，貿易転換効果などの経済効果のみならず，地域あるいはグローバルな貿易秩序形成にも及ぶ。特にTPPは，交渉が他のメガFTAに先行していること，高い水準の自由化とルール形成を目指していることから，他のメガFTAに与える影響は大きくなると見込まれる。

その影響は，TPPによって実現される物品貿易やサービス貿易，投資，政府調達などの自由化水準や，知的財産，競争，電子商取引などに関するルールが，他のメガFTA交渉の参照基準になるという形で表れる。TPPと他のメガFTAでは交渉参加国が重複していることに鑑みれば，自由化水準やルールがTPPから他のメガFTAに移植される，いわばTPPが他のメガFTAの「ひな型」としての役割を果たすことも十分考えられる。

この点を明確に意識しているのが米国である。オバマ政権がTPP交渉参加を議会に通知した書簡には，TPPは「アジア太平洋地域における経済統合の潜在的なプラットフォームを形成する」との認識が示され，TPPを「高水準の，21世紀型の協定」とすると明記されている[8]。米国は，これまでのFTAにおいてもWTO協定の内容を大きく上回る「ゴールド・スタンダード」の

採用を図ってきたが，「高水準の，21世紀型の協定」とすることを目指すTPPにおいては，これをさらに上回る「プラチナ・スタンダード」の採用を求めているとされている[9]。

「20世紀型の協定」と「21世紀型の協定」の相違点を端的に言えば，前者が関税を代表とする国境措置を主たる対象分野としているのに対し，後者は規制や制度といった国内措置を規律することにより重きを置いているということである。この「21世紀型の協定」には，知的財産権保護，環境，労働，国内規制の整合性や競争分野における国有企業に関する規律といった，WTO協定やこれまでのFTAの規定を大きく上回る高水準の内容や，これまでの貿易協定では規定されていない新しい要素が含まれている。TPP交渉では，これらを含む21分野が対象となっている（図3-2）。

米国がTPP交渉において主張している野心的な規定の内容・水準には，新興国のみならず，豪州やニュージーランドなどからも異論が生じているため，米国が目指す「プラチナ・スタンダード」がそのままTPPのルールとなるのは難しいとみられる。しかし，TPPには，新興国への一定の配慮を要件としつつ，これまでの貿易協定を上回る高水準の内容や，これまでの協定にはみられなかった新たな要素が含まれることになるのはほぼ確実だろう。米国，日本，豪州，ニュージーランドといった先進国と，マレーシア，ベトナムなどの新興国が激論の末に合意したTPPは，他のメガFTAにとっても参照基準と

図3-2 TPP交渉の対象分野・作業部会

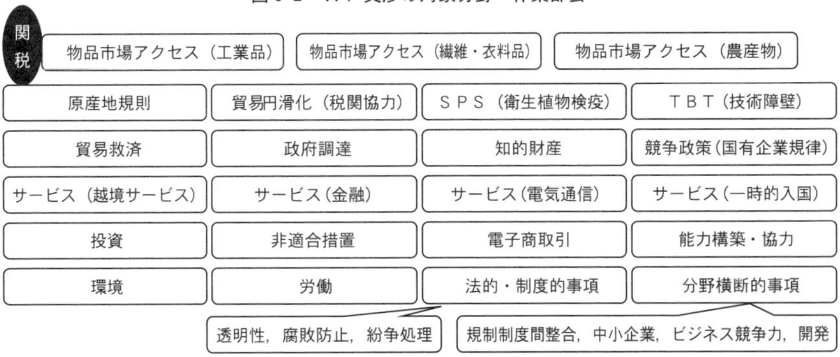

関税	物品市場アクセス（工業品）	物品市場アクセス（繊維・衣料品）	物品市場アクセス（農産物）
	原産地規則	貿易円滑化（税関協力）	SPS（衛生植物検疫）	TBT（技術障壁）
	貿易救済	政府調達	知的財産	競争政策（国有企業規律）
	サービス（越境サービス）	サービス（金融）	サービス（電気通信）	サービス（一時的入国）
	投資	非適合措置	電子商取引	能力構築・協力
	環境	労働	法的・制度的事項	分野横断的事項
		透明性，腐敗防止，紛争処理	規制制度間整合，中小企業，ビジネス競争力，開発

（資料）日本政府及びマレーシア政府等資料より筆者作成。

なる「ひな型」として大きな意味を持つことになるだろう。

　これまでのFTA交渉では，WTO協定を参照基準として「WTOプラス」の協定を目指し，WTO協定を上回る水準の自由化約束とルール形成を実現してきた。そうして締結されたFTAは，締約国がその後のFTAを交渉する際の「ひな型」として用いられることが多い。したがって，現在交渉が進展しているメガFTAでは交渉参加国が重複していることからすれば，先行したTPPを参照基準として他のメガFTA交渉が行われる可能性は高いとみられる。例えば，RCEPが，TPPの合意内容から，交渉に参加する新興国が受け入れ困難な要素を排除した「TPPマイナス」のFTAに，あるいは，米国とEUという先進国同士のTTIPがTPPよりもさらに野心的な内容を含む「TPPプラス」の協定となるといったことが想定される。

　このように考えると，アジア太平洋地域においてはFTAAPの「ひな型」としての役割をTPPが果たす可能性は高いと言えるだろう。TPPからFTAAPへと至る道筋は現時点では明らかではない。しかし，TPPが参加国を拡大する形でFTAAPを実現する場合は当然であるが，新たなFTAとして一から交渉する場合でも，APEC参加国・地域の過半がすでに参加しているTPPが「ひな型」となるのは自然なことと思われる。

　さらに，メガFTA間の相互作用によって，TPPがグローバルなルール形成における「ひな型」となる可能性も十分にある。この点は，日米EU間で「メガFTAの三角形」ができつつあることをみれば，容易に想起できる。現在，日米EU間では，日米間でTPP，日EU間で日EU・EPA，米EU間でTTIPと，それぞれ2者間のメガFTAが交渉されている。TPP交渉が先行している中で，日本も米国も日EU・EPAやTTIPがTPPと整合性を欠くルールを持つことを避けるだろう。EUも，日米両国がTPPで合意したルールに劣後するルールを日EU・EPAやTTIPにおいて認めることは望まないだろう。したがって，TPP，日EU・EPA，TTIPという3つのメガFTA交渉が同時並行で進むことにより，日米EUの3者間で共通のルールが形成されることは十分に考えられる。その際，「ひな型」となるのは交渉が先行しているTPPとなる可能性は高いとみられる。

　このように，TPPで形成された「ひな型」は，RCEPやFTAAP，さらに

は日EU・EPAやTTIPを通じてグローバルなルールへと発展していく可能性を十分に有している。TPPで形成された「ひな型」は，メガFTA交渉における参照基準として用いられる「事実上の (de facto)」グローバル・ルールとなり，さらにはWTOの場を通じて「公式の (de jure)」グローバル・ルールとなることも想定される。

3. メガFTA時代のTPPと日本

　これまでみてきたように，TPPには，① メガFTA時代の幕を開ける起爆剤となり，他のメガFTA交渉進展の促進剤となっている，② 他のメガFTAに先行し，高い水準の自由化とルール形成を目指すことで，他のメガFTAの「ひな型」となり，さらにはグローバル・ルールへと発展する可能性を持つ，という2つの意義がある。TPPがこれら2つの意義を有する上で，鍵となる役割を担っているのが日本である。日本は，現在交渉されている5つのメガFTAのうち，TTIPを除く4つのメガFTA（TPP，RCEP，日EU・EPA，日中韓FTA）交渉に参加している。そのため，メガFTA交渉間の相互作用には，日本の交渉姿勢が大きな影響を与えることになる。

　TPPの第1の意義については，日本がTPP交渉への参加検討を表明したことが，カナダとメキシコのTPP交渉参加やRCEP交渉の開始を促したことからも，日本の交渉姿勢の影響の大きさが窺い知れる。TPPは，アジア太平洋地域との経済的結びつきの強化を図る米国の戦略の一環として生み出されたものであるが，日本の交渉参加の可能性が高まったことによって，アジア太平洋地域の経済統合を主導するメガFTAとなる道が開け，他のメガFTA交渉への影響力も大きくなったと言える。

　他方，TPPの第2の意義については，今後の日本の交渉姿勢が大きな意味を持つ。TPPが他のメガFTAの「ひな型」となるか，さらにはグローバル・ルールへと発展していくかは，現時点ではその可能性を指摘できるに過ぎない。今後のメガFTA交渉の行方によっては，TPPが「ひな型」としての機能を果たせず，異なるルールを有するメガFTAが錯綜する新たな「スパゲ

ティ・ボウル」現象が生じる可能性も考えられる。

　また，「ひな型」となり得るのはTPPだけではない。東アジア地域では，ASEANをハブとするASEAN＋1 FTAが日本や中国などとすでに締結されており，これらがRCEPやFTAAPの「ひな型」となる可能性は十分ある。TPPやRCEPなどのメガFTA交渉間の相互作用の中で，いわば「ひな型の競争」が今後本格化することが想定される[10]。TPPが他のメガFTAに先行して合意に至れば，自動的にTPPが「ひな型」としての役割を果たせるということでは決してない。他のメガFTA交渉参加国が，TPPで策定されたルールを望ましいものと捉え，参加している交渉でその採用を図らなければ，TPPが「ひな型」となることはない。

　この点では，唯一4つのメガFTA交渉に参加している日本が果たしうる役割が大きい。日本は4つのメガFTA交渉を通じて，米国，EU，中国，インドといった地域及びグローバルなルール形成に大きな影響力を有する先進国・新興国と交渉を行っている。メガFTA交渉間の相互作用を生じさせ，TPPを「ひな型」とするルール形成が実現するかは，日本がそれを志向し，他のメガFTA交渉参加国に積極的に働きかけるかどうかに大きく依存している[11]。

　そのためにはまず，「ひな型」となるTPPが，日本や世界の多くの国にとって望ましいルールとなり，早期に合意に至る必要がある。TPPの内容と交渉妥結時期は，他のメガFTA交渉にも，また，グローバルなルール形成にも大きな影響を及ぼすことになる。TPPがその真価を発揮する上で，日本が果たしうる役割は極めて大きい。

注
1）　本章は，2014年9月末時点の情報に基づいている。
2）　その背景については菅原（2005）参照。
3）　APECビジネス諮問委員会（ABAC）は，2004年にFTAAP構想の実現を提言した。
4）　P4は，金融サービス・投資の両分野については発効後2年以内に交渉を開始することが協定に明記されており，2008年3月から同交渉を開始する予定となっていた。この交渉開始を前に，米国は同交渉への参加を表明したが，同年9月にP4全体への参加を改めて表明した。
5）　この点は，石川（2011a）に詳しい。
6）　寺田（2012）は，「東アジア統合の推進力は域内からは生まれず，米国が中心となっている環太平洋経済連携（TPP）協定の交渉進展といった外圧がその進展に重要」であると指摘している（44ページ）。
7）　石川（2011b）は，「TPPにより，EAFTA，CEPEA，日中韓FTAも動きが活発化している」

ことを挙げ，さらに東アジアに留まらないアジア太平洋地域における「TPP効果」の大きさを指摘している（17ページ）。
8) カーク通商代表発下院議長並びに上院仮議長宛書簡，2009年12月14日。
9) ソーリス（2012），Bergsten and Schott（2010）参照。
10) Petri and Plummer（2012），菅原（2012）参照。
11) 中川（2014）は，「日本が関与しているRCEPと日中韓FTAには中国，インドという主要新興国の一角を占める重要な国々が含まれている」ため，同じく複数のメガFTA交渉を同時に進めている米国やEUよりも「日本の責任は特に大きい」と指摘している（6・10ページ）。

参考文献

石川幸一（2011a）「新しい協定となるTPP」『季刊国際貿易と投資』No.84，財団法人国際貿易投資研究所．
―（2011b）「新段階に進むアジア太平洋の地域統合」アジア政経学会『アジア研究』第57巻第3号，11月．
菅原淳一（2005）「『東アジア自由貿易地域』の実現に向けて—現状分析と今後の展望—」『みずほ総研論集』Ⅱ号，みずほ総合研究所．
―（2012）「アジア太平洋地域における地域経済統合と日本の戦略」『みずほ総研論集』Ⅱ号，みずほ総合研究所．
―（2013）「TPPだけではない『メガ交渉』の攻防に備えよ」『私論試論』4月15日，みずほ総合研究所．
寺田貴（2012）「東アジアFTAのドミノ論とドミノ停止論」吉野孝監修，蟻川靖浩・浦田秀次郎・谷内正太郎・柳井俊二編著『変容するアジアと日米関係』東洋経済新報社．
中川淳司（2014）「TPP交渉の行方と課題」1〜6『貿易と関税』2014年1月号〜7月号，公益財団法人日本関税協会．
ミレヤ・ソーリス（2012）「米国のアジア太平洋地域統合モデル」吉野孝監修，蟻川靖浩・浦田秀次郎・谷内正太郎・柳井俊二編著『変容するアジアと日米関係』東洋経済新報社．
山澤逸平・馬田啓一・国際貿易投資研究会編著（2013）『アジア太平洋の新通商秩序—TPPと東アジアの経済連携』勁草書房．

Bergsten, C. Fred, and Jeffrey J. Schott (2010), Submission to the USTR in Support of a Trans-Pacific Partnership Agreement, January 25
Petri, Peter A. and Michael G. Plummer (2012), "The Trans-Pacific Partnership and Asia-Pacific Integration: Policy Implications," Policy Brief, Number PB12-16, June, Peterson Institute for International Economics

（菅原淳一）

第4章
RCEPの意義と課題

はじめに

　東アジア地域包括的経済連携（RCEP）は，ASEAN10カ国およびASEANとFTAを結んでいる東アジア6カ国が交渉しているメガFTAである。RCEPは中国，ASEAN，インドというグローバルな生産基地と成長性の高い消費市場を含んでいる。21世紀は「アジアの世紀」といわれるが，「アジア」はRCEPのカバー地域と同義と言って過言ではない。TPP，TTIPと比べると，自由化率が低く新しいルール形成を目指していないが，重要性では決して劣らない。アジアとの連携に活路を求める日本企業の海外事業展開，とくにサプライチェーン構築には不可欠なFTAである。

　本章は，RCEPを取り上げ，上記の視点から，第1節で経緯，第2節で内容，第3節で意義，第4節で課題について論じている。

1. EAFTAとCEPEAを統合

　RCEPは，2011年にASEANが提案した東アジアの広域FTAである。2012年に基本的な内容が合意され，2015年末合意を目標に2013年5月に交渉が開始された[1]。東アジアの広域FTAは，中国が提案した東アジアFTA（EAFTA：ASEAN+3），日本が提案した東アジア包括的経済連携（CEPEA：ASEAN+6）の2つの対立する構想が並行して研究されてきたが，RCEPにより統合され交渉に移行した。東アジア統合を巡る日中の主導権争いがRCEPにより終止符が打たれた背景にはTPPの交渉開始がある。2010年3月

のTPP交渉開始と10月の日本の関心表明により東アジアの広域FTAが米国主導で進むことを警戒した中国がEAFTAに固執するのを止め柔軟な姿勢に転じたためだ。RCEPの参加国はASEAN＋6でありCEPEAと同じである。その結果，広域のアジア太平洋自由貿易地域（FTAAP）に向けては，RCEPとTPPという性格が異なる2つのメガFTAが併行して交渉されることになった。

　EAFTAは2005年から2009年まで，CEPEAは2007年から2009年まで民間研究が行われた。2009年の経済大臣会合で4分野（原産地規則，関税品目表，税関手続き，経済協力）について政府間検討に合意し，ワーキンググループにより5つのASEAN＋FTAについての比較検討などが行われてきた。2011年8月には日本と中国が「EAFTAおよびCEPEA構築を加速させるためのイニシアチブ」により，物品貿易，サービス貿易，投資の自由化についての作業部会設置を共同提案した。今まで対立していた日中の共同提案に対し，東アジアの地域統合においてイニシアチブを握りたいASEANはRCEPを提案した[2]。

　2011年11月のASEAN首脳会議で，EAFTAとCEPEAの取組みを踏まえて地域経済統合の一般原則を定めるとともにASEANの中心性を強調する地域包括的経済連携の枠組み（ASEAN Framework for Regional Comprehensive Economic Partnership: RCEP）が採択された。2011年11月の東アジアサミットでは，8月の日中共同提案を踏まえ，3つの作業部会を立ち上げることに合意した。

　2012年8月にASEANとFTAパートナー国の経済大臣会合が開催され，「RCEP交渉の基本指針及び目的」が採択され，11月にASEANとFTAパートナー国6カ国の首脳によりRCEP交渉立ち上げが宣言された。2013年5月の第1回の交渉以降，計5回の交渉と2回の閣僚会議が開催されている（表4-1）。

2. 包括的なFTAを目指す

　RCEPは，ASEANのFTAパートナーおよびその他の経済的パートナーと

表 4-1 RCEP 交渉の推移

第 1 回　2013 年 5 月　ブルネイ：物品の貿易，サービス貿易，投資の 3 分野のワーキンググループ立ち上げ
第 2 回　2013 年 9 月　ブリスベーン：関税交渉についてのモダリティの初期提案，原産地規則と税関手続についてのサブワーキンググループ立ち上げ，サービス章の構成と要素，投資でカバーすべき要素，競争政策，知的財産，経済技術協力について議論
第 3 回　2014 年 1 月　クアラルンプール：物品の貿易（関税交渉と非関税措置モダリティ，貿易の技術的障害（TBT），衛生植物検疫（SPS），税関手続と貿易円滑化，原産地規則），サービス貿易（市場アクセスの関心分野など），投資（モダリティと投資章の要素），知的財産，競争，経済技術協力，紛争解決の 4 つのワーキンググループ立ち上げ
第 4 回　3 月〜4 月　南寧：物品の貿易（テキストおよび 4 つの分野についての議論），サービス貿易（テキストの要素，規定の範囲，市場アクセスの約束へのアプローチなど），投資（テキスト，モダリティの要素），知的財産，競争，経済技術協力のワーキンググループの活動開始
第 5 回　6 月　シンガポール：物品の貿易，サービス貿易，投資，知的財産，競争，経済技術協力の各章テキストの要素，TBT，SPS，税関手続と貿易円滑化は公式交渉が開始

(出所)　New Zealand Ministry of Foreign Affairs & Trade, "Regional Comprehensive Economic Partnership (RCEP)"

包括的な経済連携協定を作ることを目的としており，ASEAN 中心性，衡平な経済発展と経済協力強化についても言及している。交渉の原則は，① WTO 整合性，② 既存の ASEAN＋1 FTA よりも相当程度改善した，より広く深い約束，③ 貿易投資円滑化とサプライチェーンへの参加国の関与，④ CLMV への特別待遇と柔軟性，⑤ 参加国間の FTA の存続，⑥ ASEAN の FTA パートナーの参加が可能，⑦ 技術協力と能力開発，⑧ 包括的でバランスの取れた成果のための併行した交渉の 8 点である[3]。

対象分野は 8 分野（物品貿易，サービス貿易，投資，経済協力，知的財産，競争，紛争解決，その他）である[4]。物品貿易では，包括的な関税交渉を行い，品目数および貿易額の双方で高い割合の関税撤廃を行い，非関税障壁は漸進的に撤廃するとしている。TBT，SPS，原産地規則，税関手続と貿易円滑化，貿易救済措置も対象となっている。サービス貿易では，GATS および ASEAN＋1 FTA の約束を基礎としてサービス貿易に関する制限と差別的な措置を実質的に撤廃する。投資では，促進，保護，自由化，円滑化の 4 つの柱を含む。経済技術協力では，開発格差の縮小を目指し，ASEAN および FTA パートナー国との既存の取決めを基礎とする。電子商取引およびその他の分野

が含まれる。知的財産では，知的財産の利用，保護，執行における協力の推進により貿易投資に対する知的財産関連の障壁を削減する。競争では，能力・制度の差異を認識しつつ競争，経済効率，消費者の福祉の促進，反競争的な慣行の抑制に関する協力を行う。紛争解決では，効率的かつ透明性ある紛争解決メカニズムを目指している。その他では RCEP 参加国の FTA に包含されている事項などを検討するとしている[5]。

　TPP の 21 分野に比べ 8 分野は少ないように見えるが，TPP では独立した分野になっている TBT や SPS を物品貿易に含めるなど分類が異なるためであり，包括的な FTA を目指している[6]。

3. 市場・生産基地として重要な意義

(1) 大きな市場の成長可能性

　RCEP は TPP，TTIP（環大西洋貿易投資連携）とともにメガ FTA といわれている。TPP，TTIP と比べると，人口では世界の人口の 48.9%を占め圧倒的に大きく，GDP では 28.7%である。RCEP の魅力は，今後も成長が期待される新興市場が主要メンバーとなっていることであり，市場の成長性では最も有望なことだ。アジア開発銀行の「アジア 2050」は，2050 年にアジアの GDP（名目，市場価格）の世界シェアは 51%に達すると予測している[7]。アジアの成長を牽引するのは，中国，インド，インドネシア，日本，韓国，タイ，マレーシアの 7 カ国であり，この 7 カ国で 2050 年のアジアの GDP の 9 割を占

表 4-2　メガ FTA の経済規模（対世界シェア）と主な目標　　　（単位：%）

	人口	GDP	輸入	対内直接投資
TPP	11.4%	37.5%	26.9%	31.5%
RCEP	48.8%	28.7%	28.5%	23.5%
TTIP	11.7%	46.2%	41.3%	29.9%

（注）　人口，GDP，対内直接投資は 2013 年，輸入は 2012 年。
（資料）「ジェトロ世界貿易投資報告書 2014」，IMF (2013) Direction of Trade Statistics Yearbook 2013 など。

める。7カ国は全てRCEPの参加国である。同報告書のいう「アジアの世紀」のアジアはRCEPとほぼ同じであり，RCEPの魅力は市場の大きな成長可能性にある。

(2) アジアのサプライチェーン構築のツール

生産面では，RCEPは日本企業のアジアサプライチェーン構築の重要なツールとなる。RCEPは，グローバルな製造業生産拠点である中国，ASEAN，インドを含むFTAだからだ。多くのIT製品の生産は圧倒的にRCEP参加国で生産されており，世界の自動車生産でもRCEPは5割を超えている。ジェトロ調査によると，RCEP参加国に進出している日系企業の部品調達先に占めるRCEPのシェアは多くの国で90%を超えている（表4-3)[8]。RCEPはサプライチェーンの構築に最も役立つFTAとなる。

さらに，RCEPにより日本は中国，韓国というFTA未締結国とのFTAが締結できる[9]。中韓は電気機械，一般機械，精密機械など日本の主要輸出製

表4-3 アジアにおける日系企業の部品調達先　　　　（単位：%）

	RCEP	現地	日本	ASEAN	中国
タイ	93.5	52.7	29.7	4.6	6.5
インドネシア	91.6	40.8	32.7	13.5	4.6
マレーシア	88.7	42.3	27.9	11.5	7.0
ベトナム	90.8	32.2	34.8	12.4	11.4
フィリピン	88.8	27.9	41.6	10.7	8.6
シンガポール	90.9	40.4	27.3	15.9	7.3
カンボジア	92.1	10.7	22.5	36.6	22.3
ラオス	94.9	11.0	18.7	42.7	22.5
中国	95.0	64.2	27.9	2.9	
韓国	94.2	47.9	38.9	2.0	5.4
インド	95.4	43.4	32.2	12.1	7.7
豪州	78.5	48.2	19.7	5.7	4.9
ニュージーランド	75.3	55.1	17.4	1.4	1.4

（注）部品調達額に占めるRCEP地域および各国地域の比率。
（出所）梶田朗・安田啓（2014）「FTAガイドブック2014」日本貿易振興機構。

造業品の輸出先の 3−4 割を占める一方で，たとえば電気機器では中国が平均 8.8%，韓国が同 8.9% など比較的高い関税が残存している[10]。また，日系進出企業は部品調達先のうち日本が占める割合は中国では 27.9%，韓国では 38.9% と高く（表 4-3），サプライチェーンの効率化の点でも効果が大きい。

4. RCEP の課題

(1) 高いレベルの自由化は可能か

　RCEP の自由化は「既存の ASEAN＋1 FTA を相当程度改善した，より広く深い約束」を目指している。ASEAN＋1 の自由化レベルは，ASEAN 豪州ニュージーランド（AANZFTA）が最も高く，ASEAN 中国（ACFTA）と ASEAN 韓国（AKFTA）が 90% 台，ASEAN 日本（AJCEP）は 80% 台後半であり，ASEAN インド（AIFTA）は 70% 台と異例の低さである（表 4-4）。2014 年 8 月の第 2 回閣僚会議ではインドの慎重姿勢により自由化率に合意が出来なかった[11]。インドはタイとの FTA で 8 品目のアーリーハーベストを実施したところタイからの対象品目の輸入が急増し，タイとの貿易が黒字から赤字に転換した経験から FTA に対する産業界の警戒心が強く，高い自由化率実現の障害となることが懸念される。2014 年 8 月の閣僚会議では各国が 80−90% の自由化率を提案する中でインドは 40% を提案し，自由化率目標で合意できなかった。そのため，インドを除いて合意する案が浮上していると報じられている[12]。

　RCEP は ASEAN 中心性を交渉の基本原則としている。AEC での自由化のレベルやルール形成が RCEP の自由化の範囲を決めるであろうが，TPP のように新しいルールを創ることは期待できない。しかし，ASEAN は東アジアの地域統合では最も進んでいる。ASEAN 自由貿易地域（AFTA）の自由化率は先行 6 カ国間では 99% 台と高く，2015 年末の ASEAN 経済共同体（AEC）創設に向けて，サービス貿易，投資，熟練労働者移動の自由化を進めている。ASEAN は，経済格差，政治制度，宗教などの多様性，歴史に根ざす対立などがありながら時間をかけて統合を進めてきた[13]。こうした ASEAN の統合の

表 4-4 ASEAN+1 FTA の概要

	FTA目標年	自由化率	原産地規則(実質変更基準のみ)	特徴
ACFTA	2010年 (2015年)	92.0% 94.6% (中国)	付加価値基準40%	AFTA型協定，自動車，オートバイ，家電製品などを例外とする国が大半。
AKFTA	2010年 (2015年)	91.6% 92.2% (韓国)	付加価値基準40%と関税番号変更基準（HS4桁）の選択	AFTA型協定，北朝鮮の開城工業団地の生産品を対象。
AJCEP	2018年－ 2026年	89.1% 86.2% (日本)	付加価値基準40%と関税番号変更基準（HS4桁）の選択	7カ国とは包括的な2国間協定を併せて締結。
AIFTA	2013年－ 2018年	76.5% 74.3% (インド)	付加価値基準35%および関税番号変更基準（HS6桁）の併用	AFTA型協定，関税削減・撤廃制度は複雑。
AANZFTA	2020年－ 2025年	94.6% 100% (豪州NZ)	付加価値基準40%と関税番号変更基準（HS4）桁の選択	自由化率が最も高い，包括的（政府調達を含まない）

(注) 概況を示すものであり詳細は協定を参照。日本とのEPAは2国間協定のほうが自由化水準が高い。原産地規則は，ほかに完全生産基準と加工工程基準がある。
　　　目標年次のカッコ内は新規加盟国の目標年。
(出所) 各協定から作成。自由化率はERIA久野新氏による。

経験と知恵は同様に多様性に富むRCEPの交渉に役立つであろう。

(2) 使いやすいルールと手続き

　FTAは企業の利用がないと絵に描いた餅になる。FTA企業に利用されるためには使いやすいルールが必要だ。物品貿易では，原産地規則，関税譲許表，HSコードなどルールや手続きなどの統一が不可欠である[14]。

　サプライチェーン構築に重要なのは原産地規則である。FTAごとに原産地規則が異なり複雑化する「スパゲッティボウル現象」は企業のFTA利用を妨げる。RCEPのベースとなるFTAの原産地規則は同じではない。AFTAおよび日本，韓国，豪州・ニュージーランドとのFTAの4つが40％付加価値基準と4桁の関税番号変更基準の選択方式である。中国とのFTAは40％付加価値基準のみ，インドとのFTAは35％付加価値基準と6桁の関税番号変更基準の2つの基準を満たさねばならない併用方式であり最も厳格である（表4-4）。

RCEPでは柔軟で利用しやすい選択方式で統一することが望ましい。

東アジアの製造業は、日本、ASEAN、中国、インドなど東アジア域内から大半の中間財を調達しており、多数の中間財を多くの国から輸入する国際分業が形成されている。こうした国際分業を促進するのが、FTA加盟国の付加価値の累積を認める累積原産地規則である[15]。さらに、第3国の物流倉庫で製品の一部を保管、注文に応じ輸出する「商流も物流も第3国経由」の場合に使われるのが第3国で発給するバック・トゥ・バック原産地証明書である。この場合、第3国は同一のFTA参加国でなければならないため多数国が参加するメガFTAほど使いやすくなる。

原産地規則は現在の取引形態に即している必要がある。FTAは直送を原則とするが、シンガポールなど第3国の統括会社、物流会社や商社を経由でインボイスを切り替える「物流は直送、商流は第3国経由」の取引が少なくない。この第3国インボイスはAFTAとASEAN＋1 FTAで認められているが、原産地証明へのFOB価格記載や複数の第3国経由の適用など運用上の問題が指摘されている。

関税削減スケジュールの統一も必要だ。ASEAN＋1 FTAでは、関税削減スケジュールがバラバラなことに加えて、同じFTAでも相手国により撤廃スケジュールが異なっている場合があり、FTA利用手続と実務を煩雑かつ多大の時間とコストがかかるものとしている。そのため共通関税譲許表とすることが望ましい。RCEPはTPPと異なり共通関税譲許表採用で合意している[16]。

(3) 効果大きい貿易円滑化

多くの産業でコストとスピードの厳しいグローバルな競争が起きている。スピードの面で重要になるのはリードタイムの短縮である。リードタイム短縮により、商品を迅速かつ時機を得て供給でき、在庫を削減させ、倉庫費用の圧縮も可能になる。効果があるのは調達に必要な時間の短縮であり、通関手続きの簡素化、電子化などの貿易円滑化を進めることがFTAに求められる[17]。

世界銀行の調査によると、RCEP参加国で貿易手続のコスト、時間で問題があるのは、ラオス（世界189カ国中のランク161位）、インド（132位）、カンボジア（114位）、ミャンマー（113位）、中国（74位）、ベトナム（65位）で

ある。一方で，シンガポール（1位），韓国（3位），マレーシア（5位）などは効率的で低コストの手続きが高く評価されている。たとえば，ラオスをマレーシアと比較すると輸出書類は2.5倍，輸出手続き日数は2倍，輸出費用は4.3倍である（表4-5）。税関手続の簡素化，貿易円滑化には，ソフトとハードのインフラ，人材育成などが必要であり，一朝一夕には出来ないが，企業のサプライチェーンの観点に加え，貿易と対内投資の促進のためにも必須である。ASEANでは，経済共同体創設に向けて通関申告書の統一，貨物通過制度整備，統一関税分類[18]など税関手続簡素化，シングルウィンドウなど貿易円滑化を積極的に進めており，RCEPでも同様な取組みが求められる[19]。

表4-5 輸出入関連手続の必要時間とコストの例

	輸出書類数	輸入書類数	輸出手続き日数	輸入手続き日数	輸出費用（コンテナ当たり米ドル）	輸入費用（コンテナ当たり米ドル）
ブルネイ	5	5	19	15	705	770
インドネシア	4	8	17	21	615	660
マレーシア	4	4	11	8	450	485
フィリピン	6	7	15	14	585	660
シンガポール	3	3	6	4	460	440
タイ	5	5	14	13	595	760
カンボジア	8	9	22	24	795	930
ラオス	10	10	23	26	1,950	1,910
ミャンマー	9	9	25	27	670	660
ベトナム	5	8	21	21	610	600
日本	3	5	11	11	890	970
中国	8	5	21	24	620	615
韓国	3	3	8	7	670	695
インド	9	11	16	20	1,170	1,250
豪州	5	9	7	8	1,150	1,170
ニュージーランド	4	6	10	9	870	825

（出所） World Bank (2014) "Doing Business 2014", Washington DC, World Bank.

おわりに

　RCEP は，TPP 交渉の開始と日本の関心表明が交渉開始の契機となった。日 EU の FTA，TTIP も TPP の交渉開始がなければ浮上しなかった可能性が大きい。このように，メガ FTA の交渉は相互に影響を与えている。とくに TPP 交渉の進展と合意内容は RCEP の交渉に大きな影響を与える。TPP と RCEP の双方の交渉に参加している日本の責任は大きい。まずは，高いレベルの自由化に向けて TPP 交渉の早い時期の合意を目指すべきであり，同時に RCEP を自由化レベルが高く使いやすい FTA にするべくイニシアチブをとることが期待される。インドは高い自由化に消極的であるが，RCEP の魅力の 1 つはインドが参加していることである。インドの脱落は RCEP の魅力を大きく減らしてしまう。ASEAN の自由化の経験を活かし高いレベルを目指しながら柔軟な自由化を進めるべきであろう。

注
1) RCEP の経緯および参考文献については，石川 (2013)，助川 (2013)，清水 (2014) を参照。
2) 東アジアの地域統合と地域協力で ASEAN が中心となることを ASEAN 中心性（Centrality）と呼んでいる。くだけた表現では，「運転席に座る」とも言う。
3) ASEAN Secretariat (2012).
4) Ibid.
5) ニュージーランド政府資料では，その他の分野に政府調達，中小企業，労働，環境が含まれるとしているが，政府調達，労働，環境は ASEAN が合意しない可能性が大きい。
6) 福永佳史氏（ERIA 上級政策調整官）によると，TPP の対象分野の中で RCEP でカバーされないのは，政府調達，労働，環境，分野横断的事項の 4 分野である。
7) 中所得の罠に陥る悲観的シナリオでは GDP の世界シェア 32% にとどまる。Asian Development Bank (2012).
8) 椎野 (2014) 98 ページ。
9) RCEP と併行して日中韓 FTA 交渉が 2013 年に開始されている。
10) 米山 (2014) 32 ページ。
11) 報道では，ニュージーランドなどの 90% 超に対してインドは 40% との考えだった（日本経済新聞 2014 年 8 月 28 日付け「東アジア経済連携閣僚会合　自由化率合意できず」）。
12) 日本経済新聞 2014 年 9 月 18 日付け「東アジア経済連携交渉　インドを除く合意案浮上」。
13) ASEAN の発展については，山影進編著 (2011)『新しい ASEAN』アジア経済研究所を参照。
14) 本項は，上ノ山 (2014) および国際貿易投資研究会での同氏の報告によるところが大きい。
15) 原産地規則，原産地証明については，椎野 (2014) および安田 (2014) が詳細な説明を行って

16) 米山 (2013) 11 ページ。
17) 電気電子製品の貿易と通商問題の専門家である飯塚博氏によると、電気製品では生産リードタイムを3カ月とすると調達が30－60日を占めているという。
18) 上ノ山陽子氏によると、輸入国と輸出国でHSコードの解釈が異なる場合、輸出国側が輸入国のHSコードで原産地証明を発給しないとFTAの特恵を享受できない。たとえば、3Dテレビ用眼鏡は、テレビ用アクセサリ（8529）、メガネ（9004）、新製品（その他の8543）の3つの分類の可能性があるという。
19) ASEAN経済共同体については、石川・清水・助川（2013）を参照。

参考文献

石川幸一（2013）「TPPと東アジアのFTAのダイナミズム」石川幸一・馬田啓一・渡邉頼純編著『TPPと日本の決断』文眞堂。
石川幸一・清水一史・助川成也（2013）『ASEAN経済共同体と日本』文眞堂。
馬田啓一（2013）「TPPとRCEP」『季刊国際貿易と投資』91号、国際貿易投資研究所。
梶田朗・安田啓（2014）『FTAガイドブック2014』日本貿易振興機構。
木村福成（2014）「経済連携の潮流と日本の通商戦略」馬田啓一・木村福成編著『通商戦略の論点―世界貿易の潮流を読む―』文眞堂。
清水一史（2014）「RCEPと東アジア経済統合」『国際問題』No.632, 2014年6月 日本国際問題研究所。
椎野幸平（2014）「アジア太平洋地域のFTA動向」梶田・安田（2014）所収。
菅原淳一「RCEP交渉15年末合意に黄信号」みずほインサイト2014年9月1日付け。
助川成也（2013）「RCEPとASEANの課題」山澤逸平・馬田啓一・国際貿易投資研究会編著『アジア太平洋の新通商秩序』勁草書房。
三浦秀之（2014）「TPPとRCEP：米中の相克と日本」馬田・木村編著所収。
安田啓（2014）「物品・サービス貿易に関するルール」梶田・安田（2014）所収
米山洋（2013）「RCEP東アジアでサプライチェーンを」『ジェトロセンサー』2013年12月号、日本貿易振興機構。
米山洋（2014）「日本のFTAの現状」梶田・安田（2014）所収。
上ノ山洋子「FTA活用上の問題点」国際貿易投資研究所国際貿易投資研究会〈2014年4月21日〉配布資料。

ASEAN Secretariat (2012), "Guideline Principles and Objectives for Negotiating the regional Comprehensive Economic Partnership"
Asian Development Bank (2012), "Asia2050: Realizing the Asian Century", Manila, Asian Development Bank
Christopher Findlay eds. (2011), "ASEAN+1 FTAS and Global Value Chains in East Asia", ERIA research Project Report 2010 No.29, ERIA
New Zealand Ministry of Foreign Affairs & Trade, "Regional Comprehensive Economic Partnership (RCEP)"
World Bank (2014), "Doing Business 2014", Washington DC, World Bank

（石川幸一）

第 5 章

TTIP（米 EU・FTA）交渉の現状と展望

はじめに

　世界の FTA の潮流に TPP と同等かそれ以上のインパクトを持つ FTA が米 EU 間 FTA,「環大西洋貿易投資パートナーシップ（TTIP）」である。TTIP はその経済規模もさることながら，過去の FTA になく政治力学的に均衡した二者による交渉である点が注目される。米国, EU はそれぞれ FTA 網を構築してきたが，これまでの両者の FTA では，相手国は米国, EU 各市場への参入機会の拡大という大きな動機に誘引され，それぞれ米国, EU に事実上の交渉の主導権があったと言って過言ではなかろう。米国, EU ともにこうした主導権を背景に，それぞれの FTA のテンプレート（雛型）を多くの FTA で適用してきた。条文上，類似する協定が少なくないことからもこの点は明白である。TTIP では，そのような両者が正面から交渉に挑んでいるわけである。日 EU・EPA 交渉も類似の性格を持っているといえるが，後述するように米 EU 両者が「規制問題」を「最大の論点」としている TTIP と比較すると，日 EU では大きな構図としては，EU 側が日本国内の非関税障壁の除去を目指すのに対し，日本側の関心は EU の関税撤廃にあり双方の狙いが異なる，という違いがある。

　既存研究では，TTIP の経済的効果の大きさを示したもの（Francois et al.（2013），安田（2013）），論点を紹介したもの（田中（2014），マサラン（2014））などがある。第 7 回交渉会合を前にした現時点で今後の展開を正確に予測することは難しいが，本章では規制問題や，グローバルな諸課題に TTIP が与え得るインパクトや示唆も踏まえて，今後の方向性を展望したい。

1. TTIP 交渉開始の動機

　交渉開始に合意した背景としては，両者の政治的意思の高まりが大きい。政治的意思の動機にはFTAのもたらす経済的効果への期待および地政学的意味合いがある。第1にはTTIP交渉開始の準備として設置された両者の作業部会名が「雇用と成長に関する高級作業部会」であった通りFTA締結の効果としての雇用と成長，すなわち経済面での期待がある。欧州債務危機の余波で財政出動の余地の少ないEUにとって，FTAは少ない代償で成長と雇用を増進させる政策と目されている。米国でもEUと同様に対外政策ではいかに雇用創出につながるかに関心が集まる。米国は2010〜2014年の5年間で輸出を倍増し，2016年までに製造業で100万人の雇用創出を目指す「国家輸出イニシアティブ（NEI）」を進めてきた。同計画には間に合わないとはいえ，オバマ大統領がTTIPは「議会と産業界の両方で熱心に歓迎されている」と述べたように，米国内でもTTIPを通じた雇用創出が期待されているといえる。

　第2の地政学的な側面では，とりわけ新興国の台頭という要素が指摘できる。米国，EUがこれまで締結したFTAは貿易機会の拡大という経済的な目的だけでなく政治的もしくは安全保障上の目的があったことは間違いない。例えば米国とヨルダン，バーレーン，オマーンといった親米派の中東諸国とのFTA，EUが近隣諸国と進めてきた連合協定にはこのような地政学的な考慮がとりわけ強い。TTIPには，いわゆる「西側」諸国の結束を強めるという側面がある。そのような要請は，今世紀に入ってからの中国，インド，ロシアをはじめとする新興国の経済力上昇の結果としての国際的プレゼンスの高まりに対する，「西側の復権」（Kupchan（2014））とも指摘される。

　次節以降では2013年2月の高級作業部会最終報告書で示された，目指すべき協定の方向性の3本柱（市場アクセス，規制問題と非関税障壁，グローバルな貿易投資に関する共通の課題）を採用して論点を整理する。なお論点によっては投資家国家紛争解決（ISDS），原産地規則のように複数の柱にまたがる内容もあり，この整理は便宜上の区分けに過ぎない。

2. 市場アクセス交渉の論点

(1) 物品関税

両者の物品関税は平均すると米国が従価税換算の一般実行関税率が3.4%，EUが5.5%（WTO, World Trade Profiles 2013）と世界的に見ると低い水準にある。そのためTTIPでは関税交渉そのものは「収穫しやすい果実（low-hanging fruit）」と評されることもあるが，状況はそれほど簡単ではない。

2014年2月に示された関税引き下げの初期オファー（提示された約束表）では，EUがタリフライン（関税品目細分類）の96%の品目について関税撤廃の方針を提示したのに対し，米国は80%の提示にとどまった。協定発効時点に即関税ゼロとなる品目で見るとEUが83%，米国は69%と報道されている。この点は米国のTTIP交渉への「本気度」に疑問符を付したものとして，EU側から強い批判があがった。これに対し，米国側からは，米国は一般にFTAの「自由化率（10年以内での関税撤廃品目）」に含まれない10年超での関税撤廃品目でも最終的には撤廃する用意があるのに対し，EUには複数の農産物を含む完全な例外品目を設ける意図があるとの反論が出された（*Inside U.S. Trade*, July 25, 2014）。

EUにとって農産物は最もセンシティブな分野であり，一般実行税率を見ても，乳製品が平均55%，砂糖類が平均29%，食肉・動物類が平均23%など，平均関税率では米国以上に高関税品目が並ぶ。米国は確かに米韓FTAでは，10年超での自由化を含めると100%の品目の関税撤廃を既に達成しているが，米豪FTAでは砂糖を完全に例外化している。EUに比べると米国の例外品目は絞られているとはいえ，撤廃約束は相手国産業の競争力によるところが大きく，対EUではとりわけチーズ等乳製品が米国にとっての重要品目となる。

関税交渉は本当にTTIP交渉の中で「収穫しやすい果実」といえるのか。もちろん関税交渉は他の交渉分野に比べ交渉方法が定型化され，その効果もFTAの中で最も定量的に測れると言え，その意味での交渉し易さはあるだろう。しかし両者の貿易品目の多様性とボリュームを考慮した場合，これまでの

FTA 交渉で達成された自由化率と同等の水準を達成するのは簡単な作業ではない。

(2) サービス・投資

サービス自由化は米国が，NAFTA でいち早くネガティブ・リスト方式（限定列挙された非適合分野を除く全てを開放する約束）を採用したように重視してきた分野といえる。TTIP ではこれまでのところ，金融分野の扱いで対立がみられる。米国は NAFTA 以降，FTA の協定文の中で金融分野を独立した章として扱い，送金等の金融サービスや金融分野の投資保護なども含めた包括的なルール化を進めてきた。これに対し，TTIP 第6回交渉会合（2014年7月）で EU が提出したサービス自由化の初期オファーでは，金融分野を自由化約束から除外する内容であった。EU 側がこのような対応をとった背景には米国が，金融規制に関する協力メカニズムを導入するという EU の提案を拒否したことがある。EU は双方の金融規制当局が共同委員会のような協力組織を設け，金融規制の相違を取り除きたい意向だが，米国は規制当局の独立性の観点で反対している。さらに，EU のオファーはネガティブ・リスト方式を内国民待遇の付与にのみ採用し，米国が希望する市場アクセス制限を含む完全なネガティブ・リスト方式ではなかった。

一般論としてサービスでは，EU は全28カ国を束ねる難しさを抱えている。代表的な例として，映像・音響サービスではフランスなどがスクリーン・クォータ制を設けて保護しており，EU の権限が強化されたリスボン条約の下でも特定の加盟国に特別扱いが残されている。今回の交渉開始に当たっても，EU 外相理事会が TTIP に関する交渉権限を欧州委員会に付与した際，映像・音響サービスは付与される対象から外された。EU にとっては，あらかじめ例外を要請することは米国側に交渉上の余裕を持たせ，不利になる。この点を考慮して，欧州委員会は交渉状況に応じて，交渉後半にこの分野での交渉権限を再度求める勧告を行う可能性を示唆することで，米国をけん制している。

サービス交渉の行方は，TTIP と並行して交渉の進む「国際サービス協定（TiSA）」の動向も影響してくる。TiSA での約束水準を上回る自由化に合意するには加盟国間での調整が必要となる。

投資保護に関するルールは、リスボン条約発効以前は原則としてEU各加盟国の排他的な権限事項であり、EUのFTAには投資保護についての規定はなかった。EUでは従来、海外に進出した企業の投資保護については各加盟国が締結する2国間投資協定によってカバーされてきた。現在、米国と2国間投資協定を締結しているEU加盟国は東欧・バルト諸国の計9カ国に限られる[1]。

言うまでもなく米国、EU双方の多国籍企業が既に相手国市場展開、つまり直接投資を実施しており、その結果、投資分野では市場アクセスそのものよりも、投資ルールに焦点が当たっている。TTIPの投資ルールでは2国間投資協定による部分的な法律関係を包括的に整備し直すという意義もあるが、目下、後述するISDS条項の扱いが主要な論点になっている。

(3) 政府調達

米国では州レベルの政府調達の開放に対する抵抗が強く、WTOの改正政府調達協定（GPA、2012年12月改正交渉妥結、2014年4月発効）でも、旧GPAのまま協定の対象となる州は37のままであった。EUとしては当然、この点の拡大を求めており、作業部会最終報告書の「あらゆるレベルの政府でのアクセス改善」という文言の背景にはこの問題がある。第6回交渉会合までの時点では、初期オファーはいずれの側からも提出されておらず、相互の制度に関する技術的な情報交換にとどまっている。

EU側の中間報告（2014年7月）によれば、これまで検討された事項には公共事業コンセッション契約（民間事業者が公共体に施設をリースし、資金回収の後、公共体に所有権を譲渡する契約）、官民連携事業（PPP）などの扱いが含まれる。公共調達・民間事業の線引きが難しいこれらの事業形態はWTO改正GPAでも両者の開放約束としては明記されていないが、米韓FTA、EUシンガポールFTAなど最近の両者のFTAで言及されている。TTIPでの政府調達条項は、こうした両者の取り組みが盛り込まれた、政府調達ルールとしては現状では最も先進の「GPAプラス」の内容になるとみられる。米国の州レベルの調達拡大については大きな対立点であり、連邦レベルでの権限では変更が難しいことから、EUがこの点に固執すれば交渉が長期化する可能性がある[2]。

3. 規制問題と非関税障壁の論点

(1) 総論

　英国 CERC のレポート（Francois et al.（2013））は，TTIP がもたらす潜在的利益の 80%は非関税障壁の削減によってもたらされるとする。近年の「21 世紀型 FTA」では相対的に関税撤廃の意義は低減し，「Behind the Border Measures（国内規制に関する問題）」への取り組みがより重要になる，としばしば指摘されるが，その定義は明確とは言い難い。作業部会最終報告書でも「規制問題と非関税障壁」が指す範囲は非常に広範と考えられるが，同報告書で第一に WTO の「SPS（衛生植物検疫）措置協定プラス」，「TBT（貿易の技術的障壁）協定プラス」に言及していることから，「基準（Standard）」に関する両者の差異の扱いに主眼があることがわかる。

　米 EU の対立軸を簡潔に表現すると，EU は国際標準化機構（ISO）をはじめとする，自らの影響力が強い標準化機関を通じて域内の基準の「国際標準」化を進める戦略を採ってきたのに対し，米国は伝統的に私企業および ASTM インターナショナル（米国材料試験学会）のような私的団体がデファクト（事実上）の標準を形成してきた。両者の「国際標準」の在り方をめぐる議論は，ガット／WTO でもガット東京ラウンドのスタンダード協定以来，長年続いてきた。

　WTO 以外の米 EU 間の規制問題に関する対話の場としては，各規制分野では，すでに長い間，国際的なフォーラム，もしくは 2 国間・地域での対話を継続的に実施してきた。例えば化粧品では両者の規制当局はすでに化粧品規制協力国際会議（ICCR）で化粧品の安全性を確保するため情報交換，協力を進めてきた。また医薬品分野では，すでにヒト用医薬品登録のための技術的要件に関する国際調和会議（ICH）を中心とした多国間レベルで緊密に協力している。TTIP では，こうした分野ごとの既存の取り組みの強化・発展を目指すとみられる。

　分野横断的には TABD（Trans-Atlantic Business Dialogue）で規制協力

の議論が20年続けられているほか，2005年来，官民合同のフォーラムを開催している。既存の枠組みが活用されてきた中で，規制問題への取り組みの難しさは十分に認識されている。それでもTTIPでこの問題に正面から取り組むのは，米EU間の取引で両者の規制が原因で生じている無駄をなくしたいという民間サイドの強い要請を受けて，政治的な打開を図ろうとする両政府の意気込みといえ，TTIPに起爆剤としての期待がかかっている。

他方パッケージでの合意を優先すると，個別分野の調整作業がおろそかにされる危険をはらんでいるという面もある（梶田・安田（2014））。もっとも，結局のところは個別の規制分野ごとの合意の総体が協定のパッケージになるのであり，規制の調和か，相互承認か，といった一律の原則論よりも，個別分野ごとに何ができるかに落ち着くのであろう。

(2) 自動車

自動車分野はTTIPの交渉入りの際にも代表的な規制分野として挙げられており，本章でも独立して検討したい。米EUの自動車業界は，現状の自動車分野の非関税障壁は26％の輸入関税に相当すると指摘する。両者が現行の自動車関税（乗用車：米2.5％，EU10％，トラック：米25％，EU最高22％）を撤廃し，非関税障壁のうちわずか1割をなくすだけで，米国のEU向け自動車および同部品輸出は200％以上増加，EUの米国向けも71％増加と試算している（米自動車政策評議会（AAPC），欧州自動車工業会（ACEA）共同報告，2013年）。

自動車分野の国際基準では，EUが国連欧州経済委員会（UNECE）の場でイニシアティブをとってきた。UNECEの中心的基準が「1958年協定」であるが，米国はこの協定に未加入である。安全基準では，EUは自動車の型式ごとに政府の審査を受ける型式認証制度を採り，1958年協定もこれをベースとした相互承認を目的としているが，米国では安全基準への適合をメーカーが自らの責任で評価するため，UNECE方式が該当しなかったという背景がある。このように両者のアプローチには根本的な違いがあるため，交渉開始に際し規制問題の代表例に挙げられた自動車安全基準の相互承認1つを見ても実現は容易ではない。

安全基準と並ぶ中心的課題が排ガス基準である。排ガス基準の認証プロセスの場合は，両者ともに型式認証を採るが，EU では従来，製造時点においてのみ基準が適用されてきたのに対し，米国では製造物責任の観点から市場流通後も規制が適用されるほか，認証の際の走行距離や走行時間など細部も異なる。

こうした違いがありながらも，自動車分野が規制問題の有力な分野に挙げられる背景には，産業界の強い要望があるからといえる。前出の共同報告が示すように，AAPC，ACEA の TTIP への期待は大きい。両者は，双方で合意した 5 つ程度の個別基準の相互承認をパイロットプロジェクトとして実施し，漸進的に対象分野を広げることや，新規の規制策定における調和プロセスといった，具体的な提案を行っている。例えば電気自動車に関する各種基準のように，今後新たに検討される規格の策定段階での情報共有を推進するなど，調和を図るべく協力し合う仕組み作りは現実的かつ重要な取り組みと期待される。

米議会の調査機関である議会調査局（CRS）のレポート（2014 年）は，「ルールの調和とは，自動車生産者の視点では両者が同一の基準を持つことではなく，不必要な差異を最小化し，どの基準も満たす車両の標準型が確立できることである」とまとめている。自動車分野に限らず問題の根幹は，各製品分野の製造企業が，相手方の基準を満たすために製造工程を増やさなければならないという現実にある。理想論ではあるが，1 つの製造工程で米 EU 両方の基準をクリアできるのであれば，仮にそれぞれの認証手続き自体は維持されたとしても，相互認証の確立という複雑でハードルの高い制度設計を行うよりも，簡素で合理的な解決策となろう。TTIP は協力枠組みを強化し継続していくための一ツールと言える。

(3) 衛生植物検疫（SPS）措置

EU の遺伝子組み換え作物（GMO）やホルモン剤使用牛肉に対する規制に代表されるように，SPS 措置は米 EU 間で差異が大きく，両者の間で WTO 紛争解決などの場でも長年争われてきた（安田，2013）。食に対する安全という消費者に関心の高い問題であるため，交渉の行方によっては，政治問題化，社会問題化し合意そのものの達成にも影響を及ぼしかねない。

これまでの両者の FTA における SPS ルールを見ると，EU のほうが詳細な

ルールを設けている。米国の近年のFTA（豪州，韓国，コロンビア，パナマ）のSPS章は，2国間での情報交換等を目的としたSPS委員会を設置することやWTOのSPS協定の義務確認を中心とした簡易な内容である。米シンガポールFTAにはSPS章自体存在しない。他方，EUの近年のFTA条文を見るとEU韓国では動物福祉に関する基準の規定や，輸入時のSPS措置の適用要件，EUシンガポールFTAでは，これらに加え，同等性に関する規定も設けられているといった特徴がある。同FTA第5.14条では，双方が相手方のSPS措置の水準の同等性を確認し，同等性が認められる場合，衛生植物検疫証明の証明プロセスを簡易化することに同意する，と規定する。

TTIP交渉でもEUは，同等性や動物福祉の基準といったルールの導入を求めている[3]。双方の基準を維持する相互での同等性承認は，制度自体を改正する必要がある相互承認に比べコストメリットが大きいと指摘されており（マサラン，2014），実現は容易ではないがTBT分野でも参考となる。同等性は，今後，規制問題の中心的テーマとなりうる概念である。

なお米国では畜産業界からコスト増の観点で動物福祉の基準導入に反対している。SPS分野の対立構造はEUの規制に対し米国が圧力をかけると見られがちであるが，このように双方に思惑があり，論点は多岐にわたる。

4. グローバルな共通課題

(1) 総論

作業部会最終報告書では「グローバルな貿易投資に関する共通の課題」と題して，知的財産権保護，環境・労働基準に言及があるほか，貿易円滑化，競争政策，国有企業の待遇，エネルギーなども共通課題として列挙している。これらの中で最大の関心事項は知的財産権とみられる。環境，労働については，差異があるとしても，両者ともに先進国として世界的に見れば高い水準を維持しており，大きな議論になるとは考えにくい。また例えば国有企業の待遇は，（EUの国家補助という別の争点はあるものの）両者間の問題というよりは，中国など第三国を念頭に置いたメッセージを発することに主眼があるように見

える。

　TTIPが合意に至れば，今後の世界のFTAルール形成に一定の影響を及ぼすであろう。報告書に言及はないものの，影響を与えうる分野として，投資ルールのうちISDS条項について若干の検討を試みたい。

　その他，米EUが原産地規則でどのような歩み寄りをみせるかも，他のFTAに影響を与えうる重要な論点である。世界的なFTA増加の結果，原産地規則が複雑化してきたことはしばしば指摘される。独自に原産地ルールを発展させてきた米EU間で共通ルールに合意すれば，今後，他のFTAにも波及する可能性がある。この点については，別稿の機会があれば検討したい。

(2) 知的財産権

　最大の論点は「地理的表示」保護の扱いである。地理的表示とは「シャンパン」のように，ブランドとして確立している原産地名を権利保護の対象とすることを意味する。WTOの「知的所有権の貿易関連の側面に関する協定」(TRIPS) では，ワインと蒸留酒については地理的表示に強力な権利が認められているが，EUは他の製品についても地理的表示の保護を主張している。一般論として，欧州は産業の歴史が長く，その分，他地域より相対的に食品における確立したブランド名が多いため，地理的表示の保護はEUに有利と認識されている。

　EU韓国FTAでEUはハム，チーズ，オリーブ油，ビールなど，ワイン・蒸留酒以外の食品60種類を含む計165種類の地理的表示保護をリスト化し，また対象品目は両者が合意すれば拡大されうることも規定された。EUシンガポールFTAでは同じく83種類を含む196種類と，EU韓国には含まれなかったドイツのパンなどにも拡大された。TTIPでもEUはシンガポールと同規模のリストを主張している。米国側は，とりわけパルメザン，ゴルゴンゾーラといった米国の乳製品業者でも既に浸透している名称については，地理的表示の保護に強く反対している。またワインに関しては2006年に米EU間で協定を締結し，シャンパン，シャブリなど米国でも一般化されているブランド名については，既に商品化されたものについては使用を認めるとされているが，EUはこれらも交渉リストに含め，TTIPでの再定義を求めている。

WTO 交渉でも長年対立を続けてきた地理的表示はともかく，米 EU が知的財産権保護で同じ方向を向いているテーマは多い。特に TRIPS では不十分と指摘される権利侵害の際のエンフォースメント（執行面）強化は両者が交渉に参加した「偽造品の取引の防止に関する協定（ACTA）」交渉でも中心的な論点の 1 つであった。ACTA では「デジタル環境下の知的財産権保護」規定が個人のインターネット利用に対する規制につながるとの懸念が EU 市民に広がり，欧州議会が批准を否決する事態となった。同じように地理的表示の問題も含めた特定の対立が原因で知的財産権分野のルール作りに失敗することは両者とも望んでいない。この点，交渉妥結した EU カナダ FTA での地理的表示規定では，最も対立の大きかったチーズや肉製品については特定の条件を満たせばカナダで生産された同産品に品名を記したラベリングを認めるといった，ある程度柔軟な解決策に着地しており，TTIP 交渉でも参考になるだろう。

(3) 投資家国家紛争解決（ISDS）

　欧州議会を中心に ISDS 条項の導入に否定的な声が根強い。例えば欧州議会国際貿易委員会（INTA）のランゲ議長は「関税，一部の非関税措置，政府調達を内容とする EU のクラシカルな（従来型の）FTA を追求すべきだ」と ISDS を含む，解決の容易ではない論点を回避すべきとの見解を示した。関心の高さを背景に欧州委員会が 2014 年 3 月から 7 月にかけて募集した ISDS に関するパブリック・コメントでは 15 万件近い意見が寄せられた[4]。結果がまとまるまでは，ISDS を交渉議題から棚上げするという，特別扱いになっている[5]。欧州委員会ユンケル委員長は就任前には「（EU 米のような）高度な民主主義の下で，お互いの司法制度を尊重しないということには疑問がある」と，間接的ながら ISDS 制度導入に慎重な姿勢を示している。

　投資協定締結の歴史を考えた場合，ISDS 制度は，先進国が投資先の開発途上国の司法制度では十分な投資保護が受けられないとの判断から導入されてきたものといえる。ISDS のメリットは投資受け入れ国の司法制度を利用する場合に比べて外国投資家に有利な解決が得られる見込みが高いことであるが，中川（2014）は，そのメリットに対して，受入国の公共政策が十分に尊重されない可能性などデメリットが小さくないことを指摘している[6]。フロマン米通

商代表は，米EU双方が外国投資家を差別から守る法体系を備えていることを認識しつつ「保護が不十分な国も多く，TTIPで投資保護の新しいグローバル・スタンダードを作りたい」と述べているが，問題の核心はTTIPの両当事者にとってのISDS条項の必要性であり，説得力のある目的とは言い難い。

5. 今後の展望

交渉開始当初は2年程度での迅速な妥結を想定していたが，交渉が進むにつれ悲観的な声が強まっている。規制問題に本格的に切り込むという野心的な取り組みを，ある程度現実的なラインにまで引き下げなければまとまらない，との認識が関係者や識者の間で高まっている。

最大の論点とされる規制問題については，本章で概観したように，TTIP以前から各分野で長年，両者が取り組んできた課題である。仮にTTIPが締結されても，それで完結するという性質の問題ではない。自動車分野で挙げたように将来の規制導入における協力体制の構築など，両者が継続的に努力を続ける「動的メカニズム」が盛り込めれば一定の成功と言えるのではないか。TPP同様，TTIPも「生きた協定（living agreement）」が目指すべき方向性といえよう。「グローバルな共通課題」についても同様のことが言え，例えば地理的表示の問題はWTOでも長年議論になってきた論点であり，仮に対象リストが作成されたとしても，それだけで終結にはならないだろう。

交渉の妥結時期を予測するのは，TPP交渉が長期化していることからも分かるように，現時点では難しい。しかし欧州側としては2014年12月に発足した欧州委員会の新布陣の任期中（2019年11月末まで）には確実にまとめたい。米国側はオバマ政権がTPP成立とともに在任中の成果にしたいであろうが，2016年中に妥結するには両者が相当に現実的な妥協点を探る必要がある。本稿では扱えなかったが，米国の大統領貿易促進権限（TPA）取得の行方や，トルコなど第三国のTTIPへの参加問題のように，合意の時期に影響を与えうる諸課題もある。

もっとも，交渉国が多く対立構造が複雑なTPPなど広域FTAに比べ，2

者間では交渉要素の交換条件が成立しやすいという側面もある。過去の例では，ガットのウルグアイ・ラウンドは米 EC 間の「ブレアハウス合意」を契機に一気にまとまった。先進国経済の後退と新興国の台頭が TTIP 交渉開始の引き金になったように，交渉妥結にも米 EU の強い政治的意思が必要になる。

注
1) ブルガリア，クロアチア，チェコ，エストニア，ラトビア，リトアニア，ポーランド，ルーマニア，スロバキアの9カ国。
2) もっとも，米豪 FTA では GPA で対象になっていないジョージア州が含まれた実績があり，FTA での対象州拡大が不可能ということではない。なお，TTIP に先行する TPP 交渉では政府調達協定交渉は米国の国内法に影響を与えない，と米通商代表部（USTR）が 2014 年 7 月末に発表している。
3) "Leaked EU TTIP Draft on SPS Includes Rules on Equivalency, Animal Welfare", *Inside U.S. Trade*, July 25, 2014.
4) European Commission (2014), "Preliminary report (statistical overview) - Online public consultation on investment protection and ISDS in the TTIP", July 18, 2014.
5) その後，結果は 2015 年 1 月に公表され，大方の予想通り EU 域内での ISDS への強い反対が示された。マルムストロム欧州委員（通商担当）は，TTIP における ISDS の削除は求めないものの，内容の見直しを求めていくと述べた。(2015 年 2 月加筆)
6) 中川淳司 (2014)「TPP 交渉の行方と課題・6（完）」『貿易と関税』2014.7，7-16 ページ参照。

参考文献
パトリック・マサラン (2014)「環大西洋貿易投資パートナーシップ　多様性，機会，課題」『国際問題』No.632，国際問題研究所。
田中友義 (2014)「米 EU 環大西洋貿易投資連携（TTIP）交渉の行方　1，2」ITI フラッシュ 179・183，国際貿易投資研究所。
梶田朗・安田啓編著『FTA ガイドブック 2014』ジェトロ。
安田啓 (2013)「TTIP：世界の FTA ルールの新標準になるか」『ジェトロセンサー』2013 年 12 月号，ジェトロ。

Joseph Francois et al. (2013), *Reducing Transatlantic Barriers to Trade and Investment-An Economic Assessment*, Centre for Economic Policy Research, London.
Akhtar, S. I. and Jones, V. C. (2014), *Proposed Transatlantic Trade and Investment Partnership (T-TIP): In Brief*, CRS Report R43158.
Canis, B. and Lattanzio, R. K. (2014), *U.S. and EU Motor Vehicle Standards, Issues for Transatlantic Trade Negotiations*, CRS Report R43399.
Kupchan, C. A. (2014), *Parsing TTIP's Geopolitical Implications*, Transatlantic Partnership Forum Working Paper Series, Johns Hopkins University, Washington DC.

（安田　啓）

第 6 章

日本・EU 経済連携協定（EPA）
―新たな日 EU 関係強化への歩みと展望―

はじめに

　2014 年 5 月 7 日午前 10 時 30 分から共同記者会見を挟み約 3 時間半，EU（欧州連合）の「首都」とも言えるブリュッセルで，第 22 回日本・EU 定期首脳協議が開催された。安倍首相は，ゴールデン・ウィークの国会閉会期間を利用して，ドイツ，英国，ポルトガル，スペイン，フランス，ベルギーの 6 カ国を訪れ，OECD（経済協力開発機構）閣僚理事会での基調講演等を行った。その締め括りとして欧州統合の中心となっているブリュッセルで EU との定期首脳協議に臨んだ。

　EU 側からはファン・ロンパイ欧州理事会議長（当時）ならびにバローゾ欧州委員会委員長（当時）らが出席したが，日 EU 首脳は(1)経済分野，(2)安全保障分野，(3)「女性が輝く社会」の実現を含むグローバルな利益の増進の 3 つの分野で具体的な協力を促進することで一致した。

　なかでも経済分野では，両首脳は日 EU・EPA 交渉が着実に進展していることを評価しつつ，包括的にしてかつ高いレベルの EPA を早期に締結することの重要性について見解の一致をみた。また，安倍首相から「アベノミクス」の現状，特に日本の経済再生と財政健全化の両立に向けた取組を説明した。EU 側からは，欧州経済は改善しているが，まだ十分という訳ではなく，さらなる財政・構造改革が必要である旨述べるとともに，日本の経済・財政政策に対する肯定的な評価が示された[1]。

　安倍首相はこの欧州歴訪に先立って，その前月の 23 日から 25 日にはアメリカのオバマ大統領を国賓として日本に迎えており，日米安全保障協力の推進や

尖閣諸島への日米安保条約の適用について明言をオバマ大統領から得るなど，一定の成果を収めた。約2週間のあいだにアジア太平洋をまたぐ同盟国アメリカとユーラシア大陸をはさんだ欧州諸国28カ国と首脳外交を展開したことになり，安倍首相が自ら唱道する「積極的平和主義」についての理解が「西側」諸国において深まり，「アベノミクス」を中心とする経済・財政政策についても一定の評価を得ることにつながったと言えよう。

　日EU間では自由貿易協定（FTA）であるEPAに加えて，今後の日EU協力を包括的に深める基礎となる「日EU戦略的パートナーシップ協定（SPA＝Strategic Partnership Agreement）」交渉を可及的速やかに妥結するよう首脳から指示があった。このSPAは国際政治や安全保障政策面での対話や協力，さらには対途上国支援における協力など幅広い課題を含むものであるが，EUは従来から韓国やカナダ等とのFTAを議論するときにもこれとセットで「政治協定」としてのSPAを交渉してきている。このSPAはEPAとどのように関連付けられるのか，両者は不可分の一体をなすものなのか，といったリンクの問題はまだ明らかではない。本章では，このような問題点はあるものの，とりあえずはEPA交渉に焦点を当て，そこに至る過去の経緯と交渉の主要論点，さらには今後の展望などを論じてみたい。なお，欧州側では当該経済協定のことをFTA（自由貿易協定，Free Trade Agreement）と呼ぶのがより一般的であるが，本章ではEPA（Economic Partnership Agreement）という呼称で統一することとする。

1. 日EU通商関係の歴史
　―「摩擦・対立」から「協力・協調」へ―

　日EU関係は1970年代後半から1990年代初頭まで激しい貿易摩擦を経験した。1973年秋の石油ショックで世界経済は1974-75年に戦後初めてのマイナス成長を記録，エネルギー供給サイドからの締め付けは消費者に省資源・省エネルギー型の耐久消費財への志向を促した。時代は「重厚長大型産業」から「軽薄短小型産業」へのシフトを求め，欧米諸国でも家電から自動車までエネ

ルギー効率の優れた日本製品に人気が集まるようになる。その結果日本側の大幅輸出超過，米国やEUの大幅対日輸入超過となり，経済問題は「政治問題化」し貿易摩擦が頻発した。（表6-1参照）

このような対立の歴史に大きな転換点となったのが1991年7月にオランダのハーグで採択された「日EC共同宣言」であった。これは日EC間で対話と協力を推進していくための初めての包括的な枠組みを提供するものであった。その10年後，2001年12月には「日・EU協力のための行動計画」（以下，「行動計画」）が小泉首相（当時）とプロディ欧州委員会委員長（当時）のもとで採択され，2010年までの10年間を「日欧協力の10年」として政治・経済両面を含む幅広い分野での協力と対話を促進させることが合意された。

こうして日EU関係は「摩擦」から「協力と対話」に大きく転換し，通商紛争は概ね沈静化する。もちろん通商を巡る問題が消えてなくなったわけではないが，日EU間バイ協議の枠組みやWTOの紛争解決メカニズムを活用する

表6-1　年表　日EU経済関係の展開

1955年	日本，GATTに加盟。英仏など西欧諸国，GATT第35条を援用し，GATT原則の対日不適用を宣言
1961-62年	英仏など対日数量制限を日本との通商条約に規定することでGATT第35条の援用を撤回
1976年	土光経団連ミッション訪欧。各地で貿易不均衡を批判される。
1986年	日米半導体協定，日本の酒税問題などで欧州委員会がGATT提訴（EC勝訴）
1988年	ECの反ダンピング迂回措置について日本がGATT提訴（日本勝訴）
1991年	「日・EC共同宣言」（ハーグ）
1995年	WTO協定発効，対日数量制限，自動車の自主規制等終了 酒税問題でEUが再びWTO提訴（EU勝訴）
1999年	「日・EUビジネス・ダイアログ・ラウンドテーブル」（BDRT）発足
2001年	「日・EU行動計画」「日欧協力の10年」スタート
2008年7月	BDRTでEIA（経済統合協定）に関する報告書公表
2011年5月	日EU定期首脳協議で，EPA交渉の大枠を定めるスコーピング作業の開始に合意
2012年7月	スコーピング作業の終了を受け，欧州委員会として交渉権限を理事会（EU加盟国）に求めることを正式決定
2012年9月	欧州議会国際貿易委員会（ブリュッセル）で日EUEPAについて公聴会
2012年10月	欧州議会本会議（ストラスブール）で日EUEPA交渉を支持する旨決議
2012年11月	EU外相理事会で交渉権限が採択され，日EU間で交渉開始に向けた環境整う
2013年3月	日EU首脳電話会談で交渉開始を決定
2013年4月	第1回交渉会合開催（その後6月，10月，2014年1月，4月と累次交渉）
2014年5月	日EU定期首脳協議で「EPAの早期妥結の重要性を確認」

ことにより通商問題が「政治化」する前に解決を見出すことができるようになった。このように日EU関係は「成熟した関係」に発展していったが，他方では「問題ないことが問題」と言われるような状況も生じた。貿易摩擦という嵐が過ぎ去ったあと，やっと順風満帆で沖に出たヨットがすっかり風の吹かない「凪」状態に遭遇したようなイメージである。貿易不均衡が主因で「日本叩き」(Japan "bashing") が横行した1980年代に対して，1990年代は「日本問題」(the Japan Problem) が影を潜めた一方で，中国の台頭が世界の注目を集めたことで欧米の関心は「日本通過」(Japan "passing") の傾向を強めた。その後バブル崩壊後の長期的景気後退で「日本，恐れるに足らず」(Japan "nothing") という声さえ聞こえるようになった。

このような日EU関係を再活性化しようとする動きがまさに2001年12月の「行動計画」であり，日EU双方の産業界の会合であるBDRT[2]発足であった。そして現在，日EU双方は2010年以降の「次の10年」に向けて新たな関係強化の枠組みを模索し始めている。その1つが本章で取り上げているEPAである。では，このEPAについて日欧双方はどのような議論をしたのだろうか。

2.「民間主導」で始まった議論
　　　―野心的な日本側，慎重なEU側―

そもそものきっかけは2007年6月にベルリンで開催されたBDRTで日EU間の経済協力関係強化の新たな枠組みについてある合意ができたことにある。その合意とは，日本とEUとのあいだで両経済を統合する包括的な枠組みについてその実現可能性について調査研究するためにタスクフォースの設立についての合意であった。その枠組みは当初「経済統合協定」(Economic Integration Agreement＝EIA) と呼ばれた。このEIAという呼称には2つの含蓄が込められていた。1つは，従来のFTAやEPAを超える，より包括的で未来志向の経済協定を目指すという野心的な含蓄である。もう1つは，特にEU側の思惑を反映しているのだが，EUの嫌う関税撤廃を含まない新たな形態の経済協

定というやや消極的な含蓄である。いずれにせよ、韓国がEUとのFTA交渉を開始するのを傍観する他なかった日本産業界にとってはFTAであろうが、EIAであろうが交渉への糸口が掴めただけでも大きな前進であった。

さて、2007年6月のBDRTベルリン会合での提言を受けての日本側の動きは速かった。同年10月には東レ顧問（当時）の大川座長を筆頭に産業界を中心に13名の委員から成る日本側タスクフォースが立ち上がり、事務局機能はジェトロによって提供されることとなった。筆者もこのチームの末席に加えて頂いた。日本側は2008年2月までに5回の会合を開き「中間報告」をまとめたが、同報告はEIAについてその基本的理念を次のように謳っている。

① 日本とEUは自由、民主主義、法の支配、市場経済など「共通の価値観」を有しており、共に開放的な国際経済システムの維持強化に貢献すべき重要なパートナーであって、双方の産業界は大きな責任を負っている。

② 日本が欧米と、また、EUがアジアとの経済連携強化を打ち出している今日、日EU経済関係を、世界経済への貢献も視野に入れつつ、より緊密な次の段階に推し進める時期が来たと確信している。

③ 日本、EUともにイノベーションを軸に国際競争力の強化を目指しており、日EU間の経済統合推進は双方の国際競争力向上に資するものであり、アジアをはじめとする第3国市場での関係強化に寄与する。

④ 日EU/EIAは、モノとサービスの貿易における高度な自由化をWTOルールに準拠して達成しようとするものであるが、それに留まらず、WTOでカバーされていない分野での新制度の共同構築などを通じて、環境対策をはじめとするグローバルな課題への取り組みについても世界のモデルとなるような貢献を行うべきである。

以上のような考え方に基づき、日EU/EIAの柱として次の4項目を提示し、日EU両政府当局にその検討を求めた。

① 世界最高峰のイノベイティブ社会の共同構築：特許制度改革、知的財産権保護の執行強化、著作権補償金制度の見直しと適正化、イノベーション促進のための技術標準化に向けた協力、次世代ネットワークに関する協力、人的交流の拡大、異分野技術交流における協力等

② 新次元の環境親和社会の共同構築：環境規制ならびに環境関連ルール策

定・調和に向けた協力，環境親和性物品の関税撤廃，化学物質の管理における相互協力，気候変動・環境対策における相互協力等

　③　安全な社会インフラの共同整備：貿易の安全確保，相互承認の対象範囲拡大，生活用品・食品安全についての規則の共通化および協力，電子商取引における個人情報保護等

　④　相互の貿易投資環境の改善：関税撤廃，反ダンピング措置運用の適正化，投資交流の更なる促進，EU 域内での安定した法制度環境の実現，日 EU 間の国境を越えた事業再編の容易化，公正かつ自由な競争の促進，資本市場インフラの整備，租税協定ならびに社会保障協定の締結等。

　このように日本側タスクフォースは EIA を構成する要素について極めて野心的であり，日 EU 間の経済関係に存在するあらゆる問題を包括的に EIA の中に盛り込もうとした。上記 4 本柱の内，④は租税協定や社会保障協定を除けば FTA（自由貿易協定）や我が国が進めて来ている EPA（経済連携協定）の範疇に収まるイッシューであるが，①から③まではそれを超える「共同作業」が必要とされる分野であり，まさに伝統的な FTA や EPA さえも超える「経済統合協定」（EIA）の名に値する内容を提案していたといっても過言ではなかった。

　全般的に作業が迅速かつ順調であった日本側に比べ，欧州側の動きは初動の段階から遅れがちであった。2008 年の早い段階で「中間報告」の素案が出来上がっていた日本側に比べ，欧州側はそもそもタスクフォースのメンバーリストさえ提出できない状況であった。座長についてはルノーのベルジュラン氏が就任するとの情報に接していたもののタスクフォースの全体像については 2 月初旬になってもはっきりしていなかった。そしてこの座長の人選は既に EIA の多難な道のりを暗示するものであった。ベルジュラン氏は欧州自動車工業会（ACEA）の要職を占める人であり，ACEA は EU の 10% という自動車関税の撤廃に強く抵抗していたからである。

　自動車のほかにもプラズマ・テレビなどに課している 14% という高関税，本来 ITA（情報通信物品協定）対象製品であるため関税ゼロになるべき複合機能プリンター等への関税賦課など EU には保護主義的な関税措置が散見され

る。日本側の関税障壁が相対的に低く，関税撤廃のメリットが一方的に日本に有利になることから，日本に対する関税撤廃はあり得ないというのが EU 側の立場であった。関税を含めないことの論拠として EU 側が主張したのは，WTO のドーハ開発アジェンダ（いわゆる「ドーハ・ラウンド」）が重要な局面を迎えている中，EU・日本という 2 つの貿易大国が多国間の交渉をさておいて 2 国間の関税譲許を行うことはドーハ・ラウンドに悪影響を及ぼすという理屈であった。

関税撤廃を頑なに拒む一方で，2008 年 3 月末にブリュッセルで開催された日本側タスクフォースとの第 1 回合同会合に EU 側が提出したポジションペーパーには，農産品に関する日本側の輸入制限の削減，サービス貿易拡大のための規制緩和，政府調達市場の更なる開放などドーハ・ラウンドと大いに関係を有するイッシューを盛り込んできた。この合同会合で日本側タスクフォースからは EU 側の主張の矛盾点を指摘するとともに，モノの分野で日 EU が進んで関税撤廃を行うことはドーハ・ラウンドに対してもポジティブなインプットになりうると反論したが，議論は平行線を辿った。

EU 側は EIA の実現可能性を検討することがタスクフォースの主たる任務であるはずにもかかわらず，EIA については明示的な言及を避け，"BETTER REGULATION, BETTER INTEGRATION"（より良い規制，更なる統合）といったスローガンで産業協力や環境協力などを呼びかけてきた。EU 側は更なる関係強化のために閣僚級の「経済連携評議会」（Economic Partnership Council）を提案してきた。この提案は日 EU 両タスクフォースの合同報告書にも盛り込まれており，かかる新たな閣僚級協議体を設置するかどうかはまさに両政府当局の交渉に委ねられることになった。

以上の議論から明らかなように，従来型 FTA・EPA を超える EIA を目指す日本と，関税撤廃という FTA の大前提を排除した「統合」を志向する EU 側とのあいだには大きな認識の相違が存在した。その意味で「合同」報告書を作成するプロセスはたいへん困難なものであったことは想像に難くない。

最終的には表 6-2 のような構成になったが，あくまでも日 EU 双方が合意した分野を短・中期的な取り組み課題と位置づけ，そこから議論を始めることになっている。関税問題は「長期的課題」と位置付けられ，日本側が一方的に将

表6-2 「日本・EU EIA 検討タスクフォース」合同報告の構成と内容(1) 別紙3

1．背景（Background） 　日本・EU EIA 検討タスクフォースは 2007 年 6 月の BDRT 提言を受け，EIA のフィージビリティ検討を目的に設立された。
2．報告書の構成（Structure of the report） 　短期的・中期的に具体的な，実現を義務付ける目標に焦点を当て，長期的課題については協議を継続することを提言。
3．合同報告（Joint report） 　a）日本と EU の貿易関係 　　日本と EU は共通の課題に直面しているとの認識に立ち，これらに効果的に取り組んでいくために，規制面での協力，イノベーション，環境，安全性，貿易・投資環境の改善の分野での協力強化を提言。 　b）日本・EU 双方の関心課題【詳細は次ページ】 　　　Ⅰ．イノベーション　　　Ⅴ．規制面での協力 　　　Ⅱ．環境　　　　　　　　Ⅵ．人の移動 　　　Ⅲ．投資　　　　　　　　Ⅶ．安全確保 　　　Ⅳ．サービス　　　　　　Ⅷ．公共調達 　c）貿易交渉 　　日・EU 双方は，WTO ドーハ開発ラウンドを成功させるために，継続的な支援を行うことを確認。2 国間の関税撤廃については双方が異なる見解を持つことを認識。非関税障壁（NTB）に関しては，上述の関心課題に関する協力を強化することが，多大な利益を生む。
4．次のステップ（Next step） ・双方の閣僚レベルが主導し，関係政府当局と経済団体が参画する協議体を設立することを提言。日本・EU 当局に対し，長期的な課題を念頭に置きつつ，上記 3．b）に挙げた，短期的・中期的に成果を実現し得る課題から着手することを要請。 ・毎年の BDRT 総会で進捗を検証する機会を設けることを提案。

来取り上げる余地があるとの理解を示すに終わっている。その後どのような形式の「統合に向けた枠組み」にするかについては閣僚級の協議体で議論するということで，いわば政治的イニシアチブに「丸投げ」された形になっている。

　他方で短・中期的な課題については「拘束力のある」ルールを策定していくとあり，民間セクター間の協力という「拘束力」には必ずしも馴染まないことをどのように実施していくのか，細心の注意を払いながらの議論が続けられることになった。

　こうして 2008 年 7 月 4 日，日・EU ビジネス・ダイアローグ・ラウンドテーブル（BDRT）の佐々木（元 NEC 会長，当時），ジェイコブス（UCB 会

長，当時）両共同議長による BDRT 提言の両政府首脳への手交式が東京の首相官邸で行われた。その機会に，日 EU 経済統合協定（EIA）に関する日・EU 各タスクフォースの大川三千男，ベルジュラン両座長から EIA についての合同報告書が提出され，両タスクフォースによる作業について報告が行われた。

EIA は 2007 年 6 月の BDRT で提案された用語であるが，1 年間の議論を経て EU 側が関税撤廃を含む EIA は拒否するとの姿勢を貫いたため，次のステップを EIA として推し進めることは余程強力な政治的イニシァチブが EU 側から発揮されない限り現実的ではないという状況に立ち至った。そのような強力な政治的イニシァチブが発揮されるきっかけは，EU に匹敵する日本の経済パートナーであるアメリカとの EPA に日本が動き出した時以外には考えられなかった。それが日米 2 国間の EPA なのか，あるいはアジア太平洋におけるたとえば APEC ワイドの FTA（FTAAP）なのか，とにかく日本と米国との間で何らかの特恵的な経済取決めが動き出さない限り EU はその重い腰を上げないことが予想された。そのためには日本側にも農業市場の開放や農政の再構築など相当の覚悟と準備が必要なことは明白であった。このような準備の間，日 EU 間の新たな閣僚級協議は信頼醸成と協力の深化のために決定的に重要な役割を持つことになる。実際のところ，2011 年以降当時の野田政権下で「環太平洋パートナーシップ協定」（TPP）への参加の動きが出て初めて EU は日 EUEPA について前向きになるのである。

3. EPA 交渉までの道のり
―「スコーピング作業」から交渉開始まで―

その後，閣僚級の協議を実質的に行う機関として 2010 年に「合同ハイレベルグループ」（JHLG）が設置され，次官級の実務者協議が行われた。その結果として，2011 年 5 月に開催された日 EU 定期首脳協議では「自由貿易協定（FTA）／経済連携協定（EPA）及び政治分野での拘束力を有する協定についての並行した交渉のためのプロセスを開始すること」に合意した。この中で経

済協定並びに政治協定両方の「交渉の範囲 (scope) 及び野心のレベル (level of ambition) を定めるために議論を開始することを決定した。このための作業を「スコーピング作業 (scoping exercise)」と呼び，これを可能な限り早期に実施することで合意ができた。これに並行して，欧州委員会はスコーピング作業が順調に行われた際にはその結果に基づき，これらの協定の交渉のために必要な権限を欧州理事会に求めることとした[3]。このように EU は EPA 交渉に入るための言わば「予備交渉」(Pre-negotiation) としてこのスコーピング作業を提案し，そこで日本側がある程度まで EU 側の関心事項である非関税障壁や政府調達分野で譲歩の姿勢を見せるまでは本交渉に入らないとする「条件闘争」に打って出たのである。

ではこのスコーピング作業ではどのような議論がなされたのだろうか。詳細は公表されていないので不明であるが，交渉枠組に関する日本政府の発表では，物品の貿易（関税撤廃・削減等を含む），税関手続き及び貿易円滑化，非関税措置，知的財産，衛生植物検疫措置 (SPS)，サービス貿易，投資，自然人の移動，電子商取引，政府調達，競争，紛争処理，協力などの分野で議論があったとの由である。

EU 側はこのなかでもとりわけ農産加工品の関税撤廃ないしは削減，非関税障壁，鉄道調達を含む政府調達，サービス貿易に関心を示したと考えられている。他にも EU 側は，化学品や医薬品，医療機器の市場アクセス，食品安全基準の調和化等を求めてきたとされている。

他方，日本側は EU が対外共通関税で課している比較的高いレベルの関税の撤廃を求めた。この中には自動車に賦課されている 10％の関税や電子機器に課せられている 14％の関税が含まれている。

このように日 EUEPA 交渉の基本構造は，自動車などの関税撤廃を求める日本側と非関税障壁や政府調達で市場アクセスの改善を求める EU 側という形態が既に「予備交渉」の段階で明らかになっている。

EU にとっては自動車や電気電子製品などは既に関税ゼロで日本市場に参入しており，EPA 交渉をすれば EU 側が関税撤廃についてはほぼ一方的に譲許することになるわけで，このことが EU 側をして日本との EPA を回避したい最大の要因となっていた。EU にとって 8％の自動車関税を有していた韓国と

はほぼバランスのとれた譲許ができるが，0％の日本とはEPA交渉は極めて困難であった背景がここにある。

しかし，日本側にとってはEUとFTAを締結した韓国との競争上の劣後は明白であり，何としてもEUとのEPA締結にこぎ着ける必要があった。それはちょうど水を飲みたがらない馬を水辺に誘うのに似ていた。スコーピング作業では非関税障壁である程度「目に見える成果」を出すことが日本側に求められていた。このため日本側は，住宅地での自動車修理工場の立地許可に関する規制を緩和して，輸入車のディラーが修理工場を設置し易くしたり，一部輸入スポーツカーのエンジンに関する規制を改変することで輸入し易くしたり，EU側に対する配慮の姿勢を示した。このような日本側の努力が功を奏し，2012年5月にはスコーピング作業の終了が確認され，同年7月には欧州委員会として日本とのEPA交渉の交渉権限（マンデート）をEU加盟国を代表する理事会に求めることを正式に決定した。

その後2012年11月にEU外相理事会で交渉権限が採択され，日EU間で正式交渉開始に向けた環境が整ったことになる。しかし，他方では28カ国中9カ国がこの決定に留保を付したとの情報もあり，その中にドイツやフランスなど主要国が含まれることから，日本にとって交渉の前途は必ずしも楽観できるものではない。

その後さらに調整が行われ，最終的には2013年3月に首脳間で電話会談が行われ，正式に交渉開始が決定された。こうして，2006年にBDRTで提案されたEIAの研究提案から実に7年余の歳月をかけた日EUEPAの交渉が開始されたわけである。

4. 日EUEPA交渉の留意点

(1) 日EUEPAの意義とメリット

日EU間でEPAを交渉し締結することにどのような意味があるのだろうか？　まずEUはアメリカと並び我が国にとって重要なグローバル・パートナーであるという点が重要である。より具体的には，民主主義，法の支配，基

本的人権，市場原理といった基本的価値を共有していることがある。世界のGDPの約23％（日本の約3倍），総人口約5億人（同約4倍）を擁する政治・経済統合体である。日本の2012年の対EU輸出は約6.5兆円，対EU輸入は約6.6兆円であり，我が国の輸出入総額の約10％を占めている。投資の分野でも，対日投資では約4割を占める第1の投資母国であり，また日本からの対外投資ではEUはアメリカ（投資残高で全体の27.5％，2012年）に次いで第2位の投資先（同22.9％）である。このように日本にとっての主要な貿易・投資上のパートナーであることは論を待たない。

第2にその重要なパートナーとEPA締結を通じて関税撤廃や投資ルールの整備等を行い，貿易や投資を活発化し，相互に雇用創出，企業の競争力強化等を含む経済成長を推進することは両国経済にとって有益である。また，EPAは日本企業の欧州市場進出を促進すると同時にEU企業の対日進出，さらには日本をプラットホームとして欧州企業の対アジア進出をも促進することになろう。

第3に日EUEPAはWTO体制にもポジティブなインパクトを与える可能性がある。BRICSをはじめとする新興国が台頭するグローバル経済において，先進市場経済圏である日EUの間のEPAは，多国間の貿易体制であるWTOにとっても新たなモメンタムを生み出し，世界経済の安定的成長に貢献する。そして，WTOの下での多国間貿易交渉である「ドーハ開発アジェンダ」，いわゆる「ドーハ・ラウンド」の停滞により滞っているグローバルな貿易（Doha Development Ajenda＝DDA）・投資のルール作りに貢献できる可能性が大きいという点が重要である。

(2) **TPPならびにTTIPとの関連性**

日EUEPAはもちろん日EU双方にとって重要な経済枠組みであるが，それ以上に国際貿易体制にとって将来を左右する可能性を秘めた経済枠組みである。

世界には主に3つの巨大経済圏（これを以下「メガ・リージョン」と呼ぶ）があり，それぞれの地域では程度の差はあるが相当程度の経済統合が進行している。それらは1958年に6カ国の関税同盟としてスタートし，現在ではほぼ

単一の市場として市場統合を完成させたEUを中心とする欧州地域，1994年に発効した北米自由貿易協定（NAFTA）とこれに隣接する中南米諸国からなる米州地域，そして東南アジア諸国連合（ASEAN）10カ国に日中韓3カ国，さらにはオーストラリア，ニュージーランド，インドを加えた東アジア地域の3つである。(図6-1参照)

これら3つのメガ・リージョンは，それぞれが3つの地域間協力の枠組みで結ばれている。つまり，東アジアと米州の太平洋に面した諸国とは1989年にスタートしたAPEC（アジア太平洋経済協力会議）があり，東アジアとEUとを結ぶ協力の枠組みとしては1996年に発足したASEM（アジア欧州会合）が，そしてアメリカとEUとのあいだには1995年以来「環大西洋市場」(Trans-Atlantic Market Place) などに代表される貿易・投資の枠組みが存在していた。これらの地域間協力の枠組みはそれぞれのメガ・リージョンが内向きの経済統合を進め，相互に閉鎖的な「経済ブロック」になる危険性を未然に回避し，お互いに「チャンスの窓」(windows of opportunity) を開放しておく上で重要な役割を担っている。

図6-1　3つのメガ・リージョンと地域間FTA

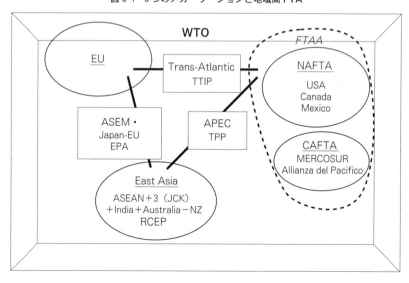

21世紀に入るとその地域間協力の枠組みにまた新たな変化が生じることになる。まずAPECに属している4つの小さいが開放経済の国々が2006年にTPP（アジア太平洋経済パートナーシップ）を開始した[4]。このTPPは高い水準の関税撤廃率と現行WTOを超えるルール作りに象徴される質の高いFTAを目指している。既に交渉は20回以上積み重ねられてきており，2013年末の実質合意期限を逸した後も精力的に交渉が進められている[5]。

2つ目はこのTPPに刺激された形で米EU間において交渉されるようになった「環大西洋貿易投資パートナーシップ」（Trans-Atlantic Trade and Investment Partnership＝TTIP）である。両地域は貿易・投資の両面において既に高いレベルの相互浸透を実現しているが，さらなる規制の収斂や調和化を目指す21世紀型のFTAとして位置付けられている。関税などの国境措置よりも両地域の「規制の凝集性」（regulatory coherence）を実現することにその主眼があると言えよう。

そして3つ目が本章の主題である日EUEPAである。東アジアとEUとのあいだには既に2011年に発効した「韓国EUFTA」があるが，やはり世界最大の貿易パートナーであるEUと世界経済第3位の日本とのEPAはそのインパクトが断然大きい。

世界のGDPに対する割合で見るとTPPは約38％，TTIPは約46％，日EUEPAは約31％を占める。これらの地域間FTAをその規模の大きさから「メガFTA」と呼ぶこととするが，その共通点としては，①関税撤廃率を高め，高水準の市場アクセスを実現すること，②投資や競争政策，政府調達など「ドーハ・ラウンド」でできなかったルール交渉を行うこと，③規制の収斂や調和化を目指すこと等をあげることができる。

このようにアメリカ，EU，そして日本がそれぞれ他の2つの貿易・投資のパートナー国とほぼ同様のアジェンダについて同時に交渉しているということはこれまでの通商の歴史においても例がなく，これが成功裡に進めば，1994年にウルグアイ・ラウンドがまとまった時以来止まってしまっている新たな通商ルール作りに大きなインプットとなる可能性がある。その一角を占める日EUEPAはこの観点からも極めて重要なのである。

(3) 欧州議会の関与

EUとの通商協定やそのための貿易交渉を考える際には欧州議会の関与も十分に勘案されなければならない。当初は単なる諮問機関に過ぎなかった欧州議会であるが，1993年に発効したマーストリヒト条約以降，2009年12月に発効したリスボン条約に至るまで累次のEU設立条約によりその権限が強化されてきている。具体的にはEPA交渉の開始に当たっては欧州議会の承認は必要ではないが，EPAなど経済協定が発効するに際しては欧州議会の承認が不可欠の要素となっている。

欧州議会はとりわけ人権や環境に対する関心が高く，日本側としても欧州議会との関係を交渉プロセス進行中から良好に保つ必要がある。特に「国際貿易委員会」はより専門的に通商問題に関わることからこの委員会には格別の注意を払うべきであろう。同委員会のモレイラ委員長（ポルトガル選出，当時）は既に3度日本を訪問しており，同委員会のメンバーを同道して訪日したこともある。せっかく少しずつ日本を知り，日本に親しみを持つようになった欧州議会議員たちも2014年に実施される選挙によって議席を失う可能性もある。選挙後，新しい国際貿易委員会のメンバーの対日理解を深めることは日本にとっては重要な課題である。

5. 結びにかえて

1970年代後半から1990年代まで続いた激しい「日欧貿易摩擦」を知る者にとって日本とEUがEPAを交渉しているということ自体が俄かには信じ難いくらい時代の変化を感じる。本章では日EUEPA交渉に至るその準備過程を紹介したが，交渉自体はこれからがいよいよ正念場である。これまで日EU双方で積み上げられてきた信頼醸成に向けた努力を基礎として，その上に法的拘束力で権利と義務のバランスを互いに確保した包括的な経済協力関係の構築を切望するものである。

注
1) 外務省ホームページ http://www.mofa.go.jp/mofaj/erp/ep/page18_000294.html

『日本経済新聞』2014年5月8日「日欧 EPA　早期に妥結　首脳が確認」。
2）　BDRT は，1999年6月に「日欧産業人ラウンド・テーブル」と「日・EU ビジネスフォーラム」が合併して発足した。これまで東京とブリュッセルで交互に本会合（plenary）を開催してきた。日欧財界トップ約50人で構成し，政策立案に効果的な提案を行うことを目的とし，討議の結果を踏まえて「共同提言書」を日欧首脳に提出することが慣例となっている。
3）　外務省ホームページ　http://www.mofa.go.jp/mofaj/area/eu/shuno20/press_k.html を参照。
4）　ブルネイ，チリ，ニュージーランド，シンガポールの4カ国で，2002年に交渉を開始し，2006年に発効した2015年2月の時点ではアメリカや日本を含め12カ国が交渉に参加している。
5）　TPP の現状については，本誌掲載馬田論文を参照されたい。拙著『TPP 参加という決断』（ウェッジ，2011年）も TPP の基本を知るうえで参考になる。

参考文献
植田隆子編（2007）『EU スタディーズ1　対外関係』勁草書房。
長部重康・田中友義編著（2000）『ヨーロッパ対外政策の焦点』ジェトロ。
田中素香・長部重康・久保広正・岩田健治著（2011）『現代ヨーロッパ経済』（第3版），有斐閣。
森井裕一編（2010）『地域統合とグローバル秩序』信山社。
森井裕一編（2012）『ヨーロッパの政治経済・入門』有斐閣。
山澤逸平・馬田啓一編著（2012）『通商政策の潮流と日本』勁草書房。
渡邊頼純監修，外務省経済局 EPA 交渉チーム編著（2008）『解説 FTA・EPA 交渉』日本経済評論社。
渡邊頼純（2012）『GATT・WTO 体制と日本』（増補2版），北樹出版。
渡邊頼純（2014）「制度的枠組」（第7章），黒岩郁雄（編著）『東アジア統合の経済学』日本評論社。

（渡邊頼純）

第7章

日中韓 FTA の意義―再検討

はじめに

　日本の隣国であり，重要な貿易・投資相手国である中国，韓国との自由貿易協定（FTA）は，構想段階を終え，2012年末より政府間交渉が進んできた。しかし，2014年9月現在では，日本と中韓との政治的関係は必ずしも良好ではなく，交渉の完了，協定の締結も危ぶまれている。本章では，こうした国際政治問題による日中韓 FTA 締結の遅れのリスクを踏まえ，この地域 FTA の経済効果を，やや長期的な視点から再検討することとしたい。その際，協定の経済効果の推計ではあまり意識されていなかった，地域の将来の貿易構造の変化，中国の内需化などを明示的に取り入れて，この FTA の日本への利益や3国経済の将来への意義を考えてみたい。協定締結に時間的に間があるとすれば，将来的に有益な FTA 条項の交渉強化が可能となるからである。検討の結果，FTA に固有の2国間関税の撤廃に加えて，投資・サービス貿易自由化と保護，知的財産権保護，競争政策の強化などの制度整備，FTA の広域化などの提言がなされる。

　以下，第1節では日中韓 FTA の交渉の経緯と現状を整理する。次いで第2節では，この FTA の効果についての研究をサーベイする。FTA の効果としてはメリットとして，経済厚生の増加が顕著である。加えて，関税撤廃の産業部門別生産への影響を見る。これらを踏まえて，将来の貿易・経済構造変化から日中韓 FTA へのインプリケーションを見る。第3節では，まとめとして，地域の経済的な繁栄や日本にとっての利益のある FTA の条項のあり方を提言する。

第7章　日中韓FTAの意義―再検討

1. 日中韓FTAの交渉経緯[1]

(1) 日中韓FTAについての民間共同研究

　日中韓3国が1つの自由貿易協定（FTA）を結ぶという構想は，日中韓の民間研究機関が，このテーマで共同研究を2003年に始めたことに遡る。この共同研究の枠組は，1999年11月に開催された3国非公式首脳会議で提唱，合意されたものであるため，研究は民間機関の実施によるものの，事実上は公式の色彩を帯びていた。筆者は，日本側の研究者の一員として，初年度である2001年から共同研究に参画してきた。日中韓FTAを研究課題に取り上げたのは，共同研究3年目の2003年からであるが，この課題での研究は2009年まで続くこととなった。

　FTAは関税の撤廃あるいは大幅な引き下げを伴い，その実施には政治的反対がつきまとうため，共同研究の研究課題としても野心的である。日本政府は，この研究の開始にはかなり慎重であったが，韓国チームが強く提案し，中

表7-1　日中韓FTAの経緯

年月	事柄
2003年1月	日中韓FTAについての民間非公式研究開始。
2009年10月	日中韓サミットにおいて，日中韓FTAについての民間非公式研究の報告，公式産官学共同研究開始を決定。
2012年3月	公式産官学共同研究の報告書公表。
2012年5月	日中韓サミットにおいて，日中韓投資協定署名。同時に，日中韓FTA年内交渉開始について一致。
2012年11月	日中韓経済貿易大臣会合において，日中韓FTA交渉の開始を宣言。
2013年1月	第1回日中韓FTA交渉会合（交渉のとり進め方，交渉分野等）。
2013年7〜8月	第2回日中韓FTA交渉会合（物品貿易，サービス貿易，関税手続，競争等）。
2013年11月	第3回日中韓FTA交渉会合（物品貿易，サービス貿易，投資，競争，知的財産等）。
2014年3月	第4回日中韓FTA交渉会合（物品貿易，サービス貿易，投資，競争等）。
2014年9月	第5回日中韓FTA交渉会合（物品貿易，サービス貿易，投資，競争，知的財産等）。

（出所）　外務省発表など。

国チームにも反対はなかったため，研究開始に至ったものである。その背景には，研究開始時点の2003年においては，日中韓3国ともに，FTAの締結という点で欧州・米州・ASEANから大きく後れをとっているという認識があった。FTAは，行き詰まりを見せていた世界貿易機関による多国間自由貿易体制に代わり，自由貿易を推進する中心的な政策手段となっていたのである。これらに比べ，日中韓には，締結済みのFTAはほとんどなかった。北東アジアが，FTAの空白地帯となっていたのである。

それまでは多国間の貿易自由化を中心としてきた日本政府も，2000年代になり2国間自由貿易協定を貿易自由化の手段として取り入れる方向に政策転換した。しかし，2003年当初には，日本の経済連携協定（EPA）締結国はシンガポールだけだった。この時点において，北東アジア3国をカバーする日中韓の地域協定としてのFTA締結の検討を始めることは，かなり大胆な選択に見える。しかし，当時，日本は既に，韓国との2国間FTAの交渉に入っていた。共同研究チームには，3国間のFTAは，韓国との2国間FTAの締結後に中国を加えればよいという発想もあり，日中韓FTAは，ある程度の時間はかかっても，いずれ実現するものと期待していたのである。

しかし，日中韓FTAに関する民間共同研究は，7年間も継続することとなった。当初の研究計画では，FTAの包含する課題を一通り研究し，3～4年程度で完了するという想定であった。中韓とFTAを早期に締結するという構想には，日本の民間企業や財界には総じて賛成論が多かった。しかし，日本政府・与党に慎重論・時期尚早論が強く，予定の2006年に研究を完了することはできなかった。そうした議論には，そもそも国家体制・価値観の異なる中国との関係強化に反対するもののほか，靖国問題などの政治的対立，輸入食品安全問題，ASEANや東アジアの主導権をめぐる日中の競合と対中警戒心，中国が質の高いFTAを結ぶ用意があるかどうかについての懸念，などがあった。このため，3国首脳会合でも，中国側が，3国FTAについて公式共同研究への格上げを度々提案しても，日本側が合意しなかった。その結果，2009年まで，民間共同研究は，将来の交渉への基礎的資料を提供することを目的に網羅的に調査を続けることとなったのである。

(2) 産官学公式共同研究

2009年に民間の日中韓FTA共同研究が完了し，次の段階である産官学公式共同研究への格上げが実現した契機は，日本における政権交代であった。民主党新政権は，東アジア共同体構想など，アジア重視の外交政策への転換を示唆していた。こうした情勢変化を背景として，同年10月の第2回日中韓サミットにおいて，公式共同研究の立ち上げを目指すことで意見集約を見たのである。

この前後の日中韓サミットや経済貿易大臣会合の記録によれば，日中韓FTAの共同研究開始の合意とともに，日本政府は，日中韓投資協定の早期妥結を期待（実態的には，かなり強く要求）していたことが分かる。日本は韓国との間では，投資の自由化・促進を含んだ質の高い2国間投資協定を2002年に締結しているが，中国との間には，1988年に締結された不十分な協定があるだけであった。すでに対中進出した企業に加えて，今後も進出が予想される企業のため，日本政府は，直接投資の保護と自由化・促進を緊急の課題としていたのである。このように，3国FTAの公式共同研究については，中韓が3国投資協定交渉の早期妥結に理解を示したことの事実上の見返りとして，日本政府はその開始に合意したという解釈ができる。3国投資協定は，2012年3月に交渉を完了し，同年5月の日中韓サミットで署名，2014年4月に発効した。

3国投資協定の交渉は，日本が主張する高度の投資自由化・促進条項や投資保護条項の盛り込みに中国が難色を示し，全般的に難航していた。しかし，交渉が妥結した背景には，日本が2011年11月に環太平洋経済連携協定（TPP）への交渉参加の意思を表明したことがあると推測できる。中国側からすれば，それに対抗するため，投資交渉の妥結が日中韓FTAの議論に弾みを与えることの期待が背景にあったのであろう。ただし，日本側も内容的にはかなり妥協を余儀なくされており，特に投資前内国民待遇などについては不十分なものとなっている。

日中韓FTA公式共同研究の報告書は，2014年1月に取りまとめられた。その内容は，日本の他の2国間FTA/EPAと大きな差異はない，平凡なものといってよいだろう。特に地域FTAとしての仕組みの導入（3国で3本の2国

間 FTA を結ぶのに加え，1本の包括的な地域 FTA を締結するなど）は，見送られている。投資協定の署名がなされた日中韓サミット（2012年5月）で年内の交渉開始の合意をみた。

(3) 日中韓 FTA 交渉

2014年9月まで，日中韓3国は，計5回の交渉会合を開催した。交渉の性質上，議論の内容は明らかとされていない。しかし，交渉事項や共同研究報告などから推察してみれば，日中韓 FTA は，日本の従来の FTA/EPA と同様の標準的な内容となる公算が高い。この点については，アメリカが主導して高度の自由化や制度の調和をめざす TPP には質的に至らないものとなるだろう。

交渉については，2014年秋時点では，3国間の国際政治的な問題などもあってか，終了する時期の目途は示されていない。これには，3国指導部の政治的な意思のほか，3国を取り巻く地政学的情勢，国際政治バランス，TPP の進捗など多様な要因がある。通常は，FTA 交渉は3年程度かかるとされているが，2015年の交渉完了については，非常に不透明であり，長期化する可能性も小さくない。

2. 日中韓 FTA の経済効果：再検討

(1) 既存の推計の概要

日中韓 FTA の経済効果の推計については，3国政府主催の公式共同研究，その準備作業となった非公式の共同研究，阿部（2011）などに詳しい。FTA は多岐にわたる条項から成り，インパクトも多様である。これを大まかに整理すると，表7-2のようになる。

日中韓 FTA も，2国間関税の撤廃が中心となり，それに他の貿易投資自由化・円滑化，知的所有権保護などの制度的保護，協力が付随してくるという条項であれば，他の FTA と同様の内容であり，その経済効果についても同様である。加盟国すべてがマクロ的に利益を得ることができるが，産業部門別には

表7-2 日中韓FTAの経済効果の推計

効果	インパクト発生源	推計	推計方法など注釈
静学的利益			
マクロ的所得上昇 (資源配分効率改善, 交易条件変化)	関税撤廃・低減	GDP比 日本 0.1〜0.4%程度 中国 0.1〜0.3%程度 韓国 1〜5%程度	一般均衡モデル
産業別生産増減 (比較優位の実現)	関税撤廃・低減	産業別実質生産[1] 増加：日本：繊維・化学 　　　中国：穀物・電気機械 　　　韓国：畜産・食品 減少：日本：穀物・衣料 　　　中国：繊維・化学 　　　韓国：穀物	一般均衡モデル
貿易費用低減 (生産性向上類似)	貿易円滑化，非関税障 壁低減	関税手続などで，輸入費用が 5％程度まで低下	定性的な分析
動学的利益[2]			
輸出部門などの規模拡 大・生産性向上，国内 投資の誘発	関税・非関税障壁の低 減など	--	定性的な分析
直接投資流入増	競争政策，知的所有権 保護強化など。投資協 定とリンク	--	定性的な分析
生産ネットワーク強化	関税・非関税障壁の低 減など（共通関税・原 産地規則）	--	定性的な分析
産業立地の合理化	投資協定とリンク	--	定性的な分析

(注) 1. 増減の顕著な2品目まで掲示している。
　　 2. EUやNAFTA研究では，動学的効果は，静学的な効果のあわせて10倍近くにもなる
　　　　という推計がある。
(出所) 日中韓非公式民間共同研究（2009），阿部（2011）など。

関税障壁で保護されている産業の生産減は避けられず，これが政治的抵抗の原因となることも同様である。

　特徴的で重要な点を3点議論したい。第1は，日中韓3国の貿易関係の強さからみて，特に日本と中国のマクロ的な所得改善効果（両国ともGDP比

0.1〜0.4%）が小さく見える点である。しかし，このモデル推計値は，他のFTA/EPAも同程度である。たとえば，同様の推計手法をとったTPPの関税撤廃効果は，日本のGDPを0.5%程度押し上げるとされている[2]。この程度の所得改善のために中韓とのFTAを行うのは政治的コストが高いという批判もあり得る。TPPについても，同様の批判があった。しかし，静学的な効果は，全体の効果の一部だけであり，動学的なものまであわせれば，その効果は，静学的効果の10倍近くにもなる（北米自由貿易協定などの研究例，Baldwin and Venables（1995）pp.1630のサーベイ参照）。それを当てはめると，日中韓FTAは日本のGDPを2%程度まで押し上げる可能性をもっている。それだけ，動学的な効果の発揮が重要となる。その多くは，生産集約による規模・範囲の経済，直接投資流入，競争促進などのような，2国間関税撤廃以外の分野である。日中韓FTAは，関税撤廃の議論だけではなく，こうした動学的効果のための条件整備がむしろ重要なのである。その意味でも，日中韓投資協定の成立は有益であった。

第2に，日中韓の輸入関税の有税品目・高関税品目に偏りがある点である。特に，日本が農業，韓国が農業・化学など，中国が完成車など一部の製造業に，高関税がかかっている。2国間貿易でみると，日本の中韓からの主力輸入品目には無税品目が多い（中韓からの対日輸出品の，それぞれ26%，24%のみが有税品目）。逆に，日本から中韓への輸出品の有税品目は，それぞれ71%，57%と高い割合で有税である。こうした状況では，日本が農業部門の関税低減を行わない限り，中韓の側は，FTAの関税交渉で得るものがない。この点が，日韓FTAの交渉を困難にさせた要因の1つであった。ところが，一般均衡モデルの結果が示すように，FTAがもたらす所得の増加は，自国の関税撤廃による輸入品の価格低下と，それによって発生する資源配分の効率化によるものなのである[3]。つまり，センシティブであるとして交渉では避けてとおりがちな分野に，関税撤廃の静学的経済的利益の主たる源泉がある。TPPで焦点となっている農業分野の自由化は，日中韓FTAにおいてもその重要性は変わらない。

第3に，3国間の関税と貿易構造を反映して，FTAによって生産増（利益），生産減（不利益）となる産業が偏っている。自国の輸出産業にとって，

相手国の関税撤廃・低減は，輸出増と生産増につながるのである。逆に，関税の保護を受けている比較劣位産業は，自国の関税撤廃・低減により，輸入増と生産減につながる。日本の場合，そうした生産増加効果は，繊維（3％程度増），重工業（2％程度増），機械（1％程度増）に主として現れるという推計結果である。日本の生産減少効果は，特に穀類（3％程度減）に現れる。この推計結果を単純に解釈すると，FTAの静学的経済効果は，製造業の国内生産を利する代わり，農業（特に穀類生産）を犠牲にするということとなる。しかし，日本の保護部門である農業の構造調整の必要性は，FTAの有無にかかわらず存在する。特に，TPP参加を契機とした農業改革は，すでに政府の政策アジェンダに乗っていると言ってよい。

(2) 将来を見据えた日中韓FTAの意義

　日中韓3国間の貿易は密接である。3国の貿易結合度は，2000年代前半には2～3を記録し[4]，2000年代後半には下がっているが，組み合わせにより1.4～2.7程度と高水準を維持している。これは，日中韓が隣国であり，貿易費用が安価であることが基本となっている。それに加えて，2000年以降（特に，2002年の中国のWTO（世界貿易機関）加盟以降の直接投資ブーム以降）は，日韓企業の生産工程の分割（fragmentation）により，最終生産・組立が中国に広がっていることが，貿易結合度の高さにつながっているのは確かである。つまり，日韓企業が高度技術を体化した部品・中間財を本国で生産し，それを工賃の安い中国などに輸出，最終加工するパターンが定着してきた。これら製造業部門の日韓からの対中輸出は，無視できない割合が企業内貿易であり，輸出先は中国への直接投資による関連会社なのである。こうした対外進出企業の将来は，日本経済にとっても所得の稼得源として極めて重要なものとなっている。日中韓FTAは，日本企業の高度技術を国内に残すという空洞化防止の意味ももっている。

　2000年前半においては，輸出結合度は，中国の対日輸出，日本の対韓輸出，韓国の対日中輸出が特に高い。輸入結合度は，中国の対日韓輸入，日本の対中輸入，韓国の対日中輸入が高い。貿易品目などから観測すると，日韓企業が中国に企業進出し，活発に企業内貿易を行ってきたことがわかる。中国で組立て

た完成品は，日本企業へ輸出する企業内貿易による輸出が大きい。同時に，韓国の日本からの産業機械や部品などの輸入が続いていることもわかる。

ところが，この関係は2000年代半ば以降変わってきた。日韓の対中輸出シェアは拡大してきた。しかし，中国が占める世界輸入シェアはさらに急速に拡大した。その結果，日韓の対中輸出結合度は低下することとなった。これは，中国が輸入する相手国が多角化したことを示している。中国は，中間財・部品を依然として日中から輸入してはいるが，次第に輸入元をそれ以外に広げているのである。特に，他のアジア諸国などからのEMSによる輸入が増加しているとみられる。中国の生産ネットワークが日中韓の北東アジア地域にとどまらず，拡散していることがうかがえる。加えて，中国の対日韓輸出結合度の低下からみて，中国の輸出先も日韓に限らなくなっている。日韓からの輸出部品を使用して中国で組み立て，最終財を日本を中心に輸出する，というパターンが崩れてきている。

生産ネットワークが日中韓の地域内にとどまらなくなってきている傾向からすれば，FTAによる政策支援は，3国のみならず，他のアジア地域などにも財の移動の自由を確保することに重点を置くべきであろう。ただし，日中韓において主たる品目となっている電子機器は，すでにWTOの情報技術協定で関税撤廃されている。むしろ，ここで有効なのは，関税撤廃だけではなく，ASEAN地域などにも対象を広げたRCEPなどへのFTAの広域化と貿易円滑化，基準認証，知的所有権保護などの制度的な保護，協力であろう。

他方，最近の日中韓3国の貿易で特徴的なもう1つの点は，同じ分類の品目の輸出と輸入を同時に行う産業内貿易が大きくなっていることである。集積回路（日中韓），石油（日韓），液晶ディスプレイ（中国）がそうした品目である。産業内貿易の研究例では，NAFTA締結以降，米加墨間で垂直的な産業内貿易[5]が大幅に増加したことが示されている（Ekanayake, et.al., 2009）。中国の場合は，集積回路や液晶ディスプレイは，そうした垂直的産業内貿易であると考えられる。むろん，こうした製品も，中国に立地した日韓企業が，本国の部品を一部使用して生産している可能性はある。しかし，こうした垂直的産業内貿易は，比較的安価低品質製品の輸出ではあるものの，先進国に輸出市場を拓くという意味で途上国（この場合は中国）の発展には有益であったと考

えられる。前節で紹介した一般均衡モデル推計では，水平貿易の存在を前提としたうえで，2国間関税の変化率に長期的な生産弾性値を乗ずることで輸出量・輸入量へのインパクトを計算している。生産額変化は，それに所得変化や要素価格変化などの2次効果を加えて計算している。このモデル推計の結果は，産業内貿易の品目のうち，輸入関税の有税品目によるものとみられる[6]。

貿易構造の傾向的変化とともに，中長期的な将来について，中国の経済成長と1人当たり所得の向上がもたらす影響も考慮に値する。日本の人口の10倍を有し，高度経済成長を続ける中国経済の市場規模の将来性については論をまたない。現在の中国の経済規模を前提として行った推計よりも大きな効果を中国とのFTAから期待できるのである[7]。また，1人当たり所得水準の向上は，中高級品を志向する消費パターンへの変化だけでなく，次第に需要が内需化・サービス経済化する傾向をもつことが通例である。中国が日韓以外の相手国から消費財の輸入を増やしていくことや，中国国内のサービス分野が今後の成長分野を形成する可能性がある。こうした将来の変化に対してFTAが政策支援を与えるとすれば，投資協定の範囲である直接投資自由化・保護に加え，FTAの関税撤廃以外の部分である，サービス貿易自由化，知的所有権保護，競争政策などが重要となる。この点では，TPPが重点を置いている制度的な調和が，日中韓FTAでも決定的に重要なのである。

3. 将来に向けて有意義な日中韓FTAを目指して

2014年秋時点では，日中韓FTAは交渉中であり，国際政治情勢からは交渉が長引く可能性も否定できない。こうした政治リスクを踏まえ，本章では，日中韓FTAの経済効果について最近までの日中韓貿易構造の変化を観察し，中長期的な将来にわたってFTAが日本あるいは地域の発展に有効な政策支援を与える条件を検討してきた。筆者も参加した民間ベースの研究会においても，日中韓FTAの早期締結をめざして，2012年9月に提言を発表している。ここでは，これに基づき，重要な提言を整理・更新して示したい（日中産学官交流機構（2012））。

- 日中韓 FTA が，包括的且つ高いレベルの FTA を目指すべきであるという共同研究報告書のスタンスを支持する。日中韓 FTA は，地域 FTA あるいは 2 国間 FTA の形をとるかにかかわらず，財・サービスの貿易について，関税撤廃の例外が少なく，例外品目の関税の低減も成し遂げられるべきである。また，猶予期間の設定は，極力短期にとどめるべきである。
- 3 国それぞれのセンシティブ品目についても，市場開放を極力推進するとともに，関連する産業調整政策を強力に進めるべきである。こうした政策には，必要な補償や国内法制の改革（国有企業改革や国内法規制の緩和・改革）も含む。
- サービス貿易の包括的，積極的な自由化をすすめるべきである。最恵国待遇，内国民待遇や，ネガティブリスト化を積極的に進めることが望ましい。同様の自由化措置を日中韓 FTA の投資の章にも盛り込み，特に直接投資の事前の自由化を強化すべきである。
- 基準認証，標準の調和，貿易円滑化関連施策など貿易自由化と円滑化を進める上で重要な政策を FTA 条約上，明示的に位置付けるべきである。これらの案件は，自由化措置としてだけでなく，経済協力案件としても位置付けるべきである。
- 日中韓 3 国が同時に参加する地域 FTA を早期に締結することにより，地域全体で調和のとれた貿易投資自由化・円滑化と経済協力を推進することが重要である。自由化関係では，自由化品目・原産地規則の調和により，1 つの自由貿易地域として日中韓の経済発展を期することができる。また，広く協力関係では，経済協力，産業・エネルギー協力，基準認証，貿易円滑化，規格・標準の調和（新規規格策定を目的とした共同研究の創設を含む），交通インフラ開発，などを対象とすることができる。
- 民間の意見も反映する常設の会議を，日中韓 FTA によって設置すべきである。

上記のような一般的な提言に加え，前節での検討も踏まえ，さらに以下のような提言を加えたい。
- TPP 交渉の進展により，日本の農業部門の自由化，国内構造調整措置が導

入される可能性が高まっている。この成果は，重要な交渉材料として，日中韓FTAにも活用すべきである。これにより，TPPに未参加の中国の譲歩を引き出す端緒となることが期待できる。
- 中国における生産工程分散のアジア全域への拡大の方向にあわせ，日韓の対外進出企業の利便を図るため，日中韓FTAとRCEP交渉との同期化を図る。具体的には，両者が早期に，間をおかず交渉完了することが望ましい。
- 中国経済の1人当たり所得の向上と内需化・サービス経済化が期待されるため，日中韓FTA交渉においても，密接に関連する分野である，サービス貿易自由化，知的所有権保護，競争政策などの条項の強化を図る。

注
1) 本節の一部には，日中韓FTAの交渉入りまでの経緯をまとめた阿部（2011）を簡略化して紹介したものを含んでいる。
2) この推計値は実質GDPの改善であるが，経済厚生の改善（所得の増加）と大きさはほぼ同じになる。
3) 日中韓FTAで，日韓の穀物輸入の関税を現状維持した場合には，得られる所得増加効果が日韓で40〜50%に減ってしまうという推計結果がある。
4) 輸出結合度は：$(Xij/Xi)/(Mj/(MW-Mi))$ と定義される。Xij/Xi は i 国の輸出総額に占める j 国の割合であり，$Mj/(MW-Mi)$ は世界輸入（i 国の輸入を除く）に占める j 国の割合である。同様に，輸入結合度は，$(Mij/Mi)/(Xj/(XW-Xi))$ と定義される。これらの結合度が1より大きければ，2国間貿易は平均より密接である。具体的な推計値は，Trilateral Secretariat (2013) を参照。
5) 垂直的な産業内貿易は，ある国が同一の品目分類の輸出と輸入を同時に行っているが，輸出品と輸入品が品質で差別化されているものである。
6) たとえば，中国のmulti-component ICには25%の関税が課されている。
7) モデルの推計（特に，動学的一般均衡モデルの推計）では，5〜7年程度の経済成長を見込んでいる場合もあるが，そこで発生する経済構造変化を含んでいないため，FTAの動学的効果と相まった経済成長の促進をとらえられない。

参考文献
阿部一知（2011）「日中韓FTA：経過と課題」山澤逸平・馬田敬一・国際貿易投資研究会編著『通商政策の潮流と日本—FTA戦略とTPP』第6章，文眞堂
日中韓非公式民間共同研究（2009）日本貿易振興会アジア経済研究所
日中産学官交流機構（2012）「提言書：日中韓FTAの早期実現を求めて—世界とアジアの経済革新の契機に—」

Baldwin, R. and Venables, A. (1995), "Regional Economic Integration," *Handbook of International Economics*, Vol.3, Chapter 31.
Ekanayake, E. M., Veeramacheneni, B, and Moslares (2009), "Vertical and Horizontal Intra-industry Trade between the U.S. and NAFTA Partners," *Revista de Analisis Economico*,

vol.24, No.1, pp.21-42.
Trilateral Cooperation Secretariat (2013), "2013 Trilateral Economic Report," Seoul, Republic of Korea.

（阿部一知）

第 8 章
ASEAN 経済共同体とメガ FTA

はじめに

　現在の世界経済において自由貿易協定（FTA）が通商政策の要となってきている。WTO のドーハ・ラウンドが停滞する中で，環太平洋経済連携協定（TPP），日本 EU 経済連携協定，環大西洋貿易投資パートナーシップ（TTIP）などのメガ FTA が交渉され，東アジアにおいても ASEAN が提案した東アジア包括的経済連携（RCEP）が交渉中である。

　東アジアでは ASEAN が経済統合と FTA を牽引してきた。ASEAN は，従来東アジアで唯一の地域協力機構であり，1967 年の設立以来，政治協力や経済協力など各種の協力を推進してきた。加盟国も設立当初の 5 カ国から 10 カ国へと拡大した。1976 年からは域内経済協力を進め，1992 年からは ASEAN 自由貿易地域（AFTA）を目指し，現在の目標は 2015 年末の ASEAN 経済共同体（AEC）の実現である。AEC は，2003 年の「第 2 ASEAN 協和宣言」で打ち出された，ASEAN 単一市場・生産基地を構築する構想であり，現在まで ASEAN では，AEC の実現に向けて着実に行動が取られている。

　ASEAN は，ASEAN＋3 や ASEAN＋6 などの東アジアにおける地域協力においても中心となってきた。また ASEAN＋1 の FTA も ASEAN を軸として確立されてきた。更に 2008 年からの世界金融危機後の構造変化の中で，TPP 交渉の進展が従来進展のなかった東アジア全体の FTA の確立を促し，RCEP が提案された。RCEP は ASEAN の提案による FTA であり，その方向と範囲は AEC によって規定されるであろう。東アジアの FTA の要は，ASEAN の AEC である。

　本章では，AEC とメガ FTA を考察する。筆者は世界経済の構造変化の下

でのASEANと東アジアの経済統合を長期的に研究してきている。本章ではそれらの研究の延長に，ASEAN経済統合とAEC，そしてAECがメガFTAに与える影響に関して考察したい。

1. ASEAN域内経済協力の展開とAEC

(1) ASEAN域内経済協力の過程

東アジアではASEANが従来唯一の地域協力であり，域内経済協力・経済統合を牽引してきた。1967年にインドネシア，マレーシア，フィリピン，シンガポール，タイの5カ国によって設立され，当初の政治協力に加えて，1976年の第1回首脳会議と「ASEAN協和宣言」より域内経済協力を開始した。1976年からの域内経済協力は，外資に対する制限の上に企図された「集団的輸入代替重化学工業化戦略」によるものであったが挫折に終わり，1987年の第3回首脳会議を転換点として，プラザ合意を契機とする世界経済の構造変化をもとに，「集団的外資依存輸出指向型工業化戦略」へと転換した[1]。

1991年から生じたASEANを取り巻く政治経済構造の歴史的諸変化，すなわちアジア冷戦構造の変化，中国の改革・開放に基づく急速な成長と中国における対内直接投資の急増，アジア太平洋経済協力（APEC）の制度化等から，更に域内経済協力の深化と拡大が進められることとなった。これらの変化を受け，1992年の第4回首脳会議からはAFTAが推進されてきた。AFTAは，共通効果特恵関税協定（CEPT）により，適用品目の関税を2008年までに5％以下にする事を目標とした。そして冷戦構造の変化を契機に，1995年にはベトナムがASEANに加盟した。1997年にはラオス，ミャンマーが加盟，1999年にはカンボジアも加盟し，ASEANは東南アジア全域を領域とすることとなった。

しかしながら1997年のタイのバーツ危機に始まったアジア経済危機は，ASEAN各国に多大な被害を与え，アジア経済危機を契機として，ASEAN域内経済協力は，更に新たな段階に入った。ASEANを取り巻く世界経済・東アジア経済の構造が，大きく変化してきたからであった。すなわち第1に，中国

の急成長と影響力の拡大であり，中国は 1997 年以降も一貫して 7％以上の高成長を維持し，この成長の要因である貿易と対内投資が急拡大した。第 2 に，世界貿易機関（WTO）による世界大での貿易自由化の停滞と FTA の興隆であった。第 3 に，中国を含めた形での東アジアの相互依存性の増大と東アジア大の経済協力基盤・地域協力の形成であった。アジア経済危機以降の構造変化のもとで，ASEAN にとっては，更に協力・統合の深化が不可避となった。

(2) AEC へ向けての域内経済協力の深化

ASEAN 域内経済協力は，2003 年 10 月に開かれた第 9 回首脳会議の「第 2ASEAN 協和宣言」を大きな転換点として，単一市場あるいは共同市場を目標とする新たな段階に入った。「第 2 ASEAN 協和宣言」は，ASEAN 安全保障共同体（ASC），ASEAN 経済共同体（AEC），ASEAN 社会文化共同体（ASCC）から成る ASEAN 共同体（AC）の実現を打ち出した。AEC は ASEAN 共同体を構成する 3 つの共同体の中心であり，「2020 年までに物品・サービス・投資・熟練労働力の自由な移動に特徴付けられる単一市場・生産基地を構築する」構想であった[2]。AEC においても依然直接投資の呼び込みは非常に重要な要因であり，2002 年 11 月の ASEAN 首脳会議においてシンガポールのゴー・チョクトン首相は AEC を提案したが，それは中国やインドなど競争者が台頭する中での，ASEAN 首脳達の ASEAN による直接投資を呼び込む能力への危惧によるものであった[3]。

2007 年 1 月の第 12 回 ASEAN 首脳会議では，ASEAN 共同体創設を 5 年前倒しして 2015 年とすることを宣言した。2007 年 11 月の第 13 回首脳会議では，第 1 に，全加盟国によって「ASEAN 憲章」が署名され，第 2 に，AEC の 2015 年までのロードマップである「AEC ブループリント」が発出された。ASEAN 憲章は翌年 12 月に発効し，その制定は AEC と AC 実現のための重要な制度整備であった[4]。

AEC の実現に直接関わる「AEC ブループリント」は，3 つの共同体の中で最初のブループリントであり，AEC に関するそれぞれの分野の目標とスケジュールを定めた。4 つの特徴（戦略目標）と 17 のコアエレメント（分野）が提示され，コアエレメントごとに具体的な目標と措置（行動）と戦略的スケ

ジュールを示した。4つの特徴（戦略目標）とは，A. 単一市場と生産基地，B. 競争力のある経済地域，C. 公平な経済発展，D. グローバルな経済統合である。「A. 単一市場と生産基地」は，① 物品（財）の自由な移動，② サービスの自由な移動，③ 投資の自由な移動，④ 資本の自由な移動，⑤ 熟練労働者の自由な移動を述べている[5]。

2008年からは，ブループリントを確実に実施させるために，スコアカードと事務局によるモニタリングを実施している。スコアカードは各国ごとのブループリントの実施状況の点検評価リストである。また AFTA-CEPT 協定を大きく改定した ASEAN 物品貿易協定（ATIGA）も2010年5月に発効した。

2010年10月の第17回 ASEAN 首脳会議では，AEC の確立と域内格差の是正を後押しするために「ASEAN 連結性マスタープラン（MPAC）」が出された。MPAC は，2015年の AEC 確立を確実にする意図を有する。ASEAN の連結性については，① 物的連結性，② 制度的連結性，③ 人的連結性の3つの面で連結性を高めることが述べられた[6]。こうして ASEAN では，AEC の実現に向けて，着実に行動が取られてきた。

(3) ASEAN 域内経済協力の成果

これまでの域内経済協力の成果としては，例えば AFTA によって1993年から関税引き下げが進められ，各国の域内関税率は大きく引き下げられてきた。2003年1月には，先行6カ国で関税が5％以下の自由貿易地域が確立され，「第2 ASEAN 協和宣言」からは AEC の柱の AFTA の確立も加速を迫られた。当初は各国が AFT から除外してきた自動車と自動車部品も，組み入れられてきた。最後まで自動車を AFTA に組み入れることに反対していたマレーシアも，2004年1月に AFTA に組み入れ，実際に2007年1月に自動車関税を5％以下に引き下げた。

2010年1月には先行加盟6カ国で関税が撤廃され，AFTA が完成した。先行加盟6カ国では品目ベースで99.65％の関税が撤廃された。新規加盟4カ国においても，全品目の98.96％で関税が0〜5％となった[7]。各国の AFTA の利用も大きく増加し，たとえばタイの ASEAN 向け輸出（一部を除きほぼすべてで関税が無税のシンガポール向けを除く）に占める AFTA の利用率

は，2000年の約10%，2003年の約20%から，2010年には38.4%へと大きく拡大した。また2010年のタイの各国向けの輸出に占めるAFTA利用率は，インドネシア向け輸出で61.3%へ，フィリピン向け輸出で55.9%に達した[8]。

域内経済協力によって国際分業と生産ネットワークの確立も支援された。その典型は自動車産業であった。輸入代替産業として各国が保護してきた自動車産業においても，AFTAやAICOによって日系を中心に外資による国際分業と生産ネットワークの確立が支援されてきた[9]。

ASEANは，東アジアの地域経済協力においても，中心となってきた。東アジアにおいては，アジア経済危機とその対策を契機に，ASEAN+3やASEAN+6などの地域経済協力が重層的・多層的に展開してきた。それが東アジアの地域経済協力の特徴であるが，その中心はASEANであった。東アジアにおいては，FTAも急速に展開してきた。その中でもASEAN中国自由貿易地域（ACFTA），ASEAN日本包括的経済連携協定（AJCEP），ASEAN韓国FTA（AKFTA），ASEANインドFTA（AIFTA）など，ASEANを中心とするASEAN+1のFTAが中心であった。またASEAN域内経済協力のルールが東アジアへ拡大してきていることも重要である。たとえば，ASEANスワップ協定（ASA）が，チェンマイ・イニシアチブ（CMI）として東アジアへ拡大した。また，AFTA原則が，ACFTAなどASEANを軸とするFTAに展開してきた[10]。こうしてASEANの域内経済協力・統合の深化と方向が，東アジア地域協力を方向付けてきた。

2. 世界金融危機後のASEANと東アジア

(1) 世界金融危機後のASEANと東アジア

2008年からの世界金融危機後の構造変化は，ASEANと東アジアに大きな転換を迫った。とりわけ最終需要を提供するアメリカ市場の停滞と世界需要の停滞は，輸出指向の工業化を展開し最終財のアメリカへの輸出を発展の重要な基礎としてきた東アジア諸国の発展・成長にとって，大きな制約要因となった[11]。

世界経済は新たな段階に入り，これまでのアメリカの過剰消費と金融的蓄積

に基づいた東アジアと世界経済の成長の構造は転換を迫られてきた。そのような構造変化の中で，新たな世界大の経済管理と地域的な経済管理が求められている。現在，WTOによる貿易自由化と経済管理の進展は困難であり，地域による貿易自由化と経済管理がより不可避となってきた。

　ASEANにおいては，アメリカやヨーロッパのような域外需要の確保とともに，ASEANや東アジアの需要に基づく発展を支援することが，これまで以上に強く要請されている。ASEANと東アジアは，他の地域に比較して世界金融危機からいち早く回復して成長を持続し，現在の世界経済における最も重要な成長地域となっている。ASEANと東アジアは，主要な生産基地並びに中間財の市場であるとともに，成長による所得上昇と巨大な人口により，主要な最終消費財市場になってきている。それゆえ，域外との地域経済協力・FTAの構築とともに，ASEANや東アジアにおける貿易自由化や円滑化が一層必要なのである。

　一方，世界金融危機後のアメリカにおいては，過剰消費と金融的蓄積に基づく内需型成長の転換が迫られ，輸出を重要な成長の手段とすることとなった。主要な輸出目標は，世界金融危機からいち早く回復し成長を続ける東アジアである。オバマ大統領は2010年1月に輸出倍増計画を打ち出し，アジア太平洋にまたがるTPPへの参加を表明した。

　TPPは，2006年にP4として発効した当初は4カ国によるFTAにすぎなかったが，アメリカが参加を表明し，急速に大きな意味を持つようになった。以上のような状況は，ASEANと東アジアにも影響を与え始めた。東アジアの需要とFTAを巡って競争が激しくなってきたのである。

(2) 2010年からのFTA構築の加速とASEAN

　世界金融危機後の変化の中で，2010年はASEANと東アジアの地域経済協力にとって画期となった。1月にAFTAが先行6カ国で完成し，対象品目の関税が撤廃された。同時に，ASEANと中国，韓国，日本との間のASEAN＋1のFTA網もほぼ完成し，ASEANとインドのFTA，ASEANとオーストラリア・ニュージーランドのFTAも発効した。TPPにはアメリカ，オーストラリア，ペルー，ベトナムも加わり，2010年3月に8カ国で交渉が開始され

た．更に10月にはマレーシアも交渉に加わり，交渉参加国は9カ国となった．

2011年11月にはASEANと東アジアの地域協力を左右する重要な2つの会議が開催された．11月12-13日のハワイでのAPEC首脳会議の際に，TPPに既に参加している9カ国はTPPの大枠合意を結んだ．APECに合わせて，日本はTPP交渉参加へ向けて関係国と協議に入ることを表明し，日本のTPPへの接近が，東アジアの地域経済協力の推進に向けて大きな加速圧力をかけた．

2011年11月のバリでのASEAN首脳会議はASEAN共同体構築に向けて努力することを確認し，一連の会議ではASEAN域外からのASEAN連結性の強化への一層の協力も表明された．そしてASEANは，これまでのASEAN+3の東アジア自由貿易地域（EAFTA），ASEAN+6の東アジア包括的経済連携（CEPEA），ASEAN+1のFTAの延長に，ASEANを中心とする東アジアのFTAであるRCEPを提案した．RCEPはその後，東アジアの広域FTAとして確立に向けて急速に動き出すこととなった．

RCEPに関しては，2012年8月には第1回のASEAN+FTAパートナーズ大臣会合が開催され，ASEAN10カ国並びにASEANのFTAパートナーである6カ国が集まり，16カ国がRCEPを推進することに合意した．同時にRCEP交渉の目的と原則を示した「交渉の基本指針」をまとめた．11月のプノンペンでのASEAN首脳会議と関連首脳会議の際には，第7回EASにおいて2013年の早期にRCEPの交渉を開始することが合意され，また日中韓の経済貿易相が2013年に日中韓のFTAの交渉を開始することを合意した．12月にはオークランドで第15回TPP交渉会議が開催され，初めてカナダとメキシコが参加した．

12月26日に就任した安倍首相は，ASEAN重視を示すとともに，TPP交渉参加を目指し，2013年3月15日には，遂に日本のTPP交渉参加を正式に表明した．日本のTPP交渉参加表明は，東アジアの経済統合とFTAに更に大きなインパクトを与え，交渉が急加速することとなった．3月には日中韓FTAへ向けた第1回交渉会合がソウルで開催された．5月にはブルネイでRCEPの第1回交渉会合が開催された．そして7月23日には，コタキナバルでの第18回TPP交渉会合において，日本が初めて交渉に参加した．

こうして世界金融危機後の変化は，世界経済におけるASEANの重要性を高めるとともに，ASEANと東アジアの経済統合の実現を追い立ててきた。ASEANにとっては，自身の統合の深化が不可欠であり，先ずはAECの確立が必須の要件となってきた。

3. 2015年のAEC実現とメガFTA

(1) 2015年に実現を目指すAEC

　世界経済の構造変化がAECとASEAN経済統合を追い立てる中で，ASEANでは，2015年末のAEC実現へ向けて着実に行動が取られてきている。AEC実現に向けての重要な手段は，「AECスコアカード」による，「AECブループリント」の各国ごとの実施状況の点検評価とピアプレッシャーである。2014年8月25日にネピドーで開催された第46回ASEAN経済閣僚会議の共同宣言では，AECブループリントの実施状況に関して，2013年までに実施予定の229の優先主要措置のうち82.1％を実施していると述べた[12]。以下，AECの状況について簡単に述べておきたい。AECの進捗状況に関して表8-1も参照されたい[13]。

　「A. 単一市場と生産基地」の中心である物品（財）の自由な移動において，関税の撤廃に関しては，AFTAとともにほぼ実現に向かっている。AFTAは東アジアのFTAの先駆であるとともに，東アジアで最も自由化率の高いFTAである。先行加盟6カ国は2010年にほぼすべての関税を撤廃し，2013年時点で全品目数のうち99.2％が撤廃されている。後発加盟のCLMV諸国においても，全品目数のうち72.6％が関税撤廃されている。2015年末には，CLMV諸国の例外を除き，全加盟国で関税の撤廃が実現される（CLMV諸国においては，関税品目表の7％までは2018年まで撤廃が猶予される）。また原産地規則においても，2008年8月には，従来からの「ASEAN累積付加価値基準（RVC）」に「関税番号変更基準（CTC）」を加えてその選択制が導入され，利用しやすくなった。「関税番号変更基準（CTC）」の際のFOB価格の不記載も採用されてきた。また原産地証明の自己証明制度の導入や税関業務の円

表 8-1　ASEAN 経済共同体の進捗状況（2014 年 8 月）

分野	主な目標	現在までの成果（2014 年 8 月）	2015 年までの追加的成果	評価	備考
全体評価		2013 年末までに実施予定の 229 の優先主要措置の 82.1%を実施，第 4 フェーズ（2014～15 年）52 措置実施	優先度の高い措置を先行して実施 ポスト 2015AEC アジェンダの作成		スコアカードによる評価を 2014 年に変更
関税	関税撤廃	ASEAN 6 は 99.2%撤廃，CLMV は 72.6%（13 年 12 月）	CLMV は 2015 年（関税品目表 7%分は 2018 年）	◎	
非関税障壁	非関税障壁撤廃	撤廃は進展なし データベース作成	撤廃の進展は見込めないが，3 措置（備考）は進む。	×	① データベース更新，② 省庁間横断組織，③ 具体事例マトリックス
原産地規則	継続的改善	選択的原産地規則導入と ASEAN＋1 FTA に拡大，FOB 価額不記載	統一した自己証明制度導入	○	2 つの自己証明制度パイロットプロジェクト実施
税関業務円滑化		ASEAN 通関申告書，ASEAN 統一関税分類（AHTN）など進展	AFAFGIT 第 2，第 7 議定書の署名	○	
ASW〈シングル・ウィンドウ〉	NSW の導入（ASEAN 6 は 08 年，CLMV 12 年）7 カ国で ASW を実施	フォーム D と ASEAN 税関申告書の交換の 7 カ国の連結テスト	7 カ国で実施	△	全書類についての連結テスト実施
基準認証	いくつかの産品について基準の調和と相互承認協定（MRA）	化粧品統一指令の国内法制化，電気電子機器の MRA の実施，薬品製造検査の GMP MRA 策定，医療機器統一指令	自動車，調整食品，建築材料，鉄鋼の MRA，伝統的薬品とサプリメントの技術要件の調和	○	協定は進展，実効性が課題
サービス貿易	128 分野の自由化，第 3 モードは外資出資比率 70%	2014 年に第 9 パッケージ妥結（104 分野の自由化）	第 10 パッケージ妥結は遅れるか新サービス協定（ATISA）締結	○	第 4 モードは極めて限定。開放は実態的にはアナが多い
金融サービス	保険，銀行，資本市場，その他の 4 分野で各国別に自由化するセクターを特定し 2015 年までに実施，その他は 2020 年。	AFAS 金融第 5 パッケージ署名 各国がポジティブリスト方式で自国で可能な自由化領域を明示	AFAS 金融第 6 パッケージ署名	○	当初よりブループリントで 2020 年までの自由化を許容している点に留意

（つづく）

熟練労働者の移動	自由職業サービスのMRA	エンジニアリング，看護，建築，測量技師，会計，開業医，歯科医，観光の8分野署名。会計は新しいMRA署名 自然人移動協定（AMNP）署名 ASEAN資格参照枠組み（AQRF）採択（2014）		△	実効性疑問
投資	ACIA制定，「最小限の制限」を残して自由化	ACIA制定（2012），留保表（12），ACIA修正議定書（14）	留保表掲載分野の削減に着手	○	
資本移動	資本市場統合	ACMFでの各種取組み：証券取引所の連携，域内のクロスボーダーでの起債のための会計基準などの共通化	2020年までながら，①資本勘定の自由化，②金融サービスの自由化が提言され，さらに長期では，③決済システムの統合，④資本市場開発も推進	○	これまでの取組みは，マレーシア，シンガポール，タイの3カ国が先行実施している項目が多い
域外FTA	ASEAN+1 FTA締結	5本のASEAN+1 FTA締結，インドとのサービス貿易投資協定締結，RCEP自由化率は合意遅れ	RCEP協定締結，AJCEPサービス投資協定署名，ASEAN香港FTA妥結	◎	

(注) 2014年8月末現在。◎は2007年ブループリントの想定どおりあるいは想定以上の成果をあげている，○は概ねブループリントの想定どおり施策が実施されている，△はブループリントの想定より実行が遅れているが一定の成果がみられる，×は実施が大幅に遅れている，ことを示している。

(出所) ASEAN事務局の資料，ERIA資料などにより，石川幸一・清水一史・助川成也・福永佳史が作成，輸送とエネルギーは春日尚雄氏（福井県立大学教授），金融サービスと資本は赤羽裕氏（亜細亜大学講師）の協力を得た。尚，本表は，「A. 単一市場と生産基地」と「D. グローバルな経済統合」の部分である。他の分野を含めた全体に関しては，「ASEAN経済共同体の進捗状況を評価する」（国際貿易投資研究所：ITIフラッシュ210）（http://www.iti.or.jp/flash210.htm）を参照頂きたい。

滑化，ASEANシングルウインドウ（ASW），基準認証も進められている[14]。

　尚，非関税措置の撤廃も進められているが，その課題の達成は難しく2015年以降の課題となるであろう。サービス貿易の自由化，投資や資本の移動の自由化，人の移動の自由化も進められている。「B. 競争力のある経済地域」と「C. 公平な経済発展」に関係する，輸送プロジェクトやエネルギープロジェク

ト，経済格差の是正，知的財産における協力等多くの取り組みもなされている。これらは2015年を通過点として更に2015年以降の課題となるであろう。「D. グローバルな経済統合」は，ASEAN+1のFTA網の整備やRCEP交渉の進展によって，目標に比べて大きく進展しており，2015年末に当初予想よりも達成される分野である。

2015年末に「AECブループリント」で述べられた目標のすべてが実現するわけではないが，AFTAの実現によりASEANにおける関税の撤廃はほぼ実現され，域外とのFTAも整備される。1990年代前半のAFTAが提案された状況からは，隔世の感がある。

無論，ASEANにおいては，現在においても各国の状況の違いがあり，依然いくつかの統合への遠心力を抱えている。各国の政治の不安定，各国間政治対立，発展格差，各国の自由貿易へのスタンスの違いがあり，南沙諸島を巡る各国の立場の違い，それにも関連する各国の中国との関係の違いが，統合の遠心力となっている。しかしながら，それらの緊張もASEANを自身の統合に追い立てるとも考えられる。これまでの域内経済協力の歴史においても，ASEANは，多くの遠心力を抱えながらも，少しずつ域内経済協力を深化させ，AFTAを確立し，2015年のAECの確立へ向かってきたのである。

2015年末が近づき，2015年以降のAECとASEAN経済統合の目標設定に向けて新たな取り組みがなされている[15]。2014年11月の第25回ASEAN首脳会議では「ASEAN共同体ポスト2015ビジョンに関するネピドー宣言」が出され，2015年秋のASEAN首脳会議で，2016年以降のASEAN共同体のビジョンとなる文書を出すこととなった。2015年秋には，次の2025年に向けてのAECの目標が定められる。

(2) AECとメガFTA

世界金融危機後の構造変化は，ASEANによるRCEPの提案にもつながり，AECとASEANの経済統合の実現を更に追い立ててきた。ASEANにとっては，常に広域枠組みに埋没してしまう危険があり，それゆえに，自らの経済統合を他に先駆けて進めなければならない。そして同時に東アジアの地域協力枠組みにおいてイニシアチブを確保しなければならない[16]。ASEANにとって

は，先ずは AEC の実現が不可避である。更に RCEP においてイニシアチブを確保することが肝要である。

しかし他方，AEC こそが RCEP を規定する。「RCEP 交渉の基本指針及び目的」によると，RCEP の「目的」は，ASEAN 加盟国及び ASEAN の FTA パートナー諸国の間で，現代的な包括的な質の高いかつ互恵的な経済連携協定を達成することである。ASEAN の中心性や経済協力強化も明記されている。RCEP の「交渉の原則」では，これまでの ASEAN+1 を越える FTA を目指す，貿易投資を促進し国際的サプライチェーンを支援するとされている。また域内途上国への特別かつ異なる待遇と ASEAN 後発途上国への規定がある[17]。

RCEP の「交渉分野」に関しては，① 物品貿易，② サービス貿易，③ 投資，④ 経済技術協力，⑤ 知的財産，⑥ 競争，⑦ 紛争解決を含み，包括的な FTA となっている。ただし TPP に比べると，環境，政府調達，労働，分野横断的事項については含んでいない。RCEP は ASEAN が牽引しているとおり，AEC と ASEAN+1 FTA が扱う分野とほぼ重なっている。RCEP も，ASEAN のルールが東アジアへ拡大する例と言える。

RCEP は，世界人口の約半分と世界の GDP の約 30％を含むメガ FTA となり，東アジア経済や世界経済に大きな影響を与えるであろう。たとえば，RCEP の実現は，東アジア全体で物品・サービスの貿易と投資を促進し，更に新たな通商分野のルール化に貢献し，東アジア全体の発展成長に資するであろう。また，東アジアの生産ネットワークあるいはサプライチェーンの整備を促進し，東アジア全体の発展成長に大いに資するであろう。更に WTO 交渉が停滞する中で，世界大の貿易自由化と新たな通商ルール構築に貢献することも期待される。

RCEP は ASEAN が提案して進めてきており，また交渉 16 カ国の中の 10 カ国が ASEAN 諸国であり，RCEP 交渉が妥結できるかは，ASEAN に大きく依存する。RCEP の規定も AEC に合わせたものになるであろう。AEC が RCEP を方向付けるとともにその範囲を限定するであろう。AEC は東アジアで最も深化した経済統合であり，RCEP に影響し RCEP を規定する。更には，RCEP が世界のメガ FTA に影響を与えることにより，世界のメガ FTA にも

影響を与えるであろう．

おわりに

　ASEAN は，世界経済の構造変化に合わせて発展を模索し，1976 年から域内経済協力を進め，現在は 2015 年の AEC の実現を目指している．ASEAN 域内経済協力は，着実な成果を上げてきた．また生産ネットワーク構築の支援も行ってきた．同時に，東アジアの地域協力と FTA においても ASEAN が中心となってきた．そして世界金融危機後の変化は，世界経済における ASEAN の重要性を増すとともに，AEC の実現を追い立てている．そして東アジアのメガ FTA となる RCEP が AEC の実現を迫るが，他方，AEC こそが RCEP を規定し，世界のメガ FTA に影響を与えるであろう．

　ASEAN は，遅れがちではあるが，時間を掛けながら着実に AEC の実現に向かってきた．AFTA の実現も，1990 年代初期には想像も出来なかったが，現在では AFTA という自由貿易地域（FTA）をほぼ確立し，資本（投資）の自由移動，熟練労働力の自由移動という，共同市場（CM）の一部の要素を取り入れた AEC の確立へ向かっている．AEC は，東アジアで初の FTA を越えた取り組みである．また輸送やエネルギーの協力，経済格差の是正にも取り組んでいる．AEC は地域としての直接投資の呼び込みを重要な要因とし，国境を越えた生産ネットワークを支援し，常に世界経済の中での発展を目指す経済統合を目標としている．経済統合においては，従来，EU が模範例とされてきたが，ASEAN は，EU 的統合をいくつか参照しつつも独自の統合を進めている．グローバル化を続ける現代世界経済の変化に合わせて着実に AEC の実現に向かい，更には世界の成長地域である東アジアにおいて経済統合を牽引している ASEAN の例は，現代の経済統合の最重要な例の 1 つである．

　ところで，現在の TPP 交渉と RCEP 交渉の停滞は，現在の世界経済における大きな問題である．WTO 交渉が停滞する中で，メガ FTA は世界大の貿易自由化と新たな通商ルール構築に大きな役割を持つが，TPP 交渉の停滞は RCEP 交渉の停滞につながり，AEC 実現の遅れをも招く可能性がある．そし

てAEC実現の遅れは，RCEP交渉の停滞と世界のFTA交渉の停滞を招くであろう。TPPにおける日米交渉の妥結が強く求められる。日本とアメリカの世界経済における責任は大きい。またRCEP交渉においては，FTAに消極的なインドを含めてどのように交渉を妥結するかということも課題となってきている。

　ASEANは，AEC実現へ向けて統合を進めなければならない。ASEANこそが，世界経済を牽引する東アジアのこれからの経済統合の鍵を握っている。そしてASEAN経済統合とAECが，RCEPと世界のメガFTAの進展にも影響を与えるのである。

注
1) 以下，本節の内容に関して詳細は，清水（1998，2008），参照。
2) "Declaration of ASEAN Concord II," http://www.asean.org/news/item/declaration-of-asean-concord-ii-bali-concord-ii. AECに関しては石川・清水・助川（2009，2013）等を参照。
3) Severino (2006), pp.342-343.
4) "Charter of the Association of Southeast Asian Nations," http://www.asean.org/archive/publications/ASEAN-Charter.pdf.
5) "ASEAN Economic Community Blue Print," http://www.asean.org/archive/5187-10.pdf. AECブループリント並びにスコアカードに関しては，石川（2013a）を参照。
6) "Master Plan on ASEAN Connectivity," http://www.asean.org/images/2012/publications/Master%20Plan%20on%20ASEAN%20Connectivity.pdf. ASEAN連結性マスタープランに関しては，石川（2013a）を参照。
7) "Joint Media Statement of the 42nd ASEAN Economic Ministers' (AEM) Meeting," http://www.asean.org/news/item/joint-media-statement-of-the-42nd-asean-economic-ministers-aem-meeting-da-nang-viet-nam-24-25-august-2010.
8) 『通商弘報』2011年4月30日号。AFTAに関しては，助川（2013a）を参照。
9) 清水（2011a），参照。
10) 清水（2008），参照。
11) 本節に関して詳細は，清水（2013）第4-5節を参照。
12) "The 46th ASEAN Economic Ministers' (AEM) Meeting 25 August 2014, Nay Pyi Taw, Myanmar Joint Media Statement," http://www.asean.org/images/Statement/2014/aug/JMS%20AEM%2046%20_Final.pdf. ただし従来のスコアカードと評価方法を変更し，主要な優先措置を分母としている（石川，2014，参照）。
13) 表8-1は，石川幸一・助川成也・清水一史・福永佳史が，春日尚雄氏，赤羽裕氏の協力を得て作成した。
14) AECの進捗状況に関して，表8-1とともに，石川（2013a，2014），物品貿易の自由化・円滑化，サービス貿易や投資の自由化に関して助川（2013a，2013b），参照。またAECの様々な分野における状況に関しては，石川・清水・助川（2013）の各章を参照頂きたい。
15) 福永（2013），参照。
16) ASEANにおいては，域内経済協力が，その政策的特徴ゆえに東アジア地域協力を含めたより

広域の経済協力を求めてきた。ASEAN 域内経済協力においては，発展のための資本の確保・市場の確保が常に不可欠であり，同時に，自らの協力・統合のための域外からの資金確保も肝要である。そしてこれらの要因から，東アジアを含めた広域な制度や FTA の整備は不可避である。しかし同時に，協力枠組みのより広範な制度化は，常に自らの存在を脅かす。それゆえに，東アジア地域協力の構築におけるイニシアチブの確保と自らの統合の深化が求められるのである（清水，2008）。

17) "Guiding Principles and Objectives for Negotiating the Regional Comprehensive Economic Partnership," http://www.mofa.go.jp/mofaj/press/release/24/11/pdfs/20121120_03_03.pdf（日本語訳：http://www.mofa.go.jp/mofaj/press/release/24/11/pdfs/20121120_03_04.pdf）。RCEP に関して詳細は，清水（2014b），参照。

参考文献

石川幸一（2013a）「ASEAN 経済共同体はできるのか」，石川・清水・助川（2013）。
石川幸一（2013b）「東アジア FTA と ASEAN」，石川・清水・助川（2013）。
石川幸一（2014）「ASEAN 経済共同体へ向けての作業進展状況」国際貿易投資研究所（ITI）フラッシュ 207（http://www.iti.or.jp/flash207.htm）。
石川幸一・馬田啓一・木村福成・渡邊頼純編（2013）『TPP と日本の決断』文眞堂。
石川幸一・馬田啓一・渡邊頼純編（2014）『TPP 交渉の論点と日本』文眞堂。
石川幸一・清水一史・助川成也編（2009）『ASEAN 経済共同体—東アジア統合の核となりうるか』日本貿易振興機構（JETRO）。
石川幸一・清水一史・助川成也編（2013）『ASEAN 経済共同体と日本』文眞堂。
馬田啓一・浦田秀次郎・木村福成編（2012）『日本の TPP 戦略 課題と展望』文眞堂。
助川成也（2013a）「物品貿易の自由化・円滑化に向けた ASEAN の取り組み」，石川・清水・助川（2013）。
助川成也（2013b）「サービス貿易および投資，人の移動の自由化に向けた取り組み」，石川・清水・助川（2013）。
高原明生・田村慶子・佐藤幸人編・アジア政経学会監修（2008）『現代アジア研究 1：越境』慶応義塾大学出版会。
福永佳史（2013）「2015 年以後の ASEAN 統合の更なる深化に向けて」，石川・清水・助川（2013）。
山影進編（2012）『新しい ASEAN—地域共同体とアジアの中心性を目指して—』アジア経済研究所。
山澤逸平・馬田啓一・国際貿易投資研究会編（2013）『アジア太平洋の新通商秩序—TPP と東アジアの経済連携—』勁草書房。
清水一史（1998）『ASEAN 域内経済協力の政治経済学』ミネルヴァ書房。
清水一史（2008）「東アジアの地域経済協力と FTA」高原明生・田村慶子・佐藤幸人（2008）。
清水一史（2011a）「ASEAN 域内経済協力と自動車部品補完—BBC・AICO・AFTA と IMV プロジェクトを中心に—」『産業学会研究年報』，26 号。
清水一史（2011b）「アジア経済危機とその後の ASEAN・東アジア—地域経済協力の展開を中心に—」『岩波講座 東アジア近現代通史』第 10 巻，岩波書店。
清水一史（2013）「世界経済と ASEAN 経済統合」石川・清水・助川（2013）。
清水一史（2014a）「TPP と東アジア経済統合」石川幸一・馬田啓一・渡邊頼純編（2014）。
清水一史（2014b）「RCEP と東アジア経済統合」『国際問題』（日本国際問題研究所），632 号。

ASEAN Secretariat, *ASEAN Documents Series*, annually, Jakarta.
ASEAN Secretariat, *ASEAN Annual Report*, annually, Jakarta.

ASEAN Secretariat (2008a), *ASEAN Charter*, Jakarta.
ASEAN Secretariat (2008b), *ASEAN Economic Community Blueprint*, Jakarta.
ASEAN Secretariat (2010), *Master Plan on ASEAN Connectivity*, Jakarta.
ASEAN Secretariat (2012), *ASEAN Economic Community Scorecard*, Jakarta.
Hew, D. (ed.) (2007), *Brick by Brick: the Building of an ASEAN Economic Community*, ISEAS, Singapore.
Intal, P., Fukunaga, Y., Kimura, F. *et.al* (2014), *ASEAN Rising: ASEAN and AEC beyond 2015*, ERIA, Jakarta.
Sanchita Bas Das (2012), *Achieving the ASEAN Economic Community 2015*, ISEAS, Singapore.
Severino, R. C. (2006), *Southeast Asia in Search of an ASEAN Community*, ISEAS, Singapore.

（清水一史）

第 2 部
主要国の FTA 戦略：現状と課題

第 9 章
日本の FTA

はじめに

　日本においては，2015年1月15日に日豪EPAが発効したことにより，全部で14のFTAが発効済みである。そして日韓経済連携協定のように交渉中断中のものもあるが，日本はTPP（環太平洋戦略的経済連携協定）や日中韓FTA，そしてRCEP（東アジア地域包括的経済連携）らのメガFTAを含む10のFTAと交渉中である。

　日本が交渉中のメガFTAを発効させれば，FTAを利用できる国との貿易額は8割を超えることになる。これまで韓国に後塵を拝していた日本のFTA戦略は，一挙にその遅れを取り戻すことになる。

　TPP交渉は，日米協議の遅れや国有企業，知的財産権などの問題から，一時は暗礁に乗り上げていた。ところが，2015年に入り，合意に向けた話し合いが活発化している。日中韓FTAは2014年内の妥結，RCEPは2015年末の合意を掲げていたが，TPP交渉の遅れから，両方の交渉スケジュールも当初の目標からずれ込むことになる。

　しかしながら，もしも一旦メガFTAが発効すれば，その関税削減効果やサービス分野の自由化のメリットは，日本企業にとって大きい。現時点においては，中小企業を中心に日本のFTA利用は十分には進展しておらず，来たるべきメガFTAの効果を生かすためにも，今後とも一層の利用促進を図ることが望まれる。

1. 日本のFTAの現状とFTA利用の実態

(1) 日本のFTAの動向

　日本は2002年にシンガポールとのEPAを発効させたことを手始めに，メキシコや他のASEANとの交渉を順次進めていった。その結果，日本は2005年にはメキシコ，2006年にはマレーシア，2007年にはチリとタイ，2008年にはインドネシア・ブルネイ・フィリピン，2009年にはスイスとベトナムとの間で2国間EPAを発効させた。

　日ASEAN包括的経済連携（AJCEP）協定は，2008年12月から順次発効した。2011年にはインド，2012年にはペルー，2015年にはオーストラリアとの間でEPAを発効させている。

　また，日本はモンゴル，カナダ，コロンビア，トルコとの間で2国間EPAを交渉中であるし，TPPやRCEP，日中韓FTA，日EU・EPAらの4つのメガFTAの交渉を開始している。この中で，モンゴルとのEPAは大筋で合意に達している。一方では，日韓FTAの交渉を中断しているし，湾岸協力会議（GCC）とのFTA交渉を延期している。

　日本が交渉中である4つのメガFTAの経済規模を見てみると，2013年におけるTPP12カ国の世界経済に占める割合は38％，日EU・FTAは30％，RCEP（ASEAN10や日中韓，インド，豪・NZの16カ国）は29％，日中韓FTAは21％であった。

　この4つのメガFTAの中で重なり合っている国を除くと，日本は世界経済のシェア8割を占める国とのメガFTAを締結することになる。米国はTPPとTTIP（米EU・FTA）の交渉に参加しているが，この2つのメガFTAの世界シェアは61％となる。同様に，EUは日EU・FTAとTTIPの交渉に加わっているので，その世界シェアは53％となる。

　これに対して，中国はRCEPと日中韓FTAの交渉に参加しているので（世界シェア29％），日本や米国，EUと比較すれば，当面は経済規模ではより小さいメガFTAを形成することになる。逆に，日本としては，これまで低

表 9-1　日本の FTA の動向

		発効・署名年	FTA カバー率
発効済み・署名済み (14)	発効済み・署名済み		22.6
	日シンガポール EPA	2002 年 11 月発効	1.8
	日メキシコ EPA	2005 年 4 月発効	0.9
	日マレーシア EPA	2006 年 7 月発効	2.9
	日チリ EPA	2007 年 9 月発効	0.6
	日タイ EPA	2007 年 11 月発効	3.7
	日インドネシア EPA	2008 年 7 月発効	3.0
	日ブルネイ EPA	2008 年 7 月発効	0.3
	日 ASEAN・EPA	2008 年 12 月発効	14.8
	日フィリピン EPA	2008 年 12 月発効	1.2
	日スイス EPA	2009 年 9 月発効	0.7
	日ベトナム EPA	2009 年 10 月発効	1.6
	日インド EPA	2011 年 8 月発効	1.0
	日ペルー EPA	2012 年 3 月発効	0.2
	日豪 EPA	2015 年 1 月発効	4.4
交渉中等 (10)	交渉中等		61.8
	日モンゴル EPA		0.0
	日カナダ EPA		1.3
	日コロンビア EPA		0.1
	日中韓 FTA		26.0
	東アジア地域包括的経済連携 (RCEP)		45.4
	日 EU・EPA		9.7
	TPP (環太平洋戦略的経済連携協定)		30.7
	日韓 EPA (交渉中断中)		6.0
	日トルコ EPA		0.2
	日 GCC・EPA (交渉延期)		11.1

(注)　FTA カバー率は，2013 年の日本と相手国・地域との往復貿易額の全体に占める割合。ただし，交渉中等の RCEP と TPP においては輸出額の割合。
(資料)　外務省及び経済産業省ホームページ，ジェトロ J-File より作成。

かったFTAのカバー率（FTAの発効済み・署名済み・交渉中の国・地域との往復貿易が全体に占める比率）を84.4%まで高める好機となる。

なお，日本がまだEPA/FTAの交渉に至っていない主要な国としては，台湾，ロシア，ブラジル，南アフリカ，イスラエル，パキスタンなどが挙げられる[1]。これらの国はいずれも2011年の輸出額が10億ドル以上の国である。同年の日本の輸出額の順位では，台湾は4位であるし，ロシアは15位，ブラジルは26位，南アは28位であった。これらの国のMFN税率（輸入において通常課せられる関税率）は，台湾で5.6%，ロシアで10.3%，ブラジルで12.5%，南アで7.8%と比較的高くなっており，日本がEPA/FTAを結び関税を削減するメリットは大きい。

(2) 韓国よりも低い日本のFTA利用率

表9-2は，タイ，マレーシア，ベトナムの輸出における主要FTA別の利用率を示したものである。2012年のタイの韓国への輸出におけるASEAN韓国

表9-2 タイ，マレーシア，ベトナムの輸出におけるFTAの利用状況

	FTA	利用率（%）	
		2010年	2012年
タイ	AFTA	31.6	26.2
	ACFTA	34.4	42.4
	ASEAN韓国	24.4	44.8
	ASEAN日本，日タイ	23.7	27.3
マレーシア	AFTA	17.5	30.4
	ACFTA	17.8	26.4
	ASEAN韓国	65.4	72.3
	ASEAN日本，日マレーシア	14.6	17.0
ベトナム	AFTA	14.0	23.6
	ACFTA	30.6	22.1
	ASEAN韓国	65.1	83.6
	ASEAN日本，日ベトナム	30.3	31.3

（資料）2013年ジェトロ世界貿易投資報告より作成。

FTA（AKFTA）の利用率は44.8％であり，日本向け輸出への日タイEPA/AJCEPの利用率の27.3％を大きく上回る。さらに，マレーシアの韓国向け輸出におけるAKFTAの利用率は72.3％に達し，日本への輸出における日マレーシアEPA/AJCEPの利用率の17.0％を大きく上回る。ベトナムでも，輸出におけるAKFTAの利用率は83.6％であり，日ベトナムEPA/AJCEPの利用率の31.3％よりも50％以上も高い。

こうしたタイ，マレーシア，ベトナムの韓国向け輸出におけるFTAの利用率の高さは，第1に韓国では通常の輸入で徴収される関税率（MFN税率）が日本よりも高く，FTAを使うメリットが高いことが挙げられる。

第2には，これらの国と韓国との間でFTA利用を拡大するための整備を着々と進めていることが背景として考えられる。例えば，2012年8月にカンボジアで開かれたASEAN韓国経済相会議では，2012年1月までにノーマルトラック対象品目の関税撤廃が実現したことを歓迎するとともに，相互譲許既定の見直しや運用上の証明手続の簡素化などについても合意が行われた。こうしたAKFTAの活用を支援する取り組みが，韓国のFTA利用の高さにつながっていると思われる。

また，韓国の対EU輸出においてもAKFTA並みの利用率を実現しているようだ。これは，韓国では特に中小企業へのFTA利用促進策が進展しているためと考えられる。韓国では，200人もの原産地証明制度等を担当する職員を抱えており，中小企業のFTA利用への手厚い支援を実施している。これらの豊富な人材と民間企業との交流が進むことにより，さらにFTA利用が活発になっているようである。

韓国の中小企業向けの主な支援策として，①中小企業へのコンサルティング，②原産地判定システムの提供，③輸出品の原産性が承認されるかどうかの事前確認，などの実施が挙げられる。また，ウエブサイトで相手国のFTA関税率，原産地規則の実態，FTA利用の成功例などを提供しているし，コールセンターを設置し，FTA利用の相談にも対応している。さらに，韓国は人材育成にも熱心で，実務者に対して原産地規則等の講座を無料で開いている。

2013年度の日本企業におけるFTA利用上の課題に関するアンケートでは[2]，①輸出のたびの証明書発給申請が手間，②原産地基準を満たすための事務的

負担，③品目ごとの原産地判定基準の違いが煩雑，④原産地証明書発給にかかる手数料負担，⑤原産地証明書発給までの時間が長い，などの問題があるとの回答が多かった。また，資本金の規模が1000万円以下の企業においては，EPA/FTAの制度や手続きを知らない企業も少なくない。これは，事業規模が小さければ小さいほどFTAの手続きや関連情報を知りうる機会が少ないことを意味しており，何らかの行政的なサポートが必要である。

また，資本金が1億円以上の企業の輸出におけるFTA利用率は3割を超えるが，1000万円以下の企業では13％にとどまる。この利用率は，輸出を行っている企業を母数としているので，もしも輸出を実行していない企業を含めるならば，1000万円以下の企業の利用率はもっと低くなる。

2. FTAはどのような農産物・機械機器部品の輸出に効果的か

(1) 代表的な15品目のFTA利用による輸出可能性

表9-3は，2013年における日本の農産物・機械機器部品等15品目のFTAを使った中国・ASEANへの輸出可能性をまとめたものである。取り上げた品目は，「牛肉，ミルク＆クリーム，りんご，梨，緑茶，コメ，清酒」などの農産物・食料品7品目，「カラーTV，乗用車，貨物自動車，自動車部品，電話機，集積回路」などの機械機器部品6品目，さらには素材・繊維である「プラスチック製の板・シートとTシャツ」の2品目である。

日本から中国への輸出では，日本と中国とのFTAが結ばれていないのでFTAを活用することができず，いずれの品目も関税削減の効果を得ることができない。このため，表9-3においては，中国が輸出先の場合は，ケースⅠの「EPA/FTA活用で日本からの輸出が見込まれる品目」に該当する品目は1つもないことになる[3]。

この表9-3のケースⅠでは，一般的な関税であるMFN税率が高く，同時に輸入単価削減率（日本と結んだFTAの活用で輸入単価に掛かる関税を削減できる割合）も高い品目が対象になる。つまり，ケースⅠに含まれる品目は，一般に適用されるMFN税率は高いが，日本と結んだFTAを活用すれば輸入単

表 9-3 FTA 活用による代表的な 15 品目の中国・ASEAN への輸出可能性（2013 年）

		日本からの輸出先				
		中国	インドネシア	マレーシア	タイ	ベトナム
I	EPA/FTA 活用で日本からの輸出が見込まれる品目		りんご、梨、緑茶、（プラスチック製の板・シート）、Tシャツ、カラーTV、乗用車、貨物自動車	りんご、梨、緑茶、プラスチック製の板・シート、カラーTV、乗用車、貨物自動車部品、自動車部品	牛肉、ミルク&クリーム、梨、緑茶、清酒、プラスチック製の板・シート、Tシャツ、カラーTV、乗用車、貨物自動車部品	牛肉、緑茶、コメ、（清酒）、（プラスチック製の板・シート）、Tシャツ、カラーTV、乗用車、貨物自動車部品
II	現地生産・現地企業との連携、ACFTA/AFTA の活用で域内貿易の拡大が見込まれる品目	牛肉、ミルク&クリーム、りんご、梨、緑茶、コメ、清酒、プラスチック製の板・シート、Tシャツ、カラーTV、乗用車、貨物自動車部品	牛肉、ミルク&クリーム	コメ	コメ	ミルク&クリーム、りんご、梨
III	FTA を利用しなくても日本からの輸出が見込まれる品目	電話機、集積回路	電話機、集積回路	牛肉、ミルク&クリーム、緑茶、Tシャツ、電話機、集積回路	電話機、集積回路	電話機、集積回路
IV	EPA/FTA を活用しても中国・ASEAN からの輸出のメリットがない品目		清酒			

（注）ケース I の「括弧」で囲まれた品目は、日本との FTA 利用による輸入単価削減率はそれほど高くはないものの、一定の FTA 活用のメリットがある品目。ケース I の品目は、ケース II の選択の基準条件もクリアするので（3つのうち2つ、本稿の（注3）参照）、「EPA/FTA の活用で日本からの輸出が見込まれる品目」でもあるとともに、「現地生産・現地企業との連携、ACFTA/AFTA の活用で域内貿易の拡大が見込まれる品目」でもある。ミルク&クリームは砂糖を加えたもの、マレーシアのコメ、インドネシアの清酒は従量税のため、表9-3で分類できなかった。

価に掛かる関税率を削減することができるので，日本からの輸出でFTAのメリットを享受できる品目ということになる．本章では，FTA活用による日本からの輸出可能性の範囲を広げるため，MFTA税率や輸入単価削減率が5％ぐらいの中程度の割合でもケースIに含めている．

日本の中国への輸出においては，表9-3のように電話機と集積回路以外の全品目が，ケースIIの「現地生産・現地企業との連携，ACFTA/AFTAの活用で域内貿易の拡大が見込まれる品目」に該当することになる．このケースIIでは，MFN税率は高く，日本とのFTA活用時の輸入単価削減率が低いことが前提条件になる．日本と中国の間にはFTAが存在しないので，輸入単価削減率は0％である．

さらに，ケースIIでは，中国とASEAN間のFTA（ACFTA）を活用した場合の輸入単価削減率が高いことが条件の1つに加わる．つまり，日本と中国とのFTAを活用した場合のメリットはないが，中国とASEANとのFTA活用の効果が高いため，現地生産や域内貿易の拡大が見込まれる品目ということになる．表9-3における中国への輸出の場合，電話機と集積回路といった電気機器部品を除く品目はASEANで現地生産し中国へ輸出をするならば，FTAによる関税削減のメリットを得られる商品となる．

(2) FTA活用のメリットがある農産物の輸出

日本からインドネシア向けの農産物・食料品の輸出では，日インドネシアEPAを使えば，りんご，梨，緑茶がケースIの「FTA活用で輸出が見込まれる品目」となるし，カラーTV，乗用車，貨物自動車，自動車部品の機械機器部品の4品目も同様である．この機械機器部品4品目は，インドネシアだけでなく，マレーシア，タイ，ベトナム向け輸出においてもケースIに分類される．

インドネシア向けの農産物・食料品の輸出では，牛肉とミルク＆クリームの2品目がケースIIの「現地生産・現地企業との連携，ACFTA/AFTAの活用で域内貿易の拡大が見込まれる品目」に分類される．したがって，2013年時点では，日本の牛肉とミルク＆クリームをインドネシアに輸出する場合は，日インドネシアEPAの関税削減メリットはなく，中国や他のASEANで現地

生産したものをインドネシアに輸出した場合のFTA効果が高いということになる。

なお,表9-3においては,ケースⅠの品目は,ケースⅡの選択の基準条件もクリアするので(本章(注3)参照),「EPA/FTAの活用で日本からの輸出が見込まれる品目」であるとともに,「現地生産・現地企業との連携,ACFTA/AFTAの活用で域内貿易の拡大が見込まれる品目」でもある。

日本からマレーシア向けの農産物の輸出においては,リンゴと梨がケースⅠに該当する。コメはケースⅡに該当する。また,マレーシア向けにおいては,牛肉,ミルク&クリーム,緑茶がケースⅢである「FTAを利用しなくても日本からの輸出が見込まれる品目」であることが特筆される。マレーシアでは,牛肉,緑茶のMFN税率は0%,ミルク&クリームが1%と低くなっており,これらの品目はFTAを活用しなくても,関税をほとんど払わずに日本からマレーシアに輸出することができる。

日本からタイ向けの輸出では,日タイEPAかAJCEPが利用可能である。これらのFTAを利用した日本からタイへの輸出においては,選択した農産物7品目の中で6品目がケースⅠに該当する。残りの1品目であるコメだけがケースⅡに分類される。

日本からベトナムへの農産物の輸出においては,牛肉,緑茶,コメ,清酒はケースⅠの「日本とのFTA利用で輸出が見込まれる品目」に分類される。一方,ミルク&クリームとりんご,梨はケースⅡに含まれ,日本とのEPA/FTA利用時のメリットが低い。

なお,機械機器部品の6品目(電話機,集積回路,カラーTV,乗用車,貨物自動車,自動車部品)の内,電話機と集積回路は中国からベトナムまでの5カ国すべてにおいて,FTAを利用しなくても日本から輸出可能な製品を表すケースⅢに分類される。この2品目のMFN税率はほとんど0に近く,企業はわざわざFTAを使って関税を削減する必要がないのだ。

(3) なぜ農産物の輸出実績でFTAのメリットを活かせないのか

日本の農産物や食料品のFTAを活用した輸出において,選択した7品目の中でメリットがなかった品目は,インドネシアで2品目(牛肉,ミルク&ク

リーム），マレーシアで1品目（コメ），タイは1品目（コメ），ベトナムで3品目（ミルク＆クリーム，りんご，梨）であった。つまり，ケースIIの品目数はASEAN4カ国合計で7である。

一方，日本とASEANとのEPA/FTAを利用した場合，関税削減の効果を得られる農産物・食料品はインドネシアで3品目（りんご，梨，緑茶），マレーシア2品目（りんご，梨），タイ6品目（牛肉，ミルク＆クリーム，りんご，梨，緑茶，清酒），ベトナム4品目（牛肉，緑茶，コメ，清酒）であった。ケースIの品目数は合計で15になる。すなわち，FTAを利用したASEAN4カ国への7品目の農産物・食料品輸出においては，ケースIの品目数はASEAN4カ国合計で15品目とケースIIの倍以上であり，2013年時点では，全体的には関税削減メリットがあると考えられる。

しかしながら，2012年の牛肉やミルク＆クリームの日本から中国，インドネシア，マレーシア，タイへの輸出実績を見てみると，牛肉のタイ向けを除いてほとんどの輸出額が無いか極めて少額にすぎない。リンゴ，梨，緑茶においても，日本からの輸出実績が100万ドルを超えるのは，タイ向けりんごの153万ドルだけである。清酒の日本からの輸出では，中国向けが532万ドル，マレーシアとタイ向けが200万ドル前後である。日本からマレーシアへの輸出では，プラスチック製の板・シートが8964万ドル，Tシャツが3374万ドルとなっており，いかに日本からの農産物・食料品の輸出が他の分野と比べると少額であるかが窺える。

日本からASEANへの農産物・食料品輸出にFTAを活用できても，輸出実績の拡大には結びついていない。この原因の1つとして，これまで農産物・食料品の輸出に本格的に取り組んでこなかったことが挙げられる。輸出チャンスがあっても，それを活かすことができなかったのだ。

また，日本産の農産物・食料品の輸入単価そのものが高すぎて，ASEANの一般的な消費者の購入に結びついていないと思われる。例えば，タイにおける日本産りんごの輸入単価は6ドル/kgであるのに対し，世界からの輸入単価は1ドル/kgであった。日本産リンゴのタイでの輸入価格は世界平均の6倍である。梨においても，タイの日本産の輸入価格は7ドル/kgであるが，世界平均は1ドル/kgである。緑茶に関しては，マレーシアでは日本産は世界

平均の3倍であったが，その他の3カ国では中国・ASEANと同じ水準であった。タイの清酒では，日本産の輸入単価は5ドル/L，世界平均は2ドル/Lであった。

つまり，日本産の農産物・食料品は価格が高い高級材である場合が多く，現地の富裕者層向けなのだ。たとえFTAを活用し関税を削減しても，少しの価格低下効果では現地の中間層の消費需要を引き上げることができない。そこで，高級品だけでなく，現地の上位中間層（アッパーミドル）を狙った値段が手頃な中高級品の開拓が求められる。

3. 求められる日本企業のメガFTAの活用

(1) FTA利用の課題と対策

世界のFTAの数は264であり（2014年7月現在），2000年からほぼ毎年10件以上も増加し続けている。その中で，2013年には，TPP，RCEP，日中韓FTA，日EU・FTA，TTIP（米国EU包括的貿易投資協定）の5つのメガFTAの交渉が動き始めた。

これらのメガFTAが発効すれば，そこには新たな貿易や投資の機会が生まれ，グローバルな物やサービスの流れが活発になる。したがって，それを見据えた中小企業を中心にしたメガFTA活用の支援体制の強化が不可欠だ。

FTAの関税削減効果を測る1つの指標として，「関税率差」がある。これは，FTAを利用しない時に一般的に支払う関税率（MFN税率）とFTAを利用した時の関税率との差分を表している（関税率差＝MFN税率－FTA税率）。

例えば，タイがFTAを結んでいない国から「Tシャツ」を輸入する場合は，支払わなければならない関税率（MFN税率）は30％である。タイは中国とはACFTA，日本とは日タイEPAを結んでいるので，この場合のFTA税率は0％になる。すなわち，タイの中国と日本からのTシャツの関税率差は30％ということになる。

今，タイに進出した日系企業がACFTAを利用して中国からTシャツを

1000万円ほど輸入する場合，関税率差は30%であるため，300万円の関税額を削減することが可能だ。このように，高い関税率差がある場合には，企業は躊躇することなくFTAの利用を決断する。しかし，もしも関税率差が5%まで縮まった場合，1000万円の輸入で50万円の関税削減となるので，FTAを利用するかしないかは，その50万円の利益を得るためにかかるコスト次第ということになる。

ジェトロのアンケート結果によれば[4)]，日本企業がFTA利用を決断する関税率差はどれくらいかという問いに対し，26%の企業が「3～5%」と回答した。次に，19.2%の企業が「5～7%」，そして10.6%の企業が「1～3%」と答えている。

関税率差の回答をよく見ると，大企業と中小企業との間で明確に違いが現れている。大企業の場合は，関税率差が「1%以下」でも利用すると回答した企業は12.4%もあるが，中小企業では8.4%にとどまっている。さらに，中小企業では，関税率差を「9～10%」と回答した割合が7.4%，「10%以上」と答えた割合は13.7%にも達しており，全体的に大企業よりもFTA利用を決断する関税率差が高い傾向がある。

既存の広域FTAであるACFTAの関税率差を見てみると，2013年の中国の全品目平均の関税率差は2.5%であった。インドネシアは4.2%，マレーシアは3.6%，タイは4.1%，ベトナムは1.7%であった。つまり，ACFTA各国の平均的な関税率差は2～4%の範囲ということになる。これに対して，AFTA（ASEAN自由貿易地域）の平均的な関税率差は各国とも4～6%の範囲であり，ACFTAよりも利用を決断しやすいFTAとなっている。

AFTAの関税率差は平均的に高いため，日本の中堅・中小企業でも，FTAの利用を決断する上であまり支障にはならない。しかし，ACFTAでは，特に中国やベトナムに進出した日系企業においては，関税率差が相対的に低いため，FTAの利用を躊躇する場合が多くなる。

したがって，メガFTAの誕生が迫っている中，今後の中堅・中小企業のFTA利用を拡大するためには，関税率差が低い場合でもFTAの利用につながるような対策を練る必要がある。具体的には，原産地証明を取得する際の行政手続きの簡素化や海外のFTAを含めた段階的な関税削減に関する情報提供

等が考えられる。

　日本の原産地証明手続においては，第3者証明[5]が一般的である。第3者証明においては，原産地証明の依頼から承認まで1週間以上かかることもあるし，1件当たり最低2500円の手数料が必要である。また，証明書の現物を受け取りに行く手間などを考慮すると，電子化の促進が望まれる。

　一部の日本のFTAでは自己証明を基本とする認定輸出者証明[6]が採用されているが，この初回登録免許税は9万円である。そして，3年毎の認定の更新手続きが必要である。この認定輸出者証明を適用できるFTA/EPAを増やすことは，大企業だけでなく中堅・中小企業においても選択の範囲が広がることになる。

　こうした行政手続きの簡素化やコストの削減はもとより，MFN税率やEPA/FTA税率の定期的情報提供，さらには日本が締結しているEPAだけでなくACFTA/AFTAなどの海外のFTAにおけるステージング（段階的関税削減）の社内管理用の情報提供などを促進することが望まれる。また，これまでも行われてはいるものの，中小企業向けのFTA利用のコンサルティング，原産地証明研修などのワンストップサービス機能の拡充を図ることも肝要である。

(2) メガFTAで関税削減効果はどう変化するか

　ACFTAを利用して中国がASEANから輸入する場合の関税削減額は，2013年では46億ドルに達する。これは，中国のASEANからの輸入額の2.4％に相当する。これに対して，インドネシア，マレーシア，タイ，ベトナムの4カ国の中国からの輸入における関税削減額は，合計で48億ドルであった。これは，4カ国の中国からの輸入額の3.9％に該当する。

　つまり，現地日系企業がACFTAを利用する時，中国でASEANから輸入するよりも，これらASEAN 4カ国で中国から輸入する方が全品目平均で1.5％（3.9％−2.4％）も多く関税率を削減することができる。1000万円輸入する場合は，15万円の差が生じる。

　TPPの場合はまだ発効していないため，ACFTAやAFTAと違い品目別の細かな関税削減リストがまだ出来上がっておらず，正確な関税削減額を計算す

ることは不可能である。そこで，日本のTPPを利用した場合の関税削減額をごく簡便な方法[7]で試算してみると，それは55億ドルであった。日本企業がTPPを利用した場合の関税削減額が55億ドルと言われてもイメージが湧かないので，日本の輸出企業1社当たりに換算すると[8]，その関税削減額は2537万円となる。

この1社当たりの関税削減額は，日本企業のFTA利用率を3割として計算している。また，1社当たり2537万円というTPPの関税削減額はそっくりそのまま日本企業の収益になるのではない。なぜならば，日本はTPP交渉参加国の中で，既に7カ国[9]とFTA/EPAを締結済みであるからだ。既にFTAを活用している国に対しては，TPPの関税削減効果は割り引いて考えなければならない。

さらには，FTAの関税削減効果は一義的には輸入企業に発生する。日本企業が輸出企業であった場合には，輸出拡大による間接的な効果しか享受できない。しかしながら，日本の場合，輸出の半分は親子間取引であるため，少なくとも関税削減効果の2分の1以上の利益を得ることが可能だ。

同様に，日中韓FTAにおける日本の関税削減額を試算すると，それは63億ドルとなる。1社当たりの関税削減額は2922万円となる。日本は中韓との間でFTAを結んでいないため，日中韓FTAにおいては，関税削減効果は純増となり割り引く必要はない。

RCEPにおいては，日本の関税削減額は110億ドルである。1社当たりの関税削減額は5090万円となるが，周知のように日本はRCEP交渉参加国の中で，ASEANとインドの計11カ国と既にFTAを締結済みである。すなわち，RCEPにおいては，日本は主に中国，韓国，オーストラリア，ニュージーランドらの4カ国との間で新たに関税削減効果を得ることになる。この中で，中韓とは，日中韓FTAとRCEPの発効時点や関税自由化の度合いによってどちらを主に利用するかが決まることになる。

以上のように，TPP，日中韓FTA，RCEPのようなメガFTAが発効すれば，日本は新たな関税削減効果を期待することができる。本章のようなごく簡便な方法による試算では，既に発効している国との関税削減額を割り引いて考えると，新たな関税削減額の大きいのはRCEP，日中韓FTA，TPPの順番と

いうことになる。

　これまでの日本の東アジアでのFTA効果は，貿易の伸びという点では，中国や韓国，ASEANと比べると相対的には低く表われている。日本の輸出を拡大するためにも，今後はEPA/FTAの利用を促進することが求められる。

　特に，中小企業の場合は，担当者に限らず経営者においても，必ずしもFTAに精通しているわけではないので，その利用に関する支援策が不可欠である。官民一体となったFTA活用の推進が望まれる。

注
1）「2012年ジェトロ世界貿易投資報告 P62，図表Ⅱ-27 日本がFTAを未締結・未検討の主な国・地域」を基に記述。
2）「2013年度日本企業の海外事業展開に関するアンケート調査（ジェトロ海外ビジネス調査）」2014年3月。
3）ケースⅠ～ケースⅣまでの農産物・機械機器部品等の選択の基準は，以下のとおり。

		条件
Ⅰ	EPA/FTA活用で日本からの輸出が見込まれる品目	MFN税率⇒高い 輸入単価削減率（日本）⇒高い
Ⅱ	現地生産・現地企業との連携，ACFTA/AFTAの活用で域内貿易の拡大が見込まれる品目	MFN税率⇒高い 輸入単価削減率（日本）⇒低い 輸入単価削減率（中・ASEAN）⇒高い
Ⅲ	FTAを利用しなくても日本からの輸出が見込まれる品目	MFN税率⇒低い 輸入単価削減率（日本）⇒低い
Ⅳ	EPA/FTAを活用しても日本や中国・ASEANからの輸出のメリットがない品目	MFN税率⇒高い 輸入単価削減率（日本）⇒低い 輸入単価削減率（中・ASEAN）⇒低い

　※FTAを利用すれば，通常の関税率（MFN税率）よりも低い関税率（FTA税率）が輸入品に適用される。この「MFN税率とFTA税率の差分」をある品目の輸入単価に掛けると，それはFTA利用時の輸入単価削減額になる。この輸入単価削減額を輸入単価で割ったものが「輸入単価削減率」である（または，簡便的に「MFN税率－FTA税率」でも計算できる）。ケースⅠ～Ⅳにおける「輸入単価削減率（日本）」は，日本から輸入する品目の輸入単価削減率，「輸入単価削減率（中・ASEAN）」は，中国・ASEANから輸入する品目の輸入単価削減率を指す。
4）「平成20年度日本企業の海外事業展開に関するアンケート調査」ジェトロ海外調査部　2009年3月。
5）原産地規則に照らし，原産資格があると判断された場合，特定原産地証明書により，その資格を輸入国税関に証明する必要がある。第3者証明とは，日本商工会議所のような指定発給機関が特定原産地証明書を発給する制度のことを指す。
6）認定輸出者証明とは，認定を受けた輸出者が，自ら原産地申告を作成する制度のことを指す。日スイスEPA，日ペルーEPA，日メキシコEPAでは，経済産業大臣から認定された輸出者が自ら作成した特定原産地証明書を利用することができる。

7) 関税削減額は，FTAを利用しない時に通常支払う関税額（MFN税額）からFTAを利用した時に支払う関税額（FTA税額）を差し引いたもの，と定義できる（関税削減額＝MFN税額－FTA税額）。MFN税額＝輸入額×MFN税率，FTA税額＝輸入額×FTA税率なので，関税削減額＝(輸入額×MFN税率)－(輸入額×FTA税率)＝輸入額×(MFN税率－FTA税率)，となる。つまり，関税削減額は輸入額（あるいは相手側の輸出額）に関税率差（MFN税率－FTA税率）を乗じたものになる。以上のことから，本稿では，「日本のTPP利用による関税削減額」を，「日本のTPPへの輸出額」に「(TPPのMFN税率－TPP税率)」を乗じて簡便的に求めている。「TPPのMFN税率」はTPP12カ国それぞれの加重平均MFN税率を加重平均で求め，「TPP税率」はACFTA税率やAFTA税率を参考に任意の税率を恣意的に仮定した。
8) 日本のモノの輸出企業数を6503社（2012年経済産業省企業活動基本調査結果）とし，1社当たりの関税削減額を計算。円換算の為替レートは，便宜的に1ドル＝100円とした。
9) 日本を除くTPP交渉参加国11カ国中，シンガポール，ブルネイ，マレーシア，チリ，ペルー，ベトナム，メキシコ，の7カ国とは既にFTA/EPAを発効済み。また，オーストラリアとは署名済み。

参考文献

経済産業省（2014）「2014通商白書」経済産業省。
ジェトロ編（2014）「2014ジェトロ世界貿易投資報告」ジェトロ。
高橋俊樹（2014）「FTAはどのような機械機器部品や農産物に効果的か」国際貿易投資研究所，季刊「国際貿易と投資」第96号。
高橋俊樹（2014）「メガFTA活用の支援体制を急げ」国際貿易投資研究所「コラム」23。
日本国際フォーラム編（2014）「経済連携協定（EPA）を検証するについての調査研究報告書」日本国際フォーラム。

（高橋俊樹）

第 10 章
米国の FTA

はじめに

　米国は 1985 年に GATT 新ラウンドの開催を促すため，新たに FTA 政策を採用すると発表した。米国の狙いは成功し，ウルグアイ・ラウンドは 8 年越しの交渉を決着させたが，EU の発足およびその 1 年後の NAFTA（北米自由貿易協定）発効によって，FTA はドミノ倒し的に世界中に広がった。その後，WTO ドーハ開発アジェンダ交渉が停滞すると，米国は FTA 拡大に努め，2010 年代には，従来の 2 国間 FTA 交渉に代わって，TPP（環太平洋経済連携協定）および TTIP（環大西洋貿易投資協定）という 2 つのメガ FTA 交渉に入った。

　2014 年 10 月現在，米国は 20 カ国との間に 14 件の FTA を発効させている。地域別にみると北中南米 12 カ国，中東・北アフリカ 5 カ国に対して，アジア太平洋は 3 カ国と少ない。「アジア回帰」を掲げるオバマ政権は，TPP によってアジアに米国が参加する FTA 網を広げ，交渉参加国とともに「高度な 21 世紀型協定」の成立を目指している。一方，FTA 交渉は進んでいるものの，議会側の FTA 交渉に対する不満は大きく，FTA の批准に不可欠な TPA（貿易促進権限）は 2007 年 7 月以降依然として失効したままの状態である。

　本章では，米国の FTA 政策をスタート時点からたどり，高い自由化率，WTO プラスのルール追求といった米国型 FTA の特色と TPP との関係を検証する。最後に，TPA 失効下での FTA 交渉など形骸化しつつある TPA の問題点を論じ，米国の FTA 政策全体を総括する。

1. FTA 政策の展開

(1) GATT ラウンドの促進

　米国は第二次大戦後，自由・無差別・互恵・多角の GATT 原則を遵守して世界貿易の自由化を推進してきた。東京ラウンド交渉（1973～79 年）が終結した 3 年後，1982 年 11 月に開かれた GATT 閣僚会議で米国は農業，サービス貿易の拡大，知的財産権の保護強化などを目指して新ラウンド交渉の開始を提案したが，米国提案は時期尚早として受け入れられなかった[1]。その後も新ラウンド交渉が開始されないことに苛立ちを強めた米国は 1985 年 9 月「新通商政策」を発表し，GATT の多国間交渉を促進し，これを補完する政策として FTA 交渉を進めるとともに，通商政策の重点を自由貿易から公正貿易に転換し，外国の不公正貿易慣行に対して一方主義による報復措置の発動を宣言した[2]。新通商政策によって，米国は戦後半世紀にわたる GATT 中心主義からマルチトラック・アプローチに転換し，これが米国の FTA 政策の出発点となった。

　新通商政策発表の 3 カ月前，米国は最初の FTA をイスラエルとの間で発効させ，二番目となるカナダとの FTA 交渉の準備を進めていた。カナダとの交渉は 1986 年 5 月に開始され，その 4 カ月後の 9 月，ウルグアイ・ラウンド交渉が開始された。また，1991 年 6 月，米国はメキシコと FTA 交渉を開始し，すでに発効しているカナダとの FTA を取り込んだ NAFTA（北米自由貿易協定）を 1992 年 12 月に締結した。世界の名目 GDP の 30.0%[3]を占める NAFTA の締結（発効は 1994 年 1 月）は世界に衝撃を与え，その後 FTA はドミノ倒しのように世界各地に拡散した。EEA（欧州経済領域），CEFTA（中欧自由貿易協定）の創設，EU およびロシア・CIS による周辺国との FTA 締結など，発効した FTA は 1990～94 年の 19 件から 1995～99 年には 36 件に倍増し[4]，GATT ウルグアイ・ラウンド交渉は 1994 年 4 月，数回の危機を乗り越えてようやく終結した。こうして GATT ラウンドの促進という米国の FTA 戦略は，狙い通りの成果を挙げた。

表10-1 米国のFTA交渉史

年	大統領	通商代表	FTA相手国	交渉開始	協定締結	協定発効	貿易促進権限(TPA)
1981	レーガンI	ブロック (1981~85年)	イスラエル	1984年1月	1985年4月	1985年8月	
1985	レーガンII	ヤイター (1985~89年)	カナダ	1986年5月	1988年1月	1989年1月	
1989	G.H.W.ブッシュ	ヒルズ (1889~93年)	NAFTA	1991年6月	1992年12月	1994年1月	1994年4月失効
1993	クリントンI	カンター (1993~96年)	NAFTA補完協定	1993年2月	1993年8月	1994年1月	
1997	クリントンII	バーシェフスキー (1997~2000年)	FTAA	1998年4月	(2005年11月交渉中断)		
			ヨルダン	2000年6月	2000年10月	2001年12月	
			シンガポール	2000年11月	2003年5月	2004年1月	
			チリ	2000年12月	2003年6月	2004年1月	
2001	G.W.ブッシュI	ゼーリック (2001~05年)	オーストラリア	2003年3月	2004年5月	2005年1月	2002年8月復活
			モロッコ	2003年1月	2004年6月	2006年1月	
			CAFTA-DR	2003年1月	2004年8月	(各国別に発効)	
			エルサルバドル			2006年3月	
			ホンジュラス			2006年4月	
			ニカラグア			2006年4月	
			グアテマラ			2006年7月	
			ドミニカ共和国			2007年3月	
			コスタリカ			2009年1月	
			SACU	2003年6月	(2006年4月打ち切り)		
			バーレーン	2004年1月	2004年9月	2006年8月	
			パナマ	2004年4月	2007年6月	2012年10月	
			ペルー	2004年5月	2006年4月	2009年2月	
			コロンビア	2004年5月	2006年11月	2012年5月	
			エクアドル	2004年5月	(2006年5月打ち切り)		
			タイ	2004年6月	(2006年9月中断)		
2005	G.W.ブッシュII	ポートマン (2005~06年)	UAE	2005年3月	(2007年2月中断)		2007年7月失効
			オマーン	2005年3月	2006年1月	2009年1月	
		シュワブ (2006~09年)	マレーシア	2006年3月	(2008年中断)		
			韓国	2006年6月	2007年6月	2012年3月	
2009	オバマI	カーク (2009~13年)	TPP	2010年3月			
2013	オバマII	フロマン (2013年~)	TTIP	2013年2月			

(注) 大統領名の後のI, IIは1期, 2期。通商代表のカッコは在任期間。
(資料) USTR (2007~2014) および梶田・安田 (2014) から作成。

(2) 外交・安全保障政策の一翼

9.11同時多発テロの勃発と対テロ戦争の開始（2001年）以降，米国のFTAは貿易自由化よりも外交・安全保障政策の一翼を担うようになった。米国は2000〜2012年までの間に17カ国と12件のFTAを発効させた。内訳は中東・北アフリカ4カ国，中南米10カ国，アジア太平洋3カ国である（表10-1）。

FTA拡大の理論的基盤は，米国市場の規模を武器に相手国に市場開放を競わせ，米国をネットワークの中心にしてグローバルな貿易の自由化を目指すという「競争的自由化戦略」にあったが，交渉は地域貿易イニシアティブ政策によって進められた。地域貿易イニシアティブ政策は，各国と貿易投資枠組協定（TIFA），2国間投資協定（BIT），さらにFTAへと段階を踏んで地域全体の自由化を促進し，米国との経済関係を強化するものだが，当時米国はFTAA（米州自由貿易地域），NAFTA，MEFTA（中東自由貿易地域），EAI（Enterprise for ASEAN Initiative），APECおよびCAFTA-DR（中米・ドミニカ共和国自由貿易協定）という6つのイニシアティブを掲げていた[5]。

このうちNAFTAについては，その拡大構想が進められたが，いずれも失敗に終わった。ひとつは，2005年までに南北米州全域（キューバを除く34カ国）を統合するFTAA創設構想，もう1つはチリを取り込んだNAFTA拡大構想である。FTAAは，1998年に交渉が開始されたが，メルコスール（南米南部共同市場）加盟5カ国（アルゼンチン，ブラジル，パラグアイ，ウルグアイ，ベネズエラ）の反対によって実現せず，後者はチリ側が難色を示したため，交渉自体が具体化しなかった[6]。

FTAA交渉は失敗したが，中南米では6カ国からなるCAFTA-DRの実現およびペルー，コロンビア，パナマ，チリとのFTA[7]締結によって，FTAAに代わる2国間のFTA網が構築された。また，中東・北アフリカ18カ国を対象とするMEFTA（2003年5月ブッシュ大統領が発表）は，国数では目標にほど遠いがイスラエルを含め5カ国とのFTAが発効した。イスラエルと平和条約を締結したヨルダン，対テロ戦争で米国に協力するモロッコ，バーレーンおよびオマーンとのFTAは，米国への輸出拡大によって穏健なアラブ諸国の経済開発を進めるもので，米国の外交・安全保障政策の一部を担っている。

中南米および中東諸国とのFTAを優先したため，中途半端に終わったのが

EAI（ブッシュ大統領が2012年のAPEC首脳会議で発表）であった。ブッシュ政権がFTAを締結したASEAN加盟国はシンガポールだけで，タイはクーデターの発生で，マレーシアは金融サービス，政府調達問題などが障害となって交渉は頓挫した。ASEAN以外のアジア太平洋では，オーストラリアおよび韓国との間でFTAが締結された。両国が米国とのFTAを実現できたのは，両国ともイラク戦争を支援する有志連合の一員であり，かつイラクに派兵して米国に積極的に貢献したからである。有志連合に加わりながら派兵しなかったニュージーランドは米国とのFTAを望んだが，米国はその期待に応じなかった。

(3) 輸出促進とメガFTA

米国は2010年3月からTPP交渉，2013年2月からTTIP交渉をそれぞれ開始した。2つのFTA交渉は，第1に米国のFTA政策の軸足が2国間FTAからメガFTAに移行したこと，第2に2001年11月に開始されたWTOドーハ開発アジェンダ交渉が2006年半ばから停滞する中で，米国のFTA政策がグローバルな貿易自由化を推進する主役となってきたこと，第3にTPP交渉の開始は，FTAの対象地域がアジア太平洋重視に転換したこと，を示している。

ヒラリー・クリントン前国務長官が「アジアの成長とダイナミズムを活用することは，米国の経済，戦略的利益の核心であり，オバマ大統領の最優先課題である」と述べたように[8]，TPPはオバマ政権の「アジア回帰」政策における貿易面での最重要政策である。TPPは，米国が締結したFTAがアジアでは極めて少なく，アジアで締結されているFTAに米国は参加できないという状況を同時的に打開する。オバマ政権は，2010年1月の一般教書で「5年間に輸出を倍増し，雇用を拡大する」と表明したが，FTAを雇用拡大のための輸出促進政策の柱に位置づけた政権は米国では初めてである。

2. 米国型FTAの特色

(1) FTAカバー率とFTA利用状況

米国のFTAには，① FTAカバー率の高さ，② 高い自由化率，③ WTOを

超える（WTO プラスの）ルールの追求という 3 つの特色がある。米国の FTA カバー率（FTA 相手国との輸出入額が輸出入総額に占める比率）は，輸出 44.9％，輸入 35.6％，輸出入合計 39.1％と，EU（域外貿易）のそれぞれ 31.0％，24.5％，27.8％，日本の 18.9％，17.6％，18.2％を大幅に上回っている（いずれも 2013 年）[9]。米国の FTA カバー率が高いのは，NAFTA が米国の貿易（輸出入合計）の 73.9％（カナダ 41.4％，メキシコ 32.5％）を占めることによる。NAFTA 以外の FTA 相手国との貿易シェアは，韓国の 7.1％が最も高く，シンガポール 3.1％，コロンビア 2.7％，オーストラリア 2.4％で，他の国のシェアはすべて 2％未満である。

　USITC（米国国際貿易委員会）の貿易統計[10]は，FTA 輸入（FTA 協定を利用した輸入）額を相手国別に検索できるようになっている。これによって FTA 利用率（FTA 相手国からの輸入総額に占める FTA 輸入額の比率）を算出すると，全体の FTA 利用率は 52.2％（日本の場合は 43％[11]），FTA 輸入が総輸入に占める比率は 18.6％である。FTA 利用率が 60％以上の国はヨルダン 89.9％，エルサルバドル 80.3％，ホンジュラス 72.2％，バーレーン 65.8％，メキシコとコロンビアのともに 61.7％の 6 カ国に過ぎず，パナマ，シンガポール，コスタリカ，イスラエル，モロッコ 5 カ国の利用率は 20％以下にとどまっている。2012 年 3 月に FTA が発効した韓国の利用率もまだ 26.5％と低い（表 10-2）。

　FTA 利用率が高いヨルダン，エルサルバドル，ホンジュラスでは，とりわけ繊維製品が FTA の恩恵を受けている。これら 3 カ国は米国の FTA 相手国からの繊維製品輸入額のそれぞれ 5.3％，9.4％，13.1％を占める（2013 年）。米国は 1996 年から中東和平を促進するため，ヨルダンとエジプトを対象に適格工業地区（QIZ: Qualifying Industrial Zones）を設け，同地区で生産された製品が一定の原産地要件を満たせば無税輸入を認めている。ヨルダンの対米繊維製品輸出はこの制度によって拡大したが，2013 年に米国が輸入した繊維製品に占める QIZ 製のシェアは，エジプトが 82.9％と高いが，ヨルダンは僅か 5.7％に低下している[12]。

(2) 高い自由化率とWTOプラスのルール追求

自由化率とは10年以内に関税を撤廃するタリフライン（関税分類上の細目）の割合をいう。米国が締結したFTAの自由化率はいずれも96%以上で100%に近い。例えば，米韓FTAの自由化率は米国側99.2%，韓国側98.2%。関税

表10-2 米国のFTA相手国別貿易・FTA利用率（2013年）

（単位：100万ドル，%）

地域	FTA相手国	輸出	シェア1	シェア2	輸入	シェア1	シェア2	FTA輸入	シェア1	FTA利用率
中東・北アフリカ	イスラエル	7,827	1.27	0.57	22,661	2.84	1.01	2,974	0.72	13.1
	ヨルダン	1,967	0.32	0.14	1,196	0.15	0.05	1,075	0.26	89.9
	モロッコ	2,278	0.37	0.17	999	0.13	0.04	188	0.05	18.8
	バーレーン	968	0.16	0.07	635	0.08	0.03	418	0.10	65.8
	オマーン	1,423	0.23	0.10	1,022	0.13	0.05	582	0.14	56.9
北米	NAFTA	433,375	70.30	31.59	610,551	76.56	27.26	349,102	83.93	57.2
	カナダ	251,685	40.83	18.34	332,887	41.74	14.86	177,681	42.72	53.4
	メキシコ	181,690	29.47	13.24	277,664	34.82	12.40	171,421	41.21	61.7
中南米	CAFTA-DR	27,277	4.42	1.99	30,898	3.87	1.38	12,532	3.01	40.6
	エルサルバドル	2,889	0.47	0.21	2,512	0.32	0.11	2,017	0.48	80.3
	ホンジュラス	5,136	0.83	0.37	4,611	0.58	0.21	3,327	0.80	72.2
	ニカラグア	952	0.15	0.07	2,824	0.35	0.13	1,382	0.33	48.9
	グアテマラ	5,126	0.83	0.37	4,466	0.56	0.20	1,754	0.42	39.3
	ドミニカ共和国	6,704	1.09	0.49	4,330	0.54	0.19	2,454	0.59	56.7
	コスタリカ	6,471	1.05	0.47	12,155	1.52	0.54	1,598	0.38	13.1
	チリ	16,139	2.62	1.18	10,387	1.30	0.46	6,145	1.48	59.2
	ペルー	8,857	1.44	0.65	8,143	1.02	0.36	2,869	0.69	35.2
	コロンビア	16,482	2.67	1.20	21,364	2.68	0.95	13,175	3.17	61.7
	パナマ	10,176	1.65	0.74	430	0.05	0.02	31	0.01	7.2
アジア太平洋	シンガポール	26,690	4.33	1.95	17,671	2.22	0.79	1,733	0.42	9.8
	オーストラリア	23,976	3.89	1.75	9,519	1.19	0.43	3,628	0.87	38.1
	韓国	39,008	6.33	2.84	61,979	7.77	2.77	16,415	3.95	26.5
	FTA計	616,443	100.00	44.93	797,455	100.00	35.60	415,937	100.00	52.2
	世界計	1,372,039		100.00	2,239,750		100.00	2,239,750		
	FTAカバー率	44.93			35.60			18.57		

（注）　シェア1はFTA計，シェア2は世界計に対する各国のシェア。FTAカバー率は貿易総額（世界計）に占めるFTA相手国との貿易（FTA計）の比率（シェア2欄）。FTA輸入はFTAを利用した輸入。FTA利用率は，FTA相手国からの輸入総額に占めるFTA輸入額の比率。輸出はdomestic exports，輸入はimports for consumption。

（資料）　USITC (2014) pp.104-106, CAFTA-DR 6カ国の各データはUSITC Interactive Tariff and Trade DataWebから作成。

撤廃の除外品目は米国側はなし，韓国側はコメ・同調整品（16 タリフライン，0.1％）だけである（表 10-3）。日本の場合は，日本側の自由化率が最も高いのは日本フィリピン EPA で 88.4％，最も低いのは日本シンガポール EPA の 84.4％で，すべて自由化率は 80％台にとどまっている[13]。途上国との FTA においても関税撤廃で高い自由化率を達成するとの米国の方針は，サービスなど物品以外の貿易でも貫かれている。さらに知的財産権や投資の保護，貿易円滑化，労働・環境規制の強化など，WTO プラスのルールを FTA に盛り込み，こうしたルールを国際標準化するというのが米国の狙いである。

知的財産権の保護規定は，最初に締結した米イスラエル FTA（第 14 条）で

表 10-3 米国の FTA における自由化率と長期自由化品目および自由化除外品目

FTA		自由化率（％）	長期自由化品目の例	自由化除外品目の例
米豪 （2005 年 1 月発効）	米国側	96.0	［10 年超 18 年以内］123 タリフライン（1.2％） 牛肉，チョコレート，清涼飲料水，アスパラ，グレープフルーツ等 ［関税割当枠等の継続的拡大等実質的自由化］188 タリフライン（1.8％） チーズ等乳製品，落花生，たばこ，綿等	108 タリフライン（1.0％） 砂糖，シロップ，ブルーチーズ等
	豪側	99.9	なし	中古車（8 タリフライン）
米ペルー （2009 年 2 月発効）	米国側	98.2	［10 年超 17 年以来］137 タリフライン（1.3％） 牛肉，乳製品，落花生，チョコレート等 ［関税割当枠の継続的拡大］53 タリフライン（0.5％）砂糖・同調整品	なし
	ペルー側	99.3	［10 年超 17 年以内］51 タリフライン（0.7％） 牛・鶏肉，コメ，乳製品等	なし
米韓 （2012 年 3 月発効）	米国側	99.2	［10 年超 15 年以内］82 タリフライン（0.8％） チーズ等乳製品，特殊履物	なし
	韓国側	98.2	［10 年超 20 年以内］167 タリフライン（1.5％） 大麦，コーンスターチ，チーズ，牛肉，果物，ニンニク等 ［関税割当枠の継続的拡大］15 タリフライン（0.1％） じゃがいも，オレンジ，食用大豆等 ・牛肉，豚肉，麦，でん粉等 76 タリフラインについて FTA 農業セーフガードを設置（7〜23 年間で廃止）	16 タリフライン（0.1％） コメ・同調整品

（出所）　内閣官房 TPP 政府対策本部『TPP 協定交渉について』，平成 25 年 6 月。

は内国民待遇，最恵国待遇などに関する簡潔な記述に過ぎなかったが，NAFTA（第17章）では詳細な規定となり，1995年1月にTRIPS（知的財産権の貿易関連側面に関する）協定が発効すると，TRIPS協定より高水準かつ詳細な保護規定がすべてのFTAに盛り込まれるようになった[14]。米韓FTA（第18章）には，エイズなど国家緊急事態に対してTRIPS協定の柔軟な運用を求めた「ドーハ公衆衛生宣言」（2001年11月採択）を尊重する規定が設けられたが，韓国におけるジェネリック医薬品の製造，販売には厳格な制限が課されている。

　米国が強い競争力を持つサービス貿易については，ポジティブリスト方式をとるGATS（サービス貿易一般協定）とは対照的に，イスラエルとのFTAを除くすべてのFTAは，自由化しない分野を列挙するネガティブリスト方式を採用して自由化分野を明確にしている。また，NAFTA以降の協定では投資をサービス貿易と関連付けて位置付けるとともに，サービス貿易は越境サービス（NAFTA，米韓FTAではともに12章），電気通信（NAFTAは13章，米韓FTAは14章），金融サービス（それぞれ14章，13章），電子商取引（NAFTA規定なし[15]，米韓FTA 15章）に分けて，それぞれ章が設けられている[16]。なお，TPPで議論となっているISDS条項（投資家と国家の間の紛争解決手続）は，オーストラリアの反対で米オーストラリアFTAには含まれていないが，NAFTA，米韓FTA（ともに11章B）および米シンガポールFTA（15章C）には規定されている。

　労働と環境に関する規定はNAFTAでは補完協定として合意されたが，NAFTAの次に締結された米ヨルダンFTA以降，すべてのFTAの協定本体に盛り込まれている。米国は，労働・環境の両規定は「底辺への競争」を防止するために必須の規定としており，相手国の法整備や実態調査にまで乗り出すとともに，ヨルダン，コロンビア，パナマなどとは2国間委員会を設けて労働条件などを監視している。

　以上みてきたように，米国は交渉相手国の経済規模如何にかかわらず自由化率をほぼ100％に高め，WTO基準を超えるWTOプラスのルールをFTAに盛り込んでFTAの内容を段階的に深化させてきた。現在交渉中のTPPもこうした米国の方針が貫かれ，「高度な21世紀の貿易協定」とすることがすべて

の交渉相手国と合意されている。このため最終的なTPP協定は，米国がそれ以前に締結したFTAのレベルを下回ることはあり得ないはずである。

3. 形骸化しつつあるTPA

(1) TPA復活が見通せない異常な現状

外国と締結されたFTAは条約ではなく，条約と同じ効力をもつ「行政協定」(executive agreement) である。条約は大統領が交渉を担当し，その批准は上院のみに委ねられる（米憲法第2条2節2項）。しかし，行政協定であるFTAは議会が規制権限を持つ外国との通商協定である（同第1条8節3項）ため，議会が大統領に授権した貿易促進権限（TPA, Trade Promotion Authority，旧法ではファスト・トラック権限）に基づいて交渉・締結され，下院と上院の両院がFTA実施法案を可決（これがいわゆる批准）して発効する[17]。上下両院によるFTA実施法案審議では，協定の修正は認められず，票決は過半数による賛否の二者択一である。議会に修正を認めないのは，外国との交渉に安定性を確保するためであり，このために大統領は常に議会に交渉状況を報告し，議会の意向を汲み取って交渉を進めてきた。

ファスト・トラック権限は1974年通商法で新設され，4回の延長を経て1994年4月失効した。その後，2002年8月にTPAと名称を変えて復活し，2007年6月末で再び失効し，現在に至っている（表10-1，右端の貿易促進権限（TPA）欄）。米国が締結したFTAはヨルダンとのFTAを除き[18]，すべて議会が大統領に授権した権限に基づいて交渉され，批准されてきた。1988年1月に締結された米カナダFTA，GATTウルグアイ・ラウンド交渉，米韓交渉などいずれもこの権限に定められた規定を遵守して交渉され，同権限が期限切れとなる最終日の午前0時前に交渉を完了している[19]。

従って，TPPもTTIPも議会の授権がないままに交渉が進められ，大統領も議会も授権法の制定に真剣に取り組んでいない現状は極めて異常である。ようやく2014年1月，TPA復活法案（正式名称は2014年超党派議会貿易優先法，Bipartisan Congressional Trade Priorities Act of 2014）が上下両院

に同時に提出されたが，民主党下院幹部らの反対で法案審議は行われていない。

(2) TPA 失効下の再交渉と協定の修正

TPA は FTA 実施法案の議会審議期間を 90 日と限定しているが，実施法案の提出期限に関する規定はない。パナマ，コロンビアおよび韓国との FTA は，締結から発効までに 4 年から 5 年半もかかったが，これは議会が締結された FTA に満足せず，政府に相手国との交渉のやり直しを求め，締結済みの協定を修正させてから議会に協定実施法案が提出されたためである。

ブッシュ共和党政権が締結した上記 3 協定のうち，コロンビアおよびパナマとの FTA では特に労働問題が焦点となり，ブッシュ政権と議会指導部がより高度な労働，環境条項を加えて FTA 本体を修正することで合意した（2007 年のいわゆる「5 月 10 日協定」）。さらにオバマ民主党政権は，コロンビアの労働法制の強化やパナマの税制の透明性などを確保するため両国と再交渉を行い，韓国とは自動車と牛肉に関する交渉をやり直して，締結済みの協定を修正した。

問題はこうした再交渉が，米国の要求によって，しかも TPA が失効している状態で行われたことである。TPA が失効していれば，大統領への授権も消滅しているため，大統領が相手国と交渉することは法的には不可能のはずである。上述の TPA 失効下で TPP や TTIP が交渉され，TPA 復活の熱意も失われた状況と合わせて考えると，いまや TPA は形骸化してしまったようにみえる。

しかし，大統領の外交交渉権と議会の通商法制の規制権を両立させるために考えられた TPA は，米国の統治機構が変わらない限り必要不可欠な法的枠組みである。もし TPA が形骸化しているのであれば，政府と議会は早急にこれに代わる新たな法制度を確立しなければならないであろう。

注
1) 米国提案の経緯などについては，滝井（1994），31-34 ページ参照。
2) レーガン大統領がワシントンで行った新通商政策演説については，滝井（2006），207-210 ページ参照。なお，この演説が行われた 1985 年 9 月 22 日はニューヨークで行われたプラザ合意の翌

日である。1985年は米国の貿易政策が大きく転換した年であった。
3) 世界銀行統計による1992年のGDPベース。米国1国のシェアは26.1％。
4) 梶田・安田（2014），11-12, 302-304ページ。
5) 競争的自由化政策および地域貿易イニシアティブ政策については，滝井（2009）8-14ページ参照。
6) 梶田・安田（2014），130ページ。
7) コロンビアおよびパナマと締結したFTAは，通常のFTAとは異なり，正式名称は貿易促進協定（Trade Promotion Agreement）である。米国は1991年のアンデス特恵貿易法によってコロンビア産品に対して約9割の品目の関税を免除していたが，コロンビアは米国産品に平均12.5％の関税を課していた。パナマ産品に対する米国の関税もカリブ海諸国援助構想（CBI）および一般特恵関税制度（GSP）により無税ないし低率だが，パナマの米国産品に対する関税は平均7％であった。このためFTA締結によって関税，非関税障壁を撤廃したのは主にコロンビアおよびパナマ側であった。
8) Clinton (2011).
9) EUおよび日本のデータは梶田・安田（2014）27ページによる。
10) USITC Interactive Tariff and Trade DataWeb.
11) 梶田・安田（2014）54ページ。日本のFTA利用率はジェトロが実施した「日本企業の海外事業展開に関するアンケート調査」でFTAを利用している企業数の比率であるため米国と同じ基準ではない。
12) 繊維製品の貿易データは米商務省繊維製品局（OTEXA）による。
13) 内閣官房（2013）10ページ。
14) 山根裕子（2007）。
15) 電子商取引の章はヨルダンとのFTA以降すべてのFTAに含まれている。
16) イスラエルとのFTAは「第16章サービス貿易」でサービス貿易の重要性を指摘しているが，詳細は両国間で行われる宣言によると規定されている。なお，ヨルダンとのFTAではサービス貿易の全分野について規定されているが，各分野は章別に分かれていない。
17) 鈴木康彦（2000）55-58, 109-112ページ。
18) 米ヨルダンFTAはクリントン政権が提案し，交渉は5カ月間で完了，発声投票による全会一致で批准された。イスラエル重視の米国がファスト・トラック権限が失効中にもかかわらずFTAを締結したのは，ヨルダンがイスラエルと1994年10月に平和条約を締結したことを重視したことによる。各FTAの議会票決の状況は，滝井（2012b）158ページ参照。
19) TPAの詳細および本節に関連する問題点は滝井（2009, 2012a）参照。

参考文献
梶田朗・安田啓編著（2014）『FTAガイドブック2014』ジェトロ（日本貿易振興機構）。
鈴木康彦（2000）『註釈 アメリカ合衆国憲法』国際書院。
滝井光夫（1994）「アメリカ経済の再生と対外経済関係の新展開」田中拓男編著『アジア太平洋の地域協力―米国の新通商戦略とアジア経済の新展開』中央経済社。
滝井光夫（2006）「自由貿易体制の動揺」『原典アメリカ史，第八巻，衰退論の登場』第二部14，岩波書店。
滝井光夫（2009）「米国の自由貿易協定（FTA）―政策の展開と貿易動向」『米国のFTA戦略と我が国経済への影響』国際貿易投資研究所。
滝井光夫（2012a）「米国の貿易交渉と貿易促進権限」『桜美林論考 桜美林エコノミックス』第3号，桜美林大学経済・経営学系。

滝井光夫（2012b）「米国のFTA戦略」山澤逸平・馬田啓一・国際貿易投資研究会編著『通商政策の潮流と日本—FTA戦略とTPP』勁草書房。

内閣官房TPP政府対策本部（2013）『TPP協定交渉について』。

山根裕子（2007）「途上国と米国FTAの知財条項—特許保護期間の延長制度と販売承認データ保護規定など」『貿易と関税』3月号，日本関税協会。

Clinton, Hillary (2011), America's Pacific Century, *Foreign Policy*, November.

USTR (2007〜2014), *Trade Policy Agenda and Annual Report of the President of the United States on the Trade Agreements Program*, each year, March.

USITC (2014), *Year in Trade 2013: Operation of the Trade Agreements Program* (65th Report), July.

（滝井光夫）

第 11 章
EU 統合の深化・拡大と FTA 戦略

はじめに

　欧州連合 (European Union: EU) は，欧州経済共同体 (European Economic Community: EEC) 創設時 6 カ国の関税同盟としてスタート，現在 28 カ国を擁する経済通貨同盟 (Economic and Monetary Union: EMU) にまで発展を遂げている。EU は，戦後世界の地域経済統合の先導的モデルとして，他の地域経済統合の参照対象となってきた。EU は統合の深化・拡大を進める上で，様々な手段で自由貿易協定 (Free Trade Agreement: FTA) 戦略 を展開してきた。

　2000 年代前半までに EU は（その前身である欧州石炭鉄鋼共同体 (European Coal and Steel Community: ECSC)，EEC，欧州共同体 (European Communities: EC) の時期を含めて），全世界に向けた全方位の FTA ネットワークをほぼ整えたかにみえた。しかしながら，EU 統合の深化・拡大が一段落したものの，EU の財政危機・金融危機・ユーロ危機が深刻化する 2000 年代後半になって，EU はそれまでの FTA 戦略を大きく転換することになったが，その理由は一体何なのか。

　本章の狙いは，EU 統合が深化・拡大する過程で展開されてきた FTA 戦略の目的と様々な手段によって形成された EU の全方位 FTA ネットワークを俯瞰し，なぜ EU がこれまでの FTA 戦略を大転換しなければならなかったか，その理由を明らかにすることにある。

　第 1 節では，EU が (ECSC, EEC, EC の時期を含めて)，地域経済統合体として，まず，EEC 6 カ国（フランス，旧西独，イタリア，オランダ，ベルギー，ルクセンブルク）によって 1950 年代から 1960 年代にかけて関税同盟を

形成，その後，EC 12 カ国が 1980 年代から 1990 年代の単一市場（あるいは域内市場）設立に成功し，さらに，EU 15 カ国が 1990 年代から 2000 年代にかけて EMU の完成に至る統合の深化・拡大の発展の軌跡を辿る。

　第 2 節では，EU の FTA 戦略を大きく 3 つのカテゴリーに分けて，その目的と特徴を明らかにする。第 1 のカテゴリーには，欧州・近隣諸国との間で締結された FTA で，将来的に EU 加盟を目指す FTA や連合協定の一部を構成するものが含まれる。第 2 のカテゴリーには，旧植民地諸国・海外領土などの地域・国との政治的・経済的連携強化のため締結した連合協定や FTA がある。第 3 のカテゴリーには，関税障壁撤廃を中核とする伝統的な FTA や，新興国，アジア，日米など先進諸国との間で，今後，締結される EU の FTA 戦略の中核となる「新型 FTA」あるいは「第 2 世代」と呼ばれる高度包括的 FTA[1]などがある。

　第 3 節では，EU の FTA 戦略の大転換の指針となった 2006 年の「グローバル・ヨーロッパ」とこの指針を修正した 2010 年の新たな指針「EU2020 戦略の中核要素としての通商政策」を取り上げる。戦略転換の目的は，政治的な目的をより重視する，いわゆる伝統的な FTA とは決別して，経済的実利を重視する高度包括的 FTA 戦略の積極的活用である。その背景を，世界貿易機関（World Trade Organization: WTO）ドーハ・ラウンド（多国間貿易交渉）の停滞，日米などの FTA 戦略の積極的な展開，高成長する FTA 空白地域のアジアの高関税・非関税障壁の存在などいくつかの要因を明らかにしたうえで，今後の課題などを指摘する。

1. 統合化の手段としての FTA 戦略

(1) 統合の深化—関税同盟から経済通貨同盟へ発展

　EU は，（その前身である ECSC，EEC，EC の時期を含めて）「深化」と「拡大」を続けて，地域経済統合の先導役（パイオニア）として，また，その典型的なモデルとして他の地域経済統合の参照対象となってきた。その中核である EEC は 1958 年，「関税同盟」（Customs Union）として発足した。関税

同盟はEECの最も重要な基礎である。ローマ条約（EEC条約）は12年間の過渡期間，1969年末完成を規定していたが，1年半早い1968年7月に完成した。ローマ条約は，関税同盟形成と合わせて，「共同市場（Common Market）の設立」をも規定しており，EECは資本移動や労働力移動の自由化の実施，競争政策の確立，各国基準の調和化などに着手した。

1970年代前半から1980年代前半までの約10年，ニクソン・ショックや欧州は二度にわたる石油危機に見舞われた。EC経済は不振続きで，保護主義が台頭して，欧州統合は停滞してしまった。この間，日米との経済力格差や技術開発力格差の拡大，アジアNIES（新興工業経済群，Newly Industrializing economies）などの追い上げによって，EC経済の競争力の後退は免れ得なかった。

EC経済の活性化の早急な取り組みが不可欠であった。EC加盟国間の非関税障壁（国境におけるモノ・人の自由移動を妨げている規制，様々な規格・基準，認証，資格などの技術的障壁，公共調達規制，付加価値税率の相違など）が問題視される中，これらの非関税障壁の除去によって，「モノ，人，サービス，資本」の4つの生産要素のEC域内での自由移動が可能な「単一市場」（Single Market）を1992年末までに完成させる行動計画が示された。この計画を法的に担保したものが1987年7月に発効した「単一欧州議定書」（Single European Act: SEA）である。1992年末にはEC単一市場が形成され，域内国境が事実上ボーダーレス化し，EC経済は一段と開放体制に向かった。

ECは，EMUの形成のみならず政治同盟（Political Union）の形成を視野に，更なる統合の発展を目指す。マーストリヒト条約（EU条約）が1993年11月に発効，ここにEUが誕生した。マーストリヒト条約は，単一市場（関税同盟，共通通商政策，域内市場統合など）とEMU（欧州中央銀行（European Central Bank: ECB）による統一金融政策，統一通貨「ユーロ」の管理運営など）を統治するECの排他的権限領域を規定する第1の柱，EU加盟国の権限領域に属する第2の柱である共通外交安全保障政策（Common Foreign and Security Policy: CFSP）と第3の柱である司法・内務協力（Common Justice and Home Affairs: CJHA）をカバーする「3本柱構造」の体系となっている。1999年1月から統一通貨ユーロが導入され，さらに

表 11-1　EU 統合の深化

年月	主な動き
1952年7月	パリ条約（ECSC 条約）発効⇒欧州石炭鉄鋼共同体（ECSC）発足⇒石炭・鉄鋼部門の単一市場設立開始
1958年1月	ローマ条約（EEC 条約）発効⇒欧州経済共同体（EEC），欧州原子力共同体（EAEC）発足⇒関税同盟設立開始（1969年末完成）
1967年7月	ブリュッセル条約発効⇒ECSC，EEC，EAEC の執行機関を併合⇒欧州共同体（EC）発足
1968年7月	関税同盟の完成（工業製品の関税撤廃，対外共通関税設定）
1969年12月	EC 過渡期間終了
1970年1月	域外共通通商権限を EC へ委譲
1985年6月	「EC 域内市場白書」の採択⇒モノ，人，サービス，資本の域内移動の自由化⇒270余の非関税障壁の撤廃
1987年7月	単一欧州議定書（SEA）発効⇒単一市場設立（1992年末完成）
1993年1月	域内市場統合完成，単一市場の発足
1993年11月	マーストリヒト条約（EU 条約）発効⇒欧州連合（EU）の発足
1999年1月	統一通貨ユーロの導入
2002年1月	ユーロ現金通貨の流通開始⇒経済通貨同盟完成（2002年3月）
2006年10月	新 FTA 戦略「グローバル・ヨーロッパ」発表
2009年12月	リスボン条約発効
2010年3月	新成長戦略「欧州 2020」の採択⇒2020年までに目標達成

（資料）　久保・田中（2011）など各種資料から作成。

2002年1月からユーロ紙幣・硬貨の現金通貨の流通が開始され，2002年3月には，11加盟国の「ユーロ圏」が誕生した。

EU は，マーストリヒト条約改正に着手し，アムステルダム条約（1999年5月発効），ニース条約（2003年2月発効）と，二度の条約改正がなされた後，EU の基本条約であるリスボン条約が 2009年12月に発効した。リスボン条約によって EU の「3本柱構造」は解消して，EU の排他的権限が一層強化された。しかしながら，2008年以降に勃発したリーマン・ショックや EU の財政危機・金融危機・ユーロ危機など負の連鎖によって，EU 統合の発展のテンポは鈍っている。表 11-1 は，EU 統合の深化の流れを示したものである。

(2)　統合の拡大―中心部から周辺部へ

EU は統合拡大の過程で欧州諸国・近隣諸国との間で数多くの FTA や連合協定（Association Agreement: AA）を締結してきている。EU は（ECSC,

EEC, ECの時期を含めて），まず，6カ国（フランス，旧西独，イタリア，オランダ，ベルギー，ルクセンブルク）によって発足，1970年代から現在まで6次にわたる拡大を重ねて，2013年に加盟したクロアチアを含めて現在28カ国に上っている。EU統合の拡大は，欧州中心部から南部欧州，北部欧州，中・東部欧州など周辺部へと広がりをみせている。EU（あるいはEC）との間でFTAや連合協定を締結した欧州諸国は，その後にEU加盟を果している。他方，EUは欧州域外地域ともFTAを数多く結んできている。表11-2は，EU統合の拡大の流れを示したものである。

1960年，EECに対抗して英国の主導のもとに，7カ国（英国，オーストリア，デンマーク，ノルウェー，ポルトガル，スウェーデン，スイス）によって設立された欧州自由貿易連合（European Free Trade Association: EFTA）の中から，1973年に英国，デンマークが，1986年にポルトガルがECに加盟，1995年にオーストリア，スウェーデンがEUに加盟している。また，1973年にはEU（EC）はEFTA6カ国（オーストリア，スイス，ポルトガル，スウェーデン，ノルウェー，アイスランド）とのFTA協定を発効させている。

1994年，EU・EFTA間で欧州経済領域（European Economic Area: EEA）条約が発効し，スイスを除くEFTA3カ国（アイスランド，ノルウェー，リヒテンシュタイン）にまでEUの単一市場を拡張，EU規制の調和化が図られた。アイスランドは2009年，EU加盟申請し，現在加盟交渉中である。1960年代に，EEC・ギリシャ連合協定（1962年発効），EEC・トルコ連合条約（1964年発効）が存在していたが，1981年の第2次のEC拡大で，ギリシャはECに加盟した。

また，1990年代の冷戦崩壊後，政治・経済改革が進展中であった中・東欧諸国（ハンガリー，ポーランド，チェコスロバキアなど）に対しては，EUは連合協定（欧州協定，Europe Agreementと通称される）を次々と結んでいる。これらの協定は最終的にはEU加盟を目指すもので，中・東欧諸国における政治的・経済的改革の促進のための，また，過渡期間を経た後の自由貿易地域の創設，投資促進，金融協力，EU法体系（EUのアキ・コミュノテール，acquis communautaire）の採択，政治的対話の枠組みの創設の受け入れまでも求めるものであった。

その後，2004年5月からはマルタ，キプロス（南側のギリシャ系キプロス共和国）を含む中・東欧など10カ国が，2007年1月からはブルガリア，ルーマニアが，2013年7月からはクロアチアがEU加盟国となっている。また，

表11-2　EU統合の拡大

年月	主な動き
1962年11月	ギリシャとの連合協定発効
1964年6月	アフリカ・マダガスカル18カ国との連合協定（ヤウンデ協定）発効
1964年12月	トルコとの連合協定（アンカラ協定）発効
1971年1月	第2次ヤウンデ協定発効
1973年1月	英国，デンマーク，アイルランドがEC加盟⇒第1次拡大（EC9カ国へ）
	EC・EFTA（オーストリア，スイス，ポルトガル，スウェーデン，アイスランド）との自由貿易協定（FTA）発効。ノルウェーとのFTAは7月発効
1976年4月	ACP（アフリカ・カリブ海・太平洋）46カ国との連合協定発効⇒第1次ロメ協定
1979年10月	ACP58カ国との連合協定署名⇒第2次ロメ協定（1981年発効）
1981年1月	ギリシャがEU加盟⇒第2次拡大（EC10カ国へ）
1984年12月	ACP65カ国との連合協定署名⇒第3次ロメ協定（1986年発効）
1986年1月	スペイン，ポルトガルがEC加盟⇒第3次拡大（EC12カ国へ）
1989年12月	ACP68カ国との連合協定署名⇒第4次ロメ協定（1990年発効）
1994年1月	欧州経済領域（EEA）条約発効⇒スイスを除くEFTA3カ国との単一市場一体化進む
1994年2月	ハンガリー，ポーランドとの連合協定発効
1995年1月	オーストリア，スウェーデン，フィンランドがEU加盟⇒第4次拡大（EU15カ国へ）
1995年2月	ブルガリア，ルーマニア，チェコ，スロバキアとの連合協定発効
1995年6月	エストニア，ラトビア，リトアニアとの連合協定署名
1995年12月	トルコとの関税同盟発効
1997年1月	スロベニアとの連合協定発効
2003年4月	ACP77カ国とのコトヌー協定発効
2004年4月	マケドニアとの安定化・連合協定（SAA）発効
2004年5月	チェコ，ハンガリー，ポーランドなど，地中海，中・東欧など10カ国がEU加盟⇒第5次拡大・Ⅰ期（EU25カ国へ）
2005年2月	クロアチアとのSAA協定発効
2007年1月	ブルガリア，ルーマニアがEU加盟⇒第5次拡大・Ⅱ期（EU27カ国へ）
2008年7月	ボスニア・ヘルツェゴビナとのSAA協定発効
2008年11月	ACP（CARIFORUM諸国）との経済連携協定（EPA）発効
2009年4月	アルバニアとのSAA協定発効
2010年2月	セルビアとのSAA協定発効
2010年5月	モンテネグロとのSAA協定発効
2013年7月	クロアチアがEU加盟⇒第6次拡大（EU28カ国へ）
2014年6月	ウクライナ，グルジア，モルドバとの連合協定署名

（資料）　田中（2009）など各種資料から作成。

マケドニア，セルビアなど西バルカン5カ国との間で，貿易自由化のみならず政治的対話，EU法体系への接近など，EU加盟への準備過程として必要な改革を求める安定化・連合協定（Stabilisation and Association Agreement: SAA）が発効している。

一方，EUとEU加盟国の旧植民地・海外領土との関係強化を図るために締結された連合協定の中で，最も古いものとしては1964年に発効したヤウンデ協定がある。その後，フランス，英国などの旧植民地のACP（アフリカ・カリブ海・太平洋）諸国との間では1976年に連合協定（第1次ロメ協定）が発効して以降，4次にわたる改定後，ロメ協定の失効に伴い2003年には新たにコトヌー協定が発効し，WTOにより整合的な経済連携協定（Economic Partnership Agreement: EPA）交渉に入ることが決定され，2008年11月に発効した。

2. FTA戦略の目的と手段

(1) 欧州・近隣諸国—EU加盟受け入れ連合協定・FTA

EUのFTA政策の展開の経緯を振り返ると，EUが締結してきたFTAの名称は様々であり，そのうえ，協定の内容もまた様々である。最近では，財・サービス貿易のみならず，知的財産権，投資，競争などの条項を含む協定をFTAと呼んでいる一方で，政治対話や経済協力などの要素も含む，将来のEU加盟を目的とする協定には，連合協定や安定化・連合協定，「深化した包括的自由貿易協定（Deep and Comprehensive Free Trade Agreement: DCFTA）を含む連合協定」などのEU独自の名称が使われている。他方，EUへの加盟を前提としない国々で，EUに近隣する地中海沿岸諸国との関係を活性化する目的でFTAを締結してきたが，これらの名称の多くは連合協定となっている。

このように多様なFTAも，おおよそ3つのカテゴリーに分けることができる。第1のカテゴリーは，主としてEU（EEC, ECを含めて）がその統合の深化・拡大過程において新規加盟を目指す欧州諸国との間で締結してきた

FTAあるいは連合協定である。EFTA加盟国であった7カ国の内，英国を始め5カ国がEU（あるいはEC）加盟をしている。1981年にEC加盟したギリシャも1962年に連合協定を締結していたし，現在加盟交渉中のトルコも1963年に連合協定（アンカラ協定）を締結している。

　また，冷戦崩壊後の1990年代後半以降，EUが欧州周辺国と締結したFTAの多くは，連合協定の名称が付されたもので，EU加盟への「準備段階」として位置付けられるものが多い。2004年，2007年の第5次拡大でEU加盟した中・東欧諸国などとの間で締結された「欧州協定」（Europe Agreement）も第1のカテゴリーに入るものである。FTAが連合協定の要素のひとつとして規定されているが，中・東欧諸国での政治的・経済的改革の促進を目的としており，EUの法体系（アキ・コミュノテール）の採択や政治的対話の枠組みの創設の受け入れまでを求めるものである[2]。

　さらに，西バルカン諸国（マケドニア，クロアチアなど5カ国）に対して，貿易自由化のみならず政治的対話，EUの法体系との接近，資金援助など，EU加盟への準備として必要な改革を求めて締結した安定化・連合協定やEUの東方パートナーシップ政策の対象である旧ソ連諸国（ウクライナ，グルジア，モルドバなど6カ国）に対する「深化した包括的自由貿易協定」[3]を含む連合協定も第1のカテゴリーに入る。

　このほか，第1のカテゴリーに入るFTAとして，EU（EC）とEFTA諸国が締結したFTAが含まれる。古くは1973年1月発効のEC・EFTA自由貿易協定（スイス，オーストリア，ポルトガル，スウェーデン）や，ノルウェー（1973年7月発効），アイスランド（1973年4月発効）との間のFTAも該当する。1990年代に入ると，1994年にEUはスイスを除くEFTA3カ国（アイスランド，ノルウェー，リヒテンシュタイン）とEEAを設立，EU・EFTA間の経済面の共通化を一段と進めている。アイスランドは2009年にEU加盟申請し，現在加盟交渉中である。そのほか，現在EU加盟交渉中のトルコや，アンドラ，サンマリノとそれぞれ関税同盟を設立している。

(2) 旧植民地・海外領土など——政治・経済の連携強化の連合協定・FTA

　第2のカテゴリーは，EUとEU加盟国の旧植民地・海外領土などとの政

治・経済関係の強化・維持の手段として締結された FTA や連合協定で，いずれも EU 加盟を前提としないものである。広域的・包括的な枠組みとして，最も古くからある連合協定は，1964 年に発効したアフリカ・マダガスカル 18 カ国とのヤウンデ協定である。その後，ヤウンデ協定は，1976 年に発効した ACP（アフリカ・カリブ海・太平洋）46 カ国への開発援助の枠組みを定めたロメ協定（1976 年第 1 次協定から 1990 年の第 4 次協定）へと継承され，2003 年に発効した ACP77 カ国との政治対話・開発協力・貿易の枠組みを定めたコトヌー協定は，WTO に整合的な FTA を 2020 年までに設立することを目指している。コトヌー協定では ACP 諸国を 7 つの地域[4]に分け，このうち，カリブ海地域フォーラム（CARIFORUM）諸国とは 2008 年から，東・南アフリカ諸国とは 2012 年からすでに経済連携協定（Economic Partnership Agreement: EPA）[5]が暫定発効している。

フランスの旧植民地との 2 国間の FTA としては，チュニジア（1998 年発効），モロッコ（2000 年発効），アルジェリア（2005 年発効）などとの連合協定がある。なお，モロッコ，チュニジアとは，2013 年から DCFTA 交渉が開始されている。シリアとは 1978 年に協力協定，イスラエルとは 2000 年に，ヨルダンとは 2002 年に，エジプトとは 2004 年に EU との連合協定が発効している。

スペイン，ポルトガルなどと歴史的関係が深い中南米地域との FTA としては，メキシコとの EPA（2000 年発効），チリとの連合協定（2003 年発効）がある。メキシコ，チリとの連合協定は，これら 2 国が北米自由貿易協定（North American Free Trade Agreement: NAFTA，1994 年 1 月発効），米州自由貿易圏（Free Trade Area of the Americas: FTAA，2005 年までに設立することに合意したが，現在は交渉中断）と FTA を締結することによる EU の競争上の不利益を回避するためのものであった。

南米南部共同市場（メルコスール，MERCOSUR）とは何度かの交渉が頓挫していたが，2010 年から包括的自由貿易協定（Comprehensive Free Trade Agreement: CFTA）交渉が再開されている。アンデス共同体については，ペルー，コロンビアとは 2013 年に，それぞれ貿易協定が暫定発効し，エクアドルとは 2014 年に貿易協定に合意している。また，中米共同体については，

2013年から連合協定の内の貿易協定部分が発効している。

　この他，従来の2国間ベースのFTAをより一層包括的にいくつかの連携国を束ねて交渉する動きが出てきている。EU・地中海諸国間の政治対話，多国間関係の促進などを目的として，2008年に発足した地中海連合（バルセロナ・プロセス）は，EU加盟28カ国と地中海沿岸諸国15カ国が参加するフォーラムである。これには，シリア，アルジェリア，モロッコ，チュニジア，イスラエル，ヨルダンなどが参加している。

(3) アジア・新興国・日米など先進地域・国─新FTA戦略を目指す「新型FTA」「第2世代FTA」

　第3のカテゴリーには，これまで「最恵国待遇」（Most-Favoured Nation: MFN）ベースでの関係があった北米，アジアなどの諸国との関税障壁・数量制限撤廃を中核とする伝統的なFTAがある。しかし，2000年代後半以降，中国，インドなどの新興国，アジア，日米など先進諸国との間で，締結されるFTA戦略の中核となるFTAは，「新型FTA」あるいは「第2世代」と呼ばれる高度包括的FTAである。そのことは，EUの新通商戦略指針「グローバル・ヨーロッパ」の中で明らかにされている。

　北米地域では，カナダとは2009年からFTA交渉が開始されて，2013年に包括的経済貿易協定（Comprehensive Economic and Trade Agreement: CETA）に合意した。2013年からは米国との間で環大西洋貿易投資連携協定（Trans-Atlantic Trade and Investment Partnership Agreement: TTIP）交渉が開始されている。これらのFTAはいずれも高度包括的FTAである。

　アジア地域についてみると，東南アジア諸国連合（Association of South-East Asian Nations : ASEAN）とのFTA交渉が2007年に開始されたものの，2009年には交渉を中断して，個別交渉に移行している。シンガポール（2010年），マレーシア（2010年），ベトナム（2012年），タイ（2013年）とFTA交渉を開始，このうち，シンガポールとは2013年に交渉合意に至り，2015年以降の発効を目指す。インドとのFTA交渉が2007年開始されたものの，現在交渉継続中である。

　こうした中で，韓国とのFTA交渉が2007年に開始され，2011年暫定発効

にこぎつけた。EU韓FTAは，EUが目指す新型FTAの第1号である。中国とは，2013年から包括的投資協定交渉が継続中であり，2013年からは日本との経済連携協定／自由貿易協定交渉（EPA/FTA）が開始された。表11-3は，EUが全世界に向けた全方位FTAネットワークを示したものである。

表11-3 EUの全方位FTAネットワーク（交渉中も含む）

対象地域	地域・国名	発効（合意・署名）時期	協定の名称・内容
欧州	スイス	1973年1月	自由貿易協定（FTA）
	アイスランド	1973年4月	
	ノルウェー	1973年7月	
	フェロー諸島	1997年1月	
	アンドラ	1991年7月	関税同盟（CU）
	■トルコ	1995年12月	
	サンマリノ	2002年4月	
	EFTA諸国（スイスを除く）	1994年1月	欧州経済領域（EEA） EFTA3カ国（リヒテンシュタイン，ノルウェー，アイスランド）とEU28カ国参加
	◆マケドニア	2004年5月	安定化・連合協定（SAA） セルビア，ボスニア・ヘルツェゴビナとは貿易規定暫定発効
	◆■ボスニア・ヘルツェゴビナ	2008年7月	
	◆■アルバニア	2009年4月	
	◆セルビア	2010年2月	
	◆■モンテネグロ	2010年5月	
地中海・中東	●■シリア	1997年7月	連合協定（AA） シリア：協力協定（Co-operation Agreement: 1978年発効） イラク：連携協力協定（Partnership and Cooperation Agreement）署名，2012年8月貿易規定暫定発効 モロッコ：2013年3月「深化した包括的自由貿易協定」（DCFTA）交渉開始 エジプト：2013年6月新DCFTA交渉開始 チュニジア，ヨルダン：DCFTA予備交渉開始
	●■パレスチナ	1997年7月	
	●■チュニジア	1998年3月	
	●■モロッコ	2000年3月	
	●■イスラエル	2000年6月	
	●■ヨルダン	2002年5月	
	●■レバノン	2006年4月	
	●■エジプト	2004年6月	
	●■アルジェリア	2005年9月	
	イラク	2012年5月	

第11章　EU統合の深化・拡大とFTA戦略　153

	イラン	2005年8月	貿易に関する協力協定交渉停止，経済制裁中
	サウジアラビア	1989年2月	協力協定（Cooperation Agreement）合意，2008年FTA交渉停止
	リビア	2008年11月	FTA枠組み協定交渉開始，2011年2月交渉停止
	湾岸協力会議（GCC）	1989年2月	協力協定（Cooperation Agreement）合意，2008年12月FTA交渉中断
中南米	メキシコ	2000年10月	経済連携／政治調整・協力協定（Economic Partnership, Political Coordination and Cooperation Agreement: EPPCCA）
	チリ	2003年2月	連合協定（AA）
	CARIFORUM（カリブ諸国15カ国）	2008年11月	経済連携協定（EPA）暫定発効
	南米共同市場（メルコスール）（アルゼンチン，ウルグアイ，パラグアイ，ブラジル，ベネズエラ）	2010年5月	包括的自由貿易協定（CFTA）交渉継続中
	中米共同体（パナマ，グアテマラ，コスタリカ，エルサルバドル，ホンジュラス，ニカラグア）	2012年12月	連合協定（AA） ホンジュラス，ニカラグア，パナマ：2013年8月貿易規定発効 コスタリカ，エルサルバドル：2013年10月貿易規定発効 グアテマラ：2013年12月貿易規定発効
	アンデス共同体（ボリビア，コロンビア，エクアドル，ペルー）	2012年6月	貿易協定（FTA） エクアドル：2014年7月貿易協定合意 コロンビア：2013年8月貿易規定暫定発効 ペルー：2013年3月貿易規定暫定発効
アフリカ	南アフリカ	2000年1月	貿易・開発・協力協定（Trade, Development and Co-operation Agreement）
	東・南アフリカ諸国（マダガスカル，■モーリタニア，セーシェル，ジンバブエ）	2012年5月	経済連携協定（EPA）暫定発効
	カメルーン	2009年1月	署名，暫定EPA
	コートジボワール	2008年11月	署名，暫定EPA
太平洋	パプアニューギニア・フィジー	2011年5月	暫定EPA フィジーは2014年7月発効

アジア	韓国	2011年7月	新世代自由貿易協定（New Generation Free Trade Agreement）
	シンガポール	2013年9月	自由貿易協定（FTA）署名。2015年以降発効
	インド	2007年6月	FTA 交渉継続中
	マレーシア	2010年10月	FTA 交渉継続中
	ベトナム	2012年6月	FTA 交渉継続中
	タイ	2013年3月	FTA 交渉継続中
	日本	2013年4月	経済連携自由貿易協定（EPA/FTA）交渉継続中
	中国	2013年11月	包括的投資協定交渉継続中
	東南アジア諸国連合（ASEAN）	2009年12月	FTA 交渉中断，2国間交渉へ方針転換で合意
北米	カナダ	2013年10月	包括的経済貿易協定（CETA）合意
	米国	2013年7月	環大西洋貿易投資連携協定（TTIP）交渉継続中
旧ソ連	ロシア	2008年6月	新連携協力協定（PCA）交渉中断
	●▲ウクライナ	2014年6月	「深化した包括的自由貿易協定」（DCFTA）・連合協定（AA）署名，DCFTA発効は2016年1月以降
	●▲グルジア	2014年6月	「深化した包括的自由貿易協定」（DCFTA）・連合協定（AA）署名，2014年9月暫定発効
	●▲モルドバ	2014年6月	「深化した包括的自由貿易協定」（DCFTA）・連合協定（AA）署名，2014年9月暫定発効
	●▲アゼルバイジャン	1999年7月	連携協力協定（PCA）発効，2010年以降連合協定（AA）交渉継続中
	●カザフスタン	1999年7月	連携協力協定（PCA）発効，新PCA交渉継続中
	●▲アルメニア	2013年7月	「深化した包括的自由貿易協定」（DCFTA）・連合協定（AA）合意
	●▲ベラルーシ	2009年9月	繊維製品貿易協定発効，1995年3月署名の連携協力協定（PCA）批准凍結

（注）発効・署名・合意したFTA協定は2014年9月現在のものを示す。
　　●欧州近隣政策（ENP）(16カ国)：東方パートナーシップ6カ国，カザフスタン，地中海9カ国
　　▲東方パートナーシップ（Eastern Partnership）（6カ国）：旧ソ連諸国
　　◆安定化・連合協定（5カ国）：西バルカン諸国
　　■地中海連合（43カ国）：EU28カ国，ENP地中海9カ国，安定化・連合協定3カ国，モナコ，トルコ，モーリタニア
（資料）European Commission, *The EU's bilateral trade and investment agreements-where*

are we? (MEMO/13/1080, Brussels, 3 December2013), *Overview of FTA and other trade negotiations* (Updated 16 September 2014), *EU's bilateral free trade agreements* など各種資料から作成。

3. 新FTA戦略の展開と今後の展望

(1) 「グローバル・ヨーロッパ」―FTA戦略の大転換

　欧州委員会が2006年10月に発表した，新FTA戦略のための指針「世界で競争するグローバル・ヨーロッパ：EUの成長・雇用戦略への貢献」[6]は，ブラジル，ロシア，インド，中国など新興国の台頭による世界経済の一段のグローバル化の深化に伴って，EUの従来のFTA戦略を見直し，大きく方向転換を図るものとなっている。「グローバル・ヨーロッパ」は，①FTAを積極的に推進すること，②成長市場としてアジアを重視すること（地理的拡大），③FTAの目的を，EU拡大，途上国支援などの政治的なものから経済的なものを前面に打ち出すこと，③伝統的な財・サービス貿易の自由化の中核要素であった関税障壁撤廃に加えて，非関税障壁，サービス，投資，資源・エネルギーへのアクセス，知的財産権，競争政策，公共調達，環境，持続可能な開発などを含めた高度包括的なFTAを目指す（質的拡大）ことなどを明確にしている。

　事実，EUのFTA政策は，GATT・WTOラウンドによる貿易投資自由化を重視したものであった。EUが締結したFTAは，貿易投資自由化を積極的に促進するというよりも，①欧州・近隣諸国の安定化，または，将来的にEU加盟を目指して締結する連合協定の一部として締結するFTA（第2節・(1)項），②旧植民地諸国・海外領土などを中心に歴史的関係の深い地域・諸国との政治経済的結び付きの維持・強化を目的とするFTA（第2節・(2)項），③第3国が米国などとFTA（例えば，NAFTA）を締結することによる競争上の不利益を回避するために締結すること（第2節・(3)項）を目的としていた。

　EUのFTA戦略転換の背景として，①WTOドーハ・ラウンドの停滞，②日米など各国がFTAを積極的に締結するようになったこと，③特に，日米に

後れを取っているFTA空白地帯であるアジア地域は関税水準が高く，非関税障壁が多いこと，④ 2004年のEUの東方拡大で，EUの拡大過程が一段落したことなどの要因が考えられる。

「グローバル・ヨーロッパ」では，ASEAN，韓国，メルコスールがFTA締結の優先国・地域とされて，インド，ロシア，湾岸協力会議（GCC）もFTA交渉対象候補国として特定された。2007年4月，EU理事会は，欧州委員会に対し韓国，ASEAN，インドとのFTA交渉権限（マンデート）を付与することを決定，韓国（2007年5月），ASEAN（2007年5月），インド（2007年6月）とそれぞれFTA交渉を開始した。

(2) 「2020戦略の通商政策」—FTA戦略の軌道修正

その後，2010年11月に欧州委員会が新たに発表した戦略指針「貿易，成長，世界情勢：EU2020戦略の中核的要素としての通商政策」[7]は，「グローバル・ヨーロッパ」に代替する新FTA戦略である。新指針は，① 通商政策やFTA戦略が2020年までのEU中期成長戦略である「ヨーロッパ2020」の対外的側面の不可欠な要素を構成するものであること，② EUの成長・競争力の強化，雇用増加など貿易の利益がEUに還元されるために，インドやメルコスールとのFTA締結に加えて，米国，日本，中国，ロシア，ブラジルなど戦略的パートナーとFTAを視野にいれた関係強化を図る必要のあることなどを強調している。

「グローバル・ヨーロッパ」の軌道修正の背景として，① アジア諸国とのFTA交渉がほとんど進展しなかったこと，② 一般特恵制度（Generalized System of Preferences: GSP）対象のACP諸国が経済連携協定（EPA）の締結に消極的であったこと，③ WTOドーハ・ラウンド交渉が決裂したこと，④ 日米などの戦略的パートナーと高度包括的FTA交渉に着手する方が，成長・雇用面で，より大きな経済的効果が期待できるとの認識が強まったことなどの要因が考えられる。ところで，表11-3にみるように，EUは，全方位FATネットワークを構築しているものの，高成長のアジア地域で新型FTAを締結できたのは，韓国（2011年から暫定発効），シンガポール（2013年署名）の2カ国に止まり，ASEAN地域レベルのFTAは実現できていない現状

である。

　また，戦略的パートナーの日本との日EU・EPA/FTA交渉（2013年4月開始），米国とのTTIP交渉（2013年7月開始）ともに緒に就いたばかりで，交渉妥結のハードルは高い。これら2つのメガFTA交渉の進展具合が，環太平洋戦略的経済連携（Trans-Pacific Strategic Economic Partnership: TPP），東アジア地域包括的経済連携（Regional Comprehensive Economic Partnership: RCEP）など他のメガFTA交渉の進展とも少なからず連動しているところから，今後の交渉の動きから目を離せない。

注
1) EUは，財・サービス貿易の自由化に加えて，投資，人の自由移動，規格・基準の調和化，知的財産権の保護，競争規則，公共調達などの規則設定など，経済貿易関係の強化を目的とする高度包括的協定をFTAと定義している。日本政府（外務省など）が，経済連携協定（EPA）と呼んでいる協定にほぼ相当する。
2) EU加盟に関するコペンハーゲン基準（1993年）によると，①政治的基準（民主主義，法の支配，人権，少数者の尊重と保護を保証する安定した制度を有すること），②経済的基準（市場経済が機能していること，域内の競争圧力と市場の力に対応できる能力），③EUの法体系（アキ・コミュノテール）を受容することの3つの基準を満たしているかどうか35分野で審査される。また，2006年からの新基準として，EUが新規加盟国を受容できる能力に基づく審査が追加されている。
3) 連合協定の一部として，関税障壁撤廃というFTAの本来の目的のほかに，EUルールを相互の経済・貿易取引活動に取り入れることによって，モノ，人，資本の動きを活発化させようとするもの。
4) 南東部アフリカ（ケニアなど5カ国），西部アフリカ（ナイジェリアなど23カ国），中部アフリカ（カメルーンなど6カ国），南部アフリカ（13カ国），カリブ海（CARIFORUM15カ国），太平洋（パプアニューギニアなど15カ国）の7地域。
5) EU加盟国の旧植民地・海外領土などを対象とする開発支援（貿易発展，持続的成長，貧困の縮小など）を柱とする包括的協定をさす。日本などが呼称する高度包括的FTAであるEPAと区別する必要がある。
6) European Commission (2006) を参照のこと。
7) European Commission (2010) を参照のこと。

参考文献・資料
久保広正・田中友義（2011）『現代ヨーロッパ経済論』ミネルヴァ書房。
田中友義（2009）『EU経済論―統合・深化・拡大』中央経済社。
長部重康・田中友義編著（2000）『ヨーロッパ対外政策の焦点―EU通商戦略の新展開』ジェトロ。
ジェトロ・ブリュッセル・センター（2010）「EU新通商戦略における日本の位置付け」『ユーロトレンド』2010.12，ジェトロ。
ジェトロ・ブリュッセル・センター，海外調査部欧州課（2009）「EUのFTA戦略および主要FTAの交渉動向」『ユーロトレンド』2009.6，ジェトロ。

European Commission (2010), *Trade, Growth and World Affairs, Trade policy as a core component of the EU's 2020 Strategy* (November2010) (http://ec.europa.eu/trade)

European Commission (External Trade) (2006), *Global Europe, competing in the world. A Contribution to the EU's Growth and Jobs Strategy* (Octobe2006) (http://ec.europa.eu/trade)

(田中友義)

第 12 章
ASEAN の域外 FTA

はじめに

　東アジアで ASEAN を巡る FTA 構築の引き金は，日本がテストケースとして始めたシンガポールとの FTA 締結の可能性を検討する共同研究である。「ASEAN 市場を囲い込む戦略」だと深読みした中国は，2000 年に日本に先んずるべく ASEAN に対し，自由貿易圏構想に向けた作業部会の設置を提案，翌 2001 年に 10 年以内の FTA 設置に合意した。これが ASEAN を巡る FTA 構築競争の号砲となった。

　この号砲を契機に，インド，日本，韓国，豪州・NZ とが ASEAN との FTA 交渉に次々と乗り出した。2005 年に中国との FTA が発効して以降，ASEAN は 2010 年までに 5 つの FTA を発効させた。

　現在，FTA は「構築する時代」から「利用する時代」，そしてビジネス実態にあわせてより良く「改定する時代」に入った。ASEAN では FTA が何本も張り巡らされ，輸出機会が拡大している一方，同一品目にも関わらず，FTA によって利用規則が異なる等の不都合も生じている。また，硬直的な原産地規則が FTA 利用を阻害，地域大の最適なビジネス展開を阻害しかねない状態になっている。ASEAN では，利用者である産業界の声を聞きながら，既存の FTA をより良く改定するステージに入っている。

　本章では，ASEAN が締結する 5 つの ASEAN＋1 FTA のうち，主として 2 国間 EPA（経済連携協定）に注力した日本（日 ASEAN 包括的経済連携協定；AJCEP）を除き，その交渉を概観するとともに，各々の FTA の特徴，利用の現状，そして課題を報告する。

表 12-1　2000 年代前半の ASEAN を巡る各国の FTA 締結に向けた動き

	中国	日本	韓国	インド	豪州・NZ
2000 年	・朱鎔基首相が ASEAN 中国首脳会議で FTA を念頭にした共同研究を提案 (11月)				
2001 年	・共同研究で早期関税撤廃 (EH) 措置を提案。 ・10 年以内に自由貿易地域 (FTA) を完成させることで首脳合意 (11月)				
2002 年	・ASEAN と ACFTA「枠組み協定」を締結。 ・ASEAN への経済援助拡大も表明。 ・朱鎔基首相が日中韓首脳会議で日中韓 FTA を提案	・ASEAN と FTA を念頭にした専門家グループ設置 (1月)。首脳間で ASEAN と「10 年以内の早期に FTA 完成を目指す」ことで合意 (11月)	・ASEAN から FTA 提案も、交渉開始に時間がかるとして拒否 (9月の経済閣僚会議、11月の首脳会議)	・初の ASEAN との首脳会議開催。FTA 締結に合意 (11月)	
2003 年	・ACFTA「枠組み協定」発効 (7月) ・ASEAN の「東南アジア友好協力条約 (TAC)」に署名 (10月) ・ASEAN と「平和と安定のための戦略的パートナーシップ」に関する共同宣言 (同)	・ASEAN と FTA 交渉開始に合意 (「枠組み」)。主要 6 カ国とは 2012 年までの完成を目指す (10月) ・東京で特別首脳会議を開催。日本も TAC に署名 (12月)	・ASEAN と FTA 締結に乗り出す方針を表明 (10月) ・FTA のロードマップ策定、大規模な農業対策も発表	・ASEAN と包括的経済協力枠組み協定に署名 (10月)。中国と並んで TAC に署名 (同)	
2004 年	・EH 措置による農産物を中心とした関税削減開始 (1月)		・ASEAN 韓国包括的協力連携にかかる共同宣言提出 (11月)		
2005 年	・ACFTA 物品貿易協定署名 (7月)	・AJCEP 本交渉入り (4月)	・AKFTA 本交渉入り (2月) タイを除き AKFTA に署名 (12月)	・本交渉入り (3月)	・豪 NZ と ASEAN の首脳会議で「2005 年の早期に FTA 交渉を開始し、2 年以内に終了させること」に合意 (11月) ・本交渉入り (2月)
ASEAN と の FTA 発効 時期など その後の 動き	・サービス貿易協定署名 (2007 年 1月) ・投資協定署名 (2009 年 8月) ・物品貿易協定第 2 修正議定書署名 (2010 年 10月)	・AJCEP 発効 (2008 年 12月)	・物品貿易協定発効 (2007 年 6月)、サービス貿易協定署名 (2007 年 11月)、投資協定署名 (2009 年 6月)。物品貿易協定第 2 修正議定書署名 (2011 年 11月)	・2010 年 1 月発効、サービス貿易・投資協定署名 (2014 年 8月)	・2010 年 1 月発効、第 1 修正議定書署名 (2014 年 8月)

(資料)　深沢淳一をもとに助川成也が加筆。

1. ASEANの域外FTA形成の動きとその特徴

(1) ASEANに「市場」と「協力」で接近した中国

　2000年前後から東アジア各国が徐々にFTAに傾倒し始めた背景には，世界貿易機関（WTO）多角的貿易交渉の難航を背景に，欧米などFTAを既に締結している国々と比べ，輸出機会を逸する等経済的損失を懸念したことがあげられる。

　90年代後半，世界はウルグアイ・ラウンドに次ぐ世界貿易機関（WTO）新ラウンド立ち上げを目指した。1999年11月の第3回WTO閣僚会合（シアトル会議）では，途上国に対しより一層の市場開放を求める先進国と，ウルグアイ・ラウンドでの合意を自らにとってよりバランスのとれた方向に是正しようとする途上国とで対立したことや，WTOの意思決定の透明性への懸念を巡り途上国側が反発，新ラウンドの立ち上げに失敗した。2001年11月の第4回閣僚会合で途上国の要求に配慮する形でドーハ開発アジェンダ（ドーハ・ラウンド）が立ちあがったものの，米国と中国やブラジル等新興国の対立により交渉は遅々として進まなかった。

　多角的貿易交渉が難航している中，東アジアでASEANを巡るFTA構築の引き金をひいたのは日本である。1999年12月，来日したシンガポールのゴー・チョクトン首相は，2国間でのFTA締結の可能性などを検討する共同研究を日本側に提案した。これまでWTOの枠組みを尊重してきた日本であるが，WTO交渉が遅々として進まない中，シンガポールからの農産品輸入がほぼないことから，「FTAを結んでも，農業が大打撃を受けることはまずない。試しに共同研究を進めても良いのではないか」として，FTAに対する国内からの拒否反応の程度を慎重に見極めながら，恐る恐る共同研究に合意した。「FTA交渉の進め方や協定の構成などを研究するテストケースとして，シンガポールは打ってつけの存在」（経済産業省幹部）だったという。（深沢淳一・助川成也，2014）

　中国は，日本がテストケースとして始めたシンガポールとのFTA共同研究

の動きに過敏に反応した。中国側は，日本はシンガポールと2国間FTAを締結した後に，ASEAN全体とのFTA締結に乗り出すなど「日本によるASEAN市場の囲い込み戦略」と深読みした。

　日本の動きに先手を打つべく，2000年11月にシンガポールで開催されたASEAN首脳会議および関連会議で，中国の朱鎔基首相はASEAN側に自由貿易圏構想に向けた作業部会の設置を提案した。当初，日本も中国の突然の提案に「ASEANが乗るはずはない」とたかをくくっていたが，中国はASAENがFTAに踏み出すよう農産品の早期関税撤廃（EH；アーリーハーベスト）措置に代表される「飴」を準備していた。EH対象品目は，HS01〜08の農水産品と鉱工業品の一部である。その結果，翌2001年11月にブルネイで開催されたASEAN首脳会議で，中国とASEANとが10年以内のFTA設置に合意し，日本など域外国に衝撃を与えた。

　翌2002年11月の首脳会議ではEH措置が盛り込まれたASEAN・中国自由貿易地域（ACFTA）の「中国・ASEAN包括的経済協力枠組み協定」（以下，枠組み協定）を締結した。EH対象となった品目については，2004年1月から関税削減を開始，ASEAN先行加盟国と中国とは2006年，ベトナムは2008年，ラオス・ミャンマーは2009年，カンボジアは2010年の，それぞれ1月1日までに関税を撤廃することが盛り込まれた。

　EH措置対象品目について，ブルネイ，インドネシア，マレーシア，ミャンマー，シンガポール，タイの6カ国は，農水産品全品目を関税削減・撤廃の対象とした。ベトナムは生きた家禽や鶏肉，卵，レモンなど15品目を，カンボジアは玉ネギ，ニンニクなどの野菜やグアバ，マンゴなどの熱帯性果物など30品目を，ラオスは野菜や果物など56品目をそれぞれ適用対象外とした。フィリピンは国内農家の強い反対から実施が遅れていたものの，最終的に種芋，芽キャベツ，アーティチョーク（チョウセンアザミ）などを除き，生鮮野菜をEH対象品目から除外した。

　枠組み協定の中には，物品貿易以外にも，サービス貿易，投資，経済協力などについても中国ASEANとが連携するよう記載されている。更には，ASEAN各国と中国とが5つの優先分野，具体的には①農業，②情報通信技術（ICT），③人的資源開発，④投資，⑤メコン川流域開発，で協力するこ

とが明記されるなど，ASEAN 側を惹きつける魅力的な事項が散りばめられていた[1]。

また枠組み協定第 9 章では ASEAN の WTO 非加盟国に対して，中国は最恵国待遇の付与を約束した。締結当時，ラオス，ベトナムが非加盟国であったが，中国は両国に対して関税や輸入手続きなど WTO 加盟国と同等の待遇付与を約束した。このように中国は ASEAN 先行加盟国には中国市場へのアクセス権を，また後発加盟国にはそれに加えて経済協力や最恵国待遇などを，それぞれ与えるなどして FTA に誘い込んだ。

その結果，2 年後の 2004 年 11 月の ASEAN 中国首脳会議で正式に「中国・ASEAN 包括的経済協力枠組み協定における物品貿易協定」を締結，2005 年 7 月に発効[2]した。

ACFTA は，アーリーハーベスト対象品目を除き，一般スケジュール通り関税の削減・撤廃を実施するノーマルトラック，緩やかに関税を削減するセンシティブトラックに分かれている。ノーマルトラックの場合，ASEAN 先行加盟 6 カ国は 2010 年までに，また後発加盟国は 2015 年までに，それぞれ関税を撤廃することが規定されている。ノーマルトラックは，一部品目でノーマルトラック 2 として，先行加盟国は 150 品目以内に限り関税撤廃が 2 年間（2012 年 1 月 1 日まで），また，後発加盟国は 250 品目以内に限り 3 年間（2018 年 1 月 1 日まで），それぞれ猶予される。そのため，現在までにノーマルトラックについてみれば，ASEAN 先行加盟国と中国とは関税撤廃が完了している。また後発加盟国についても，2015 年 1 月 1 日には関税撤廃が完了している。

先行加盟国と中国との今後の焦点は，センシティブトラックの関税削減に移る。センシティブトラックは，国内産業保護の観点から，関税を 5 ％以下の水準にまで緩やかに引き下げるセンシティブ品目と，関税を 50％以下にまで引き下げればよい高度センシティブ品目とに分かれている。

センシティブトラックは組み入れることが出来る品目数に上限を設定している。ASEAN 先行加盟国は 400 品目以内（HS6 桁ベース）で且つそれら品目が総輸入の 10％以内[3]，後発加盟国は 500 品目以内とされている。高度センシティブ品目はセンシティブトラックの中から抽出される。先行加盟国につい

ては，同トラック品目数の40％以内もしくは100品目以内（HS6桁ベース）のいずれか少ない方を，またベトナムを除く後発加盟国は40％以内の品目数もしくはHS6桁ベースで150品目以内のいずれか少ない方を，またベトナムは40％以内の品目数もしくは140品目以内のいずれか少ないほうを，それぞれ指定出来る。

センシティブ品目について，ASEAN先行加盟国は2012年までに関税を20％以下にまで削減し，2018年までに0～5％に削減する。一方，後発加盟国は2015年までに関税を20％以下にまで削減，0～5％への削減は2020年まで猶予されている。また高度センシティブ品目については，ASEAN先行加盟国は2015年までに，後発加盟国は2018年までに，それぞれ最大で50％以下に

表12-2 ACFTAにおけるセンシティブトラックの関税引き下げ約束

《センシティブトラック》

	前提条件	2012年1月1日まで	2015年1月1日まで	2018年1月1日まで	2020年1月1日まで
先行加盟6カ国	400品目（HS6桁），且つ総輸入の10％以内	20％以下に		0-5％に	
後発加盟4カ国	500品目（HS6桁）		20％以下に		0-5％に

《高度センシティブ品目》

	前提条件	2015年1月1日まで	2018年1月1日まで	備考
先行加盟6カ国	センシティブ品目数の40％，もしくは100品目のいずれか少ない方	50％以下に		
ラオス・ミャンマー・カンボジア	センシティブ品目数の40％，もしくは150品目のいずれか少ない方		50％以下に	
ベトナム	センシティブ品目数の40％，もしくは140品目のいずれか少ない方		50％以下に	※中国・ベトナム間MOUで決定

（資料） 中国・ASEAN包括的経済協力枠組み協定における物品貿易協定をもとに助川成也が作成。

まで削減すればよい。

(2) 交渉が難航した ASEAN の対インド FTA

　中国の ASEAN に対する FTA のアプローチを契機に、ASEAN を巡る東アジア各国の FTA の動きが一気に活発化した。具体的には 2002 年 11 月の第 1 回 ASEAN・インド首脳会議において、10 年以内にインド・ASEAN 間の経済連携強化及び FTA 締結の可能性に向けて検討を進めていくことが決まり、翌 2003 年には、「インド・ASEAN 包括的経済協力枠組み協定」を締結している。同国は「東方政策（ルックイースト）」を掲げ、東アジア諸国との関係強化を進めていた。この枠組み協定では、中国と ASEAN との ACFTA を見習い、アーリーハーベスト（EH）措置を採用した。当初、2005 年 4 月から EH 措置対象 105 品目の関税引き下げを開始する予定であったが、その原産地規則を巡り ASEAN とインドが対立、決められた EH 措置開始時期までに同問題の解決が出来ず、中止された。

　交渉が難航した背景には、先に実施していたタイとインドとの FTA における EH 措置について、インド側の輸入が一気に急増したことで、インドの警戒感が急速に高まったことがある。タイとインドは 2003 年 10 月、首脳会談で FTA 枠組み協定を締結、両国で合意した 82 品目について、2004 年 9 月 1 日から EH 措置により関税削減を開始、2 年後の 2006 年 9 月には撤廃した。EH 措置実施を機に、タイからインド向けに、カラーテレビ、ポリカーボネート、アルミニウム、ブラウン管、エアコン、などを中心に輸出が急増した。EH 開始後、タイとインドとの貿易関係は大きく変わった。それまでタイの入超であったタイ印貿易は一転、タイ側の輸出拡大で一気に出超になった。05 年の対インド向け輸出において 82 品目は前年比 131.1%増を記録し輸出を牽引、全体でも同 67.7%増となるなど、インド側に衝撃を与えた。

　これを契機に、インドは ASEAN との FTA に一気に警戒感を強めた。特に、インドとの FTA 交渉では、原産地規則（ROO）を巡って交渉が暗礁に乗り上げた。当初、原産地規則は ASEAN で使われている「地域累積付加価値基準（RVC）40%」を使用することで一旦は合意していたものの、インド側が「同基準のみでは ASEAN を通じ中国など第 3 国製品が国内に流入する可

能性がある」として,「RVC」と実質的変更が行われたか否かを関税番号変更の有無により判断する「関税番号変更基準（CTC）」の双方を満たす規則とするよう強く主張した。結局は,「RVC35％」と「CTC6桁」との両方を満たした産品を関税削減・撤廃の対象品目「AIFTA原産品」とした。AIFTAの原産地規則は,ASEANが実施するFTAの中で最も厳しいルールとなった。

また,交渉の中ではインド側がASEANに対し,より多くの品目を関税削減対象外にするよう求めるなど,自由貿易地域構築作業を骨抜きにするようなインド側の姿勢に,ASEAN側の不満も高まった。2005年12月14日付マ

表12-3　ASEANインドFTAにおける品目構成

種類		対象	関税削減措置詳細
ノーマル・トラック（NT）		品目数の80％および貿易額の75％	
	NT1	品目数の71％および貿易額の71.7％	2013年末までに関税撤廃
	NT2	品目数の9％および貿易額の3.3％	2016年末までに関税撤廃
センシティブ・トラック（ST）		品目数の10％	①MFN5％以上の品目：16年末までに5％に削減。②MFN5％の品目：最大50品目で税率維持（その他は発効時4.5％,16年末までに4％）。③総品目数の4％：2019年までに関税撤廃
高度センシティブ品目（HSL）			19年末までに ・カテゴリー1：MFN税率を50％に削減。 ・カテゴリー2：MFN税率を50％の幅で削減。 ・カテゴリー3：MFN税率を25％の幅で削減。
除外品目		489品目（HS6桁ベース）且つ貿易額の5％以内	関税削減・撤廃の対象外
その他	特殊品目（インドのみ）	①パーム原油,②パーム精油,③コショウ,④紅茶,⑤コーヒー	特別な関税削減スケジュール

（注1）　年限はフィリピンを除くASEAN先行加盟国とインド。
（注2）　HSLはブルネイ,ラオス,ミャンマー,シンガポールには適用しない。
（資料）　AIFTA物品貿易協定書およびフィリピン関税委員会資料をもとに助川成也が作成。

レーシアの国営ブルナマ通信によれば，オン・ケンヨン ASEAN 事務総長の話として，ASEAN 首脳会議に先立って行われた ASEAN インド経済相会議で，インド側は AIFTA における 1414 品目もの長い除外品目リストを提示，ASEAN 側は「あまりの品目の多さに唖然とした」ことを伝えた。同報道に先立つ 2005 年 12 月 9 日付ブルナマ通信では，インド側が提示した除外品目候補 1414 品目は，ASEAN の対インド向け輸出額の 44%にのぼるとし，そのリストの中には植物油・石油製品，あらゆる種類の衣類など ASEAN からの重要な輸出品目に加えて，人形，トイレの便座およびカバー，チューインガムなどまで書かれており，「他の ASEAN 経済相と顔を見合わせた」（マレーシア・ラフィダ国際通産相）という。

AIFTA は当初，2005 年 6 月までの交渉終了，2006 年 1 月からの関税引き下げ開始を目指していたが，交渉の難航により，AIFTA が発効したのは当初の計画から 4 年遅れの 2010 年 1 月になった。ASEAN インド FTA では，品目を ① ノーマルトラック（NT），② センシティブトラック（ST），③ 高度センシティブ品目，④ 特殊品目，⑤ 除外品目，とに分け関税削減・撤廃を行う。ASEAN 事務局資料によれば，最終的な AIFTA の自由化率は，ASEAN10 カ国平均で 77.0%，それに対してインド側は 74.2%であり，ASEAN が締結している 5 つの ASEAN＋1 FTA で最も自由化水準が低い。

(3) ACFTA を踏襲し，遅れを挽回した韓国

もともと韓国は，アジアで FTA の潮流が拡大し始めた 2000 年当時，どことも FTA を締結しておらず，中国や日本に比べてもその取り組みは遅れていた。2002 年 11 月にカンボジア・プノンペンで行われた ASEAN 韓国首脳会議でも，金大中大統領は ASEAN 側から FTA 締結を打診されたものの，「交渉開始まで時間がかかる」と返答するなど，消極的な姿勢に終始したという。この背景には，日本同様に国内の農業問題があった。

しかし，ASEAN との FTA 構築作業で中国と日本にこれ以上引き離されれば，ASEAN 市場で韓国企業の競争力に深刻な影響を及ぼしかねず，また韓国企業が FTA のある国々に移転することを通じて国内産業の空洞化を招く恐れがあるという危機感から方向転換を決意した。盧武鉉政権は 2003 年 9 月，

今後のFTA構築の進め方や原則となる「ロードマップ」を策定し，日本，ASEAN，米国，欧州連合（EU），中国などとFTA締結を目指す方針を打ち出した。複数の国・地域と同時並行的に交渉を進めることで，FTAの遅れを一気に挽回する戦略だったという（深沢淳一・助川成也，2014）。

2003年10月にインドネシア・バリ島で開催されたASEAN韓国首脳会議で，盧武鉉大統領はASEANとの間で経済連携を推進する旨表明，FTA締結を前提にFTAを含む包括的な経済関係の構築を検討する専門家グループを設置することで合意した。翌2004年3月には共同研究が開始され，その共同研究結果を踏まえ，2004年11月には「ASEAN韓国包括的協力連携にかかる共同宣言」が発出された。最も交渉開始が遅れた韓国は，中国と同時期の「2010年のFTA完成」を目指したものの，ASEANは先に期限を設定した他の対話国との関係を考慮，とりあえずの目標を2004年11月の共同宣言の中で「2009年までに少なくとも全品目の80％の関税撤廃」を目指すとした。

韓国とASEANとは2005年2月から正式にFTA交渉を開始した。それから僅か10カ月，タイを除くASEAN9カ国との間で05年12月[4]に署名に至り，2007年6月に発効した。ASEAN側交渉担当者からも，「韓国の積極的な交渉姿勢には目を見張るものがある」との驚嘆の声があがっていた。

ASEANの中で唯一署名を見送ったタイは，韓国側の除外品目にタイの主要

表12-4　ASEAN＋1 FTAの当初の予定

FTA	国名	交渉開始目標	交渉終了目標	関税撤廃目標
ACFTA	中国・ASEAN	2003年初め	2004年6月	2010年
AIFTA	インド・ASEAN	2004年1月	2005年6月	2011年末
AJCEP	日本・ASEAN	2004年初め	—	2012年
AKFTA	韓国・ASEAN	2005年初め	2年以内	2009年までに80％の品目で関税撤廃
AANZFTA	豪NZ・ASEAN	2005年初め	2年以内	ASEAN6：2013年＊ 豪・NZ：2010年

（注1）　関税削減完了目標はASEAN先行加盟国。
（注2）　＊ASEAN側の関税削減完了年について，当初は豪・NZは2012年を主張。
（資料）　各FTAの枠組みをもとに助川成也が作成。

輸出品であるコメや鶏肉が入っていることを不服とした。以降，2国間で個別に交渉を続けた結果，特定128品目について，韓国はタイ側輸入関税削減・撤廃を，当初予定の「2010～12年」から「2016～17年」に延ばすことで交渉が妥結した。タイと韓国とは2009年2月27日に「ASEAN・韓国包括的経済協力枠組み協定の下での物品貿易協定のタイ加入議定書」に署名，タイは正式に2009年10月1日にAKFTAに参加した[5]。

　韓国とASEANとが，10カ月という短い期間でAKFTAを締結出来たのは，韓国がASEANとの交渉に際し，ASEAN側が域内および中国との交渉で既に経験のある方式をそのまま採用したことにある。具体的には関税引き下げ対象外となるセンシティブ品目につき，品目毎に交渉はせず，「品目数及び総輸入に占める割合」のみを規定し，その範囲内であれば基本的に各国が独自に選定することが出来る方式等である。この手法を採用することで，最も労力と時間を要する国内調整負担を軽減することができる。

　AKFTAでは総品目について，関税引き下げ対象となる「ノーマルトラック（NT）」（全品目の90％），対象外もしくは緩やかに関税を引き下げる「センシティブトラック（ST）」の2つに分けている。ST対象品目は，全品目数および輸入額（2004年）の10％以内と定められており，同トラックは更に「センシティブ品目（SL）」（全品目の7％）と「高度センシティブ品目（HSL）」（同3％）とに分けられる。

　NTの品目について，韓国はFTA発効と同時に70％の品目の関税を撤廃し，08年までには関税撤廃率を95％に，そして10年に完全撤廃する。一方，ASEAN側では，先行加盟6カ国はFTA発効に伴い関税の引き下げを開始し，07年1月1日までに同トラック全体の50％の関税を5％以下に引き下げる。09年にはその比率を90％に，そして10年には原則としてすべて撤廃する。ただし品目数の5％分に関しては，NT2として関税撤廃を12年まで猶予している。

　一方，SLについては，NTに比べ緩やかな関税削減措置が認められている。韓国とASEAN先行加盟国については，2012年までに関税を20％以下にし，更に2016年までに0～5％にまで引き下げればよい。更に全品目数の3％を占めるHSLは，関税削減対象外，長期間での関税引き下げ，関税割当

(TRQ)設定など大きく5つに分類されるが,関税削減対象外は40品目とされている。また長期間での関税引き下げの中には「2016年までに関税を50%以下に引き下げる」とする枠がある。関税50%未満の品目を同グループに入れ込むことによって,実質的に「関税削減対象外品目」と同じ効果が期待できる。しかし「除外品目が多い低水準のFTAになりかねない」として,組み入れる品目数に制限を設けることになった。枠内では9品目の組み入れが認められるが,うち関税率50%未満の品目は5品目に制限された。その結果,各国の関税削減対象外となる品目数は最大45品目となる。韓国側は関税引き下げ対象外45品目として,コメ,鶏肉,活魚,冷凍魚類,ニンニク,玉ネギ,唐辛子,果物全般を指定している。

また,AKFTAの大きな特徴の1つは,北朝鮮の開城工業団地で製造される232品目のうち100品目について「韓国産」と認定し,ASEAN側がAKFTA特恵関税を付与することである。しかし韓国産として認められるには,材料費の60%以上を,または付加価値ベースで40%以上を,それぞれ韓国で調達していなければならない。また本条項は発効から5年後に再検討することになっている。

(4) 包括的な協定を目指す豪州 NZ

豪州・NZのASEANとのFTA(AANZFTA)は,韓国からも更に遅れて交渉が開始された。2004年11月のASEANとCER(豪州・NZ)との首脳会議で,「2005年の早期にFTA交渉を開始し,2年以内に交渉を終了させる」ことに合意した旨の共同宣言を行い,翌年2月に交渉が開始された。

ASEANと中国や韓国,インドとのFTAは,物品貿易協定から交渉をはじめ,締結後,サービス貿易協定,投資協定と順を追って交渉を行っていった。一方,豪州・NZとASEANとのFTAは,物品貿易のみならず,サービス貿易,投資,Eコマース,人の移動,知的財産,競争政策,経済協力なども含んだ包括的なものであり,交渉は一括受諾方式(シングル・アンダーテイキング)として行われた。中でも,Eコマース,人の移動,知的財産,競争政策等については,ASEAN+1 FTAの中でAANZFTAが初めて対象範囲として採りいれた。AANZFTAは2008年8月に開催されたASEAN・CER経済相会

表12-5　ASEAN＋1 FTAの発効と関税撤廃完了年

FTA	国名	発効	関税撤廃完了年
ACFTA	中国・ASEAN	2005年	2012年
AKFTA	韓国・ASEAN	2007年	2012年
AJCEP	日本・ASEAN	2008年	2026年
AIFTA	インド・ASEAN	2010年	2019年
AANZFTA	豪NZ・ASEAN	2010年	2020年

（注1）　関税撤廃完了年はASEAN先行加盟国。
（注2）　AKFTA，ACFTAの完了年はノーマルトラック2完了時。
（資料）　各種資料をもとに著者が作成。

議で合意し，翌2009年2月に調印された上で，2010年1月1日にAIFTAと並んで発効した。AANZFTAでは，発効時点で豪州とNZはそれぞれ96.4％，84.7％の品目を無税化した。これに続き2013年にASEAN先行加盟国が9割前後の品目を無税化した。後発加盟国は2020年以降に約9割の品目を無税化する。

　AANZFTAは，ASEANの中でも最も自由化率の高いFTAである。豪州・NZは100％の自由化率を，ASEAN 10カ国でも93.5％の自由化率を，それぞれ達成する。ただし，関税撤廃は先行加盟国と豪州・NZについては2020年と，中国，韓国の2012年，インドの2019年に比べても長い。

(5)　ASEANのその他地域とのFTAの動き

　ASEANは，東アジア域外ではEUとFTA交渉を行っていた。ASEANとEUとのFTAの動きは2005年に遡る。同年，ASEAN-EUビジョングループがFTAの可能性についてF/S調査を開始し，翌年にASEANとEUの経済相に対し，「交渉を開始した上で2年以内に妥結すべき。FTA締結後7年で関税撤廃を実現すること」を提言した。この研究結果を受ける形で2007年5月にFTA交渉を開始したものの，交渉は2009年3月の第7回交渉を最後に停止された。同年5月に実施されたASEAN・EU閣僚会議では，「交渉に新たな刺激を与える方法を模索することに合意する」とした共同声明を発出，以

降，EUはASEANの個別国とでFTAを目指す方向に舵を切った。具体的に，EUはシンガポール，マレーシア，ベトナム，タイとの間で二国間交渉に移行している。

EUとASEANとの交渉が停止した背景には，ミャンマーの人権問題，ASEAN域内の経済格差問題等がある。当時，英国トーマス貿易・開発相は議会で，「英国は，ASEAN-EU FTAでミャンマーは恩恵を受けるべきではないとの立場」と発言している。また，デフフト欧州委員も2010年3月のシンガポール国立大公共政策大学院での講演会で，「ミャンマーの人権問題とASEAN域内の経済格差が柔軟な交渉を困難にしている」と指摘した。

ミャンマーでは，2011年3月にテイン・セイン大統領が就任して以降，大量の政治犯を釈放するなど民主化に向け改革を推進してきた。EUは2012年4月の外相理事会で同国の民主化への取り組みを評価，武器の禁輸以外の経済制裁の1年間停止を決定した。このようにEU側の対ASEAN FTAについて交渉停止理由の1つが解消されつつある。

ASEAN-EU FTAについては，既に幾つかの加盟国とEUとがFTA交渉を行っているため，「加盟各国とEUとのバイ交渉を推進し，これをASEAN-EU FTA交渉の土台にする」（ASEAN事務局）戦略を採っている。しかし，2015年以降，交渉が再開される可能性がある。ASEAN事務局関係者によれば，「EUはASEAN経済共同体（AEC）が出来上がってからASEAN-EU FTAの再開を検討する」と述べたことを紹介した。2015年以降，交渉が再開される可能性がある。

また，ASEANは2014年7月，香港とFTA交渉を開始した。香港は中国とASEANとの間で2005年に発効したACFTAへの参加を要請していたが，2012年8月のASEAN経済相会議（AEM）で，香港が加入した場合の影響調査で「香港の加入はASEAN側に肯定的な影響をもたらす」とする調査結果を歓迎したものの，香港の参加に対し加盟各国の理解を得るため，更なる調査と国内協議の実施が必要とされた。香港がACFTAに加入すれば，物品貿易面ではASEANと中国との間で香港を経由する取引も「直送」と認定されることになり，ACFTA利用上の手続きが簡素化される。また，香港に倉庫を持ちACFTA原産性を持つASEAN製品もしくは中国製品を保管，顧客の要望に

応じて個々に輸出・納入する際に「移動証明書」を使えばACFTA特恵関税が適用できるようになる。現在，その役割は主にシンガポールが担っているが，シンガポール国内には香港のACFTA加入に対し難色を示す声も挙がっていた。

これらACFTAに香港が参加することに対し，シンガポール等一部からはネガティブな見方が出されていたが，それを踏まえ，ASEANは香港をACFTAに加えるのではなく，ASEANと香港とで別途FTAを締結することを決めた。2013年のASEAN中国経済相会議では，ASEAN香港FTA（AHFTA）実現のためASEANと香港との準備作業が行われたことが報告され，2014年7月に漸く交渉が開始された。

2. 5つのASEAN＋1 FTAの利用拡大に向けた動き

(1) ASEAN＋1 FTAの利用状況

2000年から始まったASEANのFTA網構築作業は，2005年に中国とのFTAが発効して以降，2010年までに5つのFTAを締結・発効させた。既に，

表12-6 タイのASEAN＋1 FTA利用率（輸出）推移　　（単位：%）

		発効年月（タイ参加）	05年	10年	11年	12年	13年
インド		—		17.6	33.4	38.4	38.2	47.0
	二国間	2004年9月	17.6	12.9	14.6	12.8	11.6
	ASEAN	2010年1月		20.5	23.8	25.4	35.4
中国		2003年10月	6.7	34.4	36.1	42.4	52.8
日本		—		23.7	26.0	27.3	28.3
	二国間	2007年11月		23.4	25.6	26.8	27.6
	ASEAN	2008年12月		0.3	0.5	0.5	0.8
韓国		2010年1月		24.4	48.9	44.8	51.6
豪NZ（多国間）		2010年1月		0.3	1.1	2.2	3.5
（参考）豪州（二国間）		2005年1月	67.3	59.9	63.5	50.0	71.4

（資料）　タイ商務省資料をもとに著者作成。

ASEAN 先行加盟国は中国，韓国との間でノーマルトラックの関税撤廃を終了させ，ステージはセンシティブ品目の関税削減に入っている。それに伴い，ASEAN の FTA 構築作業は一段落し，企業がそれらを貿易インフラとして「利用する時代」に入っている。ASEAN 加盟国のうち FTA 利用輸出額を発表している国は，タイやマレーシアなどごく一部に過ぎない。FTA 利用輸出額を把握することで利用率が算出できる。例えば，タイで輸出者が FTA を利用する場合，タイ商務省に原産地証明書（C/O）の発給申請を行うことから，原産地証明書発給ベースで FTA 利用輸出額が把握出来る。これを当該国向け総輸出額で除すると，名目ベースの利用率が算出出来る。なお，FTA 締結相手国で関税が MFN ベースで撤廃されている品目は FTA を使う必要はなく，関税撤廃品目割合が多い国は，概して名目利用率は低くなる。

　タイの FTA 利用輸出比率は，中国，韓国向けで 2013 年に初めて 50％を上回った。ACFTA，AKFTA はともにノーマルトラックに含まれる関税撤廃が完了していることが利用拡大に繋がっている。中でも 2005 年 7 月に発効した ASEAN 中国 FTA は，前述の通り，2010 年 1 月にノーマルトラックの関税を撤廃，更に 2012 年 1 月には 2010 年の関税撤廃が猶予されていた最大 150 品目のノーマルトラック 2 で関税が撤廃されたのに加え，センシティブ品目（対象は 400 品目以内かつ総輸入の 10％以内）の関税率が 20％以下にまで引き下げられたことが背景にある。

　タイからの ACFTA を利用した中国向け輸出の特徴は，「世界の工場」中国に主に原材料・中間財を供給していることである。中国向け輸出で FTA が利用されている上位品目は，配合ゴム（板，シート及びストリップ），カッサバ芋，パラ-キシレン，石油及び歴青油（除原油）並びにこれらの調製品（軽質油及びその調製品を除く），その他のエチレンの重合体，等原材料が中心である。カッサバ芋は主にカッサバチップとして中国に輸出され，発酵工程を経てバイオエタノールとして利用される。パラキシレンはポリエステルの中間原料であるテレフタル酸の原料として使われる。

　一方，ASEAN 韓国 FTA は，2012 年 1 月までにノーマルトラック 1，2 全ての関税を撤廃，更に 2012 年 1 月にはセンシティブ品目（対象は総品目数及び総輸入の 10％以内）の関税率を 20％以下にまで削減し，2016 年 1 月には 5

％以下にまで削減する。AKFTA で利用される上位品目は，原油，天然ゴム，液化石油ガス，錫，メチルオキシラン等こちらも原材料系が中心になっている。

中国と韓国は MFN ベースで単純平均税率が各々 9.9％，13.3％と高い一方で，関税撤廃品目比率は 6.9％，15.4％に過ぎない。これらを背景に，FTA 利用輸出比率が高まっているとみられる。

他の 3 つの ASEAN＋1 FTA の場合は，前出の中国，韓国に比べ利用率は低い。しかし，これら国々とタイとは ASEAN の枠組みの FTA の他に，2 国間でも FTA を締結している。そのため，利用者は 2 つの協定を利用した場合の特恵関税率に加えて，どちらの原産地規則がより簡易に利用出来るか，輸出品目が相手国で付加価値の累積目的に使用されるか否か，等を比較・検討した上で，どちらの FTA を利用するか選択することになる。

インドの場合，タイ・インド FTA（TIFTA）および ASEAN インド FTA（AIFTA）の両方を使うことが出来る。但し TIFTA の適用対象は，EH 措置としてこれまで熱帯果物，家電製品，自動車部品など 82 品目に加えて，2012 年 6 月に発効した第 2 修正議定書により，2 ドアタイプの家庭用冷凍冷蔵庫が追加され，計 83 品目のみである。一方，2010 年に発効した AIFTA については，品目数全体の 80％[6]）および貿易額の 75％が発効から 4 年後の 2013 年末

表 12-7　タイの FTA 別利用輸出上位品目（2013 年）

	日本	中国	韓国	インド	豪州
第 1 位	鶏肉（調製処理）	配合ゴム	原油	車両用エンジン	商用車（ディーゼル）
第 2 位	えび（調製処理）	カッサバ芋	天然ゴム	家庭用エアコン	乗用車（ガソリン/1.5～3L）
第 3 位	ポリ（エチレンテレフタレート）	パラーキシレン	液化石油ガス	ベンゼン	乗用車（ガソリン/1～1.5L）
第 4 位	デキストリン	石油・瀝青油	すず	エチレンの重合体	まぐろ・カツオ
第 5 位	えび（冷凍したもの）	エチレンの重合体	メチルオキシラン	ポリカーボネート	商用車（ガソリン）

（資料）　タイ商務省資料をもとに作成。

までに関税撤廃（一部品目は16年末まで猶予）されている。そのため，インド向け輸出においてはAIFTAがより多く利用されることになる。その結果，2013年のタイのインド向けFTA利用輸出比率は，TIFTAで11.6%，AIFTAで35.4%，計47.0%である。

一方，タイの日本と豪州向け輸出については，2国間の方がASEAN+1 FTAに比べて先に発効[7]し，より関税削減が進んでいる品目が多いことから，2国間を利用する割合が圧倒的に高い。特に，豪州との2国間FTAであるTAFTAは「最も利用率が高いFTA」である。2005年から利用率は他のFTAと比べ抜きん出て高く，2013年の利用率は7割を超えた。利用されている品目は自動車関連製品，まぐろ及びかつお，家庭用エアコン等である。

今後，ASEANは中国と韓国との間でSLの関税削減に入る。FTAによりASEAN各国とこれら中国・韓国との産業同士が本格的に競争するステージに入る。ACFTAではSLの関税率が5%以下に引き下げられるのは2018年1月であるが，AKFTAでは，中国より2年早い2016年1月である。2016年以降，東アジアの産業マップが大きく塗り変わる可能性がある。

(2) FTA毎に異なる原産地規則

タイの豪州向け輸出におけるFTA利用率が7割を超えている一方，インド向け輸出で2国間およびAIFTAをあわせた利用率が依然として5割を下回るのは，インド側がMFNベースで既に関税撤廃されている品目の割合が高い

表12-8 ASEANの対話国の平均MFN税率関税撤廃品目比率（2013年）

	平均MFN税率	関税撤廃品目比率
中国	9.9	6.9
韓国	13.3	15.4
日本	4.9	52.9
豪州	2.7	50.3
NZ	2.0	63.9
インド	13.5	2.9

（資料）World Tariff Profile 2014.

か，またはAIFTAの厳しい原産地規則を満たせない企業・品目が多いか，いずれかの要因が考えられる。

World Tariff profile 2014年版（WTO）によれば，オーストラリアの単純平均MFN関税率は2.7%，関税撤廃品目比率は50.3%である。関税率15％以上の品目は全体のわずか0.1%に過ぎない。一方，インドの場合，単純平均MFN関税率は13.5%と高い一方，関税撤廃品目は全体の2.9%のみ。関税率15%以上の品目は約2割（19.0%）に達する。そのためインドにおいて，MFNベースで関税が既に撤廃されている品目はほとんどない中で，FTA利用率が低い理由は，厳しい原産地規則にあることが推測できる。

現在，ASEANがFTAで採用している原産地規則は，概して「累積付加価値率（RVC）40%」または「関税番号変更基準（CTC）4桁」のいずれかを満たせば「ASEAN原産品」とするものである。しかし，AIFTAでは「RVC 35%」と「CTC6桁」の双方を満たして初めてAIFTA協定上の「ASEAN原産品」となる。

現在までに，ASEANの枠組みで締結しているFTAでは，農水産品（動植物，魚介類等）や鉱物資源等協定締約国内で原材料レベルから全て生産・育成・採取された産品で適用される「完全生産品」（WO）に加え，品目全体を通して適用される原産地規則「一般規則」，一部品目毎に適用される「品目別規則」とがある。ASEANが多くのFTAで採用している一般規則は，前

表12-9 ASEANのFTA別原産地規則概要

FTA	国名	完全生産品	一般規則			品目別規則（PSRs）		
		WO	CTC	RVC	総品目数に占める割合	CTC	RVC	加工工程
AJCEP	日本・ASEAN	○	CTH	≥ 40%	57.9%	○	≥ 40%	○
AANZFTA	豪NZ・ASEAN	○	CTH	≥ 40%	40.2%	○	≥ 40%	○
AKFTA	韓国・ASEAN	○	CTH	≥ 40%	76.4%	○	≥ 40-60%	○
ACFTA	中国・ASEAN	○	×	≥ 40%	89.6%	○	≥ 40%	○
AIFTA	インド・ASEAN	○	CTSH & ≥ 35%		100%	×	×	×

（注）RVCは地域累積付加価値基準，CTCは関税番号変更基準（CTHは4桁変更，CTSHは6桁変更）を指す。
（出所）タイ商務省外国貿易局資料，ASEAN事務局資料をもとに作成。

述の「CTC4桁」もしくは「RVC40％以上」のいずれかを満たしたものを「ASEAN原産品」とする規則である。それに対し、ACFTAでは「RVC40％以上」を、AIFTAでは「CTC6桁」および「RVC35％以上」の両方を、それぞれ満たしたものが「ASEAN原産品」である。ASEANではFTA網の拡大に伴い、同一品目にも関わらず関税率や原産地規則の内容が異なる協定が複数存在することにより、企業の管理や手続きコストが上昇、地域大の最適なビジネス展開を阻害することに繋がる「スパゲティボウル現象」が生じている。

ASEAN＋1 FTAの中では、AKFTAが最も自由度が高い原産地規則と評価されている。AKFTAは「CTC4桁」もしくは「RVC40％以上」の選択制を一般規則とし、更にその一般規則は総品目の76.4％に適用されている。一方、ACFTAでは全体の89.6％が「RVC40％以上」が適用されており、RVC以外の規則はあまり適用されていないことがわかる。そしてAIFTAで「RVC35％」と「CTC6桁」双方を満たす原産地規則は、全ての品目に適用されているなど厳しい内容となっている。これが、AIFTA利用率が伸び悩む理由とみられる。

(3) ASEAN＋1 FTAの改善に向けた動き

ASEANが域外とのFTA締結の動きを見せてから15年が経とうとしている。ASEANは、自らを最も自由且つ競争上優位なビジネス環境に整備することを目指し、産業界の声を受ける形で、域外国とのFTAについて、協定の改定を行っている。最初に締結したACFTAについては、協定発効から5年が経過した2010年10月、ASEAN首脳会議にあわせて経済相が集まり、「ASEAN中国包括的経済協力枠組み協定における物品貿易協定第2修正議定書」いわゆるACFTA第2修正議定書に署名した。

ACFTAは、最も早く成立したASEANの域外FTAであり、ACFTAの協定自体がもはや現在の貿易取引慣行を反映しておらず、企業が利用する上で難しい場面も見られた。例えば、「仲介貿易」もその一例である。当初、ACFTAでは仲介貿易の扱いは協定上明文化されておらず、中国の輸入港税関の判断で仲介貿易でのACFTA利用の可否が決められてきた。その一方、AKFTA等他のASEAN＋1 FTAは「仲介貿易が利用出来る」ことが明文化されている

ことから，明文化されていない ACFTA での仲介貿易での利用について，ASEAN 側税関の多くは特恵関税付与を拒否してきた。同じ ACFTA 締結国にも関わらず，国によって対応が異なる事態が発生していた。

在 ASEAN 日系企業も様々な場面で，ACFTA に関係する全ての国の輸入税関で第 3 国発行インボイスでも特恵関税を適用するよう要望してきた。これら企業の声を踏まえて，ASEAN と中国は ACFTA 改定交渉を行い，第 2 修正議定書が成立した。ここでは，リ・インボイスを認める条項に加えて，移動証明書，いわゆる Back to Back 原産地証明書を利用可能にする条項が盛り込まれるなど，よりビジネスの現状に則した協定に改正された。

現在，ACFTA を更に改善すべく中国と ASEAN とで交渉が行われている。ASEAN が現在までに締結・運用している FTA の原産地規則の多くは，「付加価値基準（RVC）40%」と「関税番号変更基準（CTC）4 桁」のいずれかを選択できるようになっているが，ACFTA の場合は前述の通り，ほとんどの品目が「RVC40%」を満たさない限り ACFTA 特恵関税が適用されない。また，ACFTA の相互譲許規定もその利用を複雑にし，ACFTA 利用を妨げている。ACFTA での相互譲許規定は，輸出相手国が当該品目を関税撤廃品目としてノーマルトラックに分類していたとしても，自国側で同品目がセンシティブ品目に設定されている場合，自国の MFN 税率が 10% 以下でない限りは，ACFTA 特恵関税を享受することが出来ない。そのため，相手国側の ACFTA 特恵税率のみならず，輸出国側自らの特恵税率を予め確認した上で利用する必要がある。

現在，ASEAN と中国とは，少なくとも ASEAN 先行加盟 6 カ国と中国との間では自由化目標はほぼ達成されており，改善の焦点は，更なる貿易円滑化に資する措置，現在適用されているセンシティブトラックと原産地規則の見直し，そして相互譲許条項の撤廃である。2012 年 11 月には，「ASEAN 中国物品貿易協定へ貿易上の技術的障害と衛生植物検疫措置とを編入するための議定書」（TBT/SPS 議定書）が署名されている。それを踏まえ，ACFTA 共同委員会の下に，TBT/SPS を扱う小作業部会を設置し，2014 年 3 月から活動を開始している。中でも産業界の関心は，原産地規則である。ACFTA でも，他の FTA と同様の RVC40% と CTC4 桁の選択性が導入出来るかどうか，注目

されている。

　協定改善に向けた動きは，他の ASEAN＋1 FTA でも見られる。AKFTA では，現在運用している関税譲許について，センシティブトラックからノーマルトラックへの移行や一方的な関税削減の加速等，条件の改善が出来るよう修正された AKFTA 物品貿易協定の第 2 修正議定書が 2011 年 11 月 17 日に署名されている。また，協定の改善作業は続いており，① センシティブトラック品目（ST）の更なる自由化，② 相互譲許規定の見直し，③ 非関税障壁の除去，④ 貿易円滑化措置の導入，等が議論されている。相互譲許規定については，同規定自体を撤廃するか，または AKFTA 適用関税率表に相互譲許を踏まえ適用される税率を明記する等の見直し案が検討されている。

　また，実務面では原産地証明書（C/O）に記載が求められていた FOB 価格について，RVC を利用しない限りは「不記載」にする改定が進められている。FOB 価格の C/O 上に明示することは，特に仲介貿易を中心に不都合な場合が多々ある。具体的には，商社等が介在する仲介貿易の場合，輸入者は「C/O に記載された FOB 価格」と「仲介国企業からのインボイス」とを比較することで仲介者のマージンを知ることが出来る。そのため仲介国企業は最終輸入者に自らのマージンを知られることを避けるため，FTA 利用を忌避する場合も多かった。このため，在 ASEAN 日系産業界を代表する ASEAN 日本人商工会議所連合会（FJCCIA）は ASEAN 事務総長との対話において，2009 年の第 2 回対話から「FOB 価格情報の不記載」を毎年要望してきた。

　その結果，ASEAN 物品貿易協定（ATIGA）で RVC でない場合は FOB 価格記載を求めないとする改定を行い，2014 年 1 月 1 日から発効させた[8]。そして，同時に AKFTA，AANZFTA，AJCEP でも ATIGA 同様の改定作業を行った。一方，ACFTA については，ほとんどの品目で RVC が適用されており，当初，「ACFTA への適用拡大は困難」（ASEAN 事務局）としてきたが，現在，ACFTA では ASEAN と中国とで原産地規則の見直し作業が行われており，ACFTA でも他の FTA 同様，一般原則として「RVC」と「CTC」との選択方式が採用・導入されれば，FOB 価格不記載への道筋も自ずと見えてこよう。

　ASEAN の域外 FTA 戦略について，「構築する時代」は一段落し，利用拡大に向け，より良く「改定する時代」に入ったと言えよう。

注

1) 銀行，金融，観光，産業協力，運輸，通信，知的財産権，中小企業，環境，バイオテクノロジー，漁業，林業，鉱業，エネルギー，地域開発など広い範囲で ASEAN と中国が協力することが明記されている。
2) ベトナム等一部の国は遅れて参加した。
3) 2001 年の貿易統計ベース。
4) 一旦は 2005 年 12 月に署名されたものの，発効前の 2006 年 5 月，2006 年 8 月の 2 度に亘り協定の一部を修正した改訂議定書を締結している。
5) ただし，この時点で韓国内の国内手続きが終了しておらず，発効した AKFTA の対象国は ASEAN 加盟国のみで韓国は含まれていなかった。韓国がタイとの間で AKFTA を発効させたのは，2010 年 1 月になってからである。
6) ただし，ASEAN 事務局資料によれば，インドの 74.2%をはじめ，加盟各国の多くが 80%に達していない。
7) 日タイ経済連携協定（JTEPA）は 2007 年 11 月，タイ豪州 FTA は 2005 年 1 月に，それぞれ発効している。
8) ただし，カンボジアとミャンマーに対しては 2 年間の猶予措置が与えられる。

参考文献

深沢淳一・助川成也（2014）『ASEAN 大市場統合と日本』文眞堂．
末廣昭・伊藤亜聖・大泉啓一郎・助川成也・宮島良明・森田英嗣（2014）『南進する中国と東南アジア：地域の「中国化」』東京大学社会科学研究所．
山澤逸平・馬田啓一・国際貿易投資研究会編著（2013）『アジア太平洋の新通商秩序』勁草書房．
山澤逸平・馬田啓一・国際貿易投資研究会編著（2012）『通商政策の潮流と日本』勁草書房．
長谷川聰哲編著（2011）『APEC の市場統合』中央大学出版部．
ASEAN 事務局 ASEAN 経済共同体部（AEC）スバッシュ・ボース・ピライ氏市場統合局長講演資料（http://www.jterc.or.jp/koku/koku_semina/130306_seminar.html）

（助川成也）

第 13 章

中国の FTA 政策と TPP

はじめに

本章では中国の FTA 政策について，最近の TPP との関連を中心に取り上げる。その中で特に，今後，FTA をめぐる議論の中心の 1 つになると思われる，中国の国有企業問題について焦点を当てたい。

1. 中国の FTA 政策の概要

(1) 中国の FTA 締結状況

中国の FTA 政策は 2001 年の WTO 加盟以降，本格化したといえる。中国の FTA 締結状況は（表 13-1）に示したようになっている。現在 ASEAN を含め，10 件の協定が発効中である。

表 13-1 中国の FTA 締結状況（2013 年 9 月現在）

現状	相手国・地域	交渉経緯	現状
発効・調印	ASEAN (注1)	2002.11 枠組協定調印，2004.11 物品協定調印，2007.1 サービス協定調印	2004.1 アーリー・ハーベスト措置開始 2005.7 発効（物品） 2007.7 発効（サービス）
	香港	2003.6 調印	2004.1 発効
	マカオ	2003.10 調印	2004.1 発効
	チリ	2005.1 開始，2005.11 調印 2008.4 サービス貿易補充協定調印	2006.11 発効
	パキスタン	2005.4 開始，2006.11 調印	2007.7 発効

	ニュージーランド	2004.12 開始，2008.4 調印	2008.10 発効
	シンガポール	2006.10 開始，2008.10 調印	2009.1 発効
	ペルー	2008.11 開始，2009.4 調印	2010.3 発効
	台湾	2010.6 調印	2010.9 発効
	コスタリカ	2009.1 開始，2010.4 調印	2011.8 発効
	アイスランド	2007.4 開始，2013.4 調印	
	スイス	2011.1 開始，2013.5 合意	
交渉中	GCC（注2）	2005.4 開始	
	オーストラリア	2005.5 開始	
	ノルウェー	2008.9 開始	
	韓国	2012.5 開始	
	日中韓 FTA	2013.3 開始	
	RCEP（注3）	2013.5 開始	
共同研究他	SACU（注4）		2004.6 交渉開始合意
	インド		2006.11 交渉開始合意

(注1) ブルネイ，カンボジア，インドネシア，ラオス，マレーシア，ミャンマー，フィリピン，シンガポール，タイ，ベトナムの 10 カ国。
(注2) サウジアラビア，UAE，オマーン，カタール，クウェート，バーレーン 6 カ国による関税同盟。
(注3) ASEAN10 カ国，日本，中国，韓国，インド，オーストラリア，ニュージーランド。
(注4) 南アフリカ，ボツワナ，ナミビア，スワジランド，レソト 5 カ国による関税同盟。
(出所) JETRO（2013）他，各種資料より筆者作成。

(2) 主要 FTA の事例分析

以下では中国の既存の FTA の中で，主要なもので，またそれぞれ特徴を持つと考えられる ASEAN，チリ，パキスタン，ニュージーランドとの 4 つの協定について，それぞれが締結された要因を中心に分析する。

① ASEAN

中国にとって初めての本格的 FTA となった ASEAN との FTA は，WTO への正式加盟前から交渉が進められていた。2000 年 11 月にシンガポールで開かれた ASEAN＋3 首脳会議において，中国が ASEAN との FTA の共同研究を提案した。その後の交渉で，中国は ASEAN に対し，以下のような魅力的な条件を示した。

ⅰ．農業品の関税撤廃をFTAの発効に先立って実施するアーリー・ハーベスト（Early Harvest）の実施
ⅱ．ASEANの後発メンバー（ベトナム，ラオス，ミャンマー，カンボジア）に貿易自由化の実施に5年の猶予を与える
ⅲ．WTO未加盟のASEANメンバーに対して，中国が最恵国待遇を与える

このうち特にアーリー・ハーベストは熱帯性農産物の中国市場への輸出を目指すASEAN諸国にとって，大きなプラスと考えられた。このような好条件を受けて当初はFTA交渉に消極的であったASEAN側も態度を変え，2001年11月にブルネイで開催されたASEAN＋3首脳会議で交渉の開始に合意した。その後，2002年11月にカンボジアのプノンペンで開催されたASEAN＋3首脳会議において，アーリー・ハーベストの内容を定めた「包括的経済協力枠組協定」が調印され，農産品8分野の関税引き下げが2004年1月から開始された。その後，FTAの本体である物品貿易協定が2004年11月に調印され2005年7月に発効，サービス貿易協定が2007年1月に調印され同7月に発効，投資協定が2009年8月に調印され2010年1月に発効している。

中国が上記のような好条件を提示してまで，ASEANとのFTA締結を進めた理由として，経済的要因よりも政治的要因の重要性を指摘する先行研究が多い。以下，主要なものを列挙する。

ⅰ．東アジア経済統合における主導権の確保（日本との競合関係において）（トラン・松本（2007），Yang（2009））
ⅱ．米国の東アジアにおける潜在的一極支配への対抗（Hoadley and Yang（2010），Yang（2009））
ⅲ．ASEAN側の経済，政治両面における中国脅威論の緩和（朱（2003），トラン・松本（2007））
ⅳ．雲南省など中国西南部地域の開発（朱（2003），トラン・松本（2007））
ⅴ．東アジアの地域経済大国としての責務を担う（朱（2003））

一方で経済的要因に関しては，Yang（2009）は中国とASEANの貿易構造が補完的ではなく，むしろ競合的であるため，FTAの中国経済へのプラスの効果は大きくないとの見解を紹介している。これに対してトラン・松本（2007）は，特にASEAN原加盟国のうち，タイ，マレーシア，シンガポー

ル，フィリピンに関しては，製造業品において水平的分業体制が成立しつつあり，FTA の経済効果は期待できるとの見解を示している。

② チリ

チリはアジア以外の国としては最初の FTA パートナーとなった。2005 年 1 月に交渉を開始し，同 11 月に調印，2006 年 11 月に発効している。

チリは FTA に積極的であり，すでに 30 カ国以上と FTA を締結している。南米における FTA のハブ的存在といえる。中国はかつて NAFTA の成立によって，米国市場においてメキシコ製品との競合で不利益を受けた。この経験から，交渉開始時点で構想されていた，両米大陸を網羅する FTAA（米州自由貿易地域）に警戒感を持ち，これに対抗するため南米における橋頭堡としてチリとの FTA 交渉を進めたとされる（Hoadley and Yang (2010)，Yang (2009))。またチリは，ラテン・アメリカで最初に中国の WTO 加盟を認めた国であり，またラテン・アメリカで最初に中国を「市場経済」と認定した国である。こうした外交的経緯も後述するニュージーランドの事例と同様に，FTA 交渉を促進する要因となったと見られる（Hoadley and Yang (2010)，Yang (2009))。

③ パキスタン

パキスタンは南アジアで始めての FTA パートナーとなった。交渉は 2005 年 4 月に開始され，2006 年 11 月に調印，2007 年 7 月に発効している。パキスタンは中国にとって，安全保障面で長く同盟国的立場にある（Yang (2009))。両国は共に，インドという南アジアの大国と対立関係にある。またパキスタンは人権問題，台湾問題などでは常に中国の立場を擁護してきた。さらに中国の経済が発展し，海外へのエネルギー依存度が高まる中，中東の産油国に近接したパキスタンの戦略的立地は重要性を増している。

一方で両国間の貿易額は小さく，経済的関係は密接とは言いがたい。パキスタンとの FTA を安全保障面の政治的要因が大きく働いた典型例と位置づけることができる。

なお，パキスタンと対立関係にあるインドとの FTA は政府間の共同研究を終え，2006 年 11 月に交渉開始合意を表明したが，その後，交渉は棚上げ状態が続いている。

④ ニュージーランド

ニュージーランドとのFTAは，OECD加盟国との最初のものである。交渉は2004年12月に開始され，2008年4月に調印，2008年10月に発効している。同FTAは中国にとって初めての包括的協定であり，当初から物品貿易に加え，サービス貿易，投資の分野を含んでいた。さらに知的財産権，人の移動などの分野についても協定に盛り込まれており，先進的な内容となっている。

中国が先進国との初めてのFTAをニュージーランドと結んだ理由としては，経済規模が小さく中国経済への負の影響が少ないこと，貿易構造が補完的であること，などいくつかの経済的要因が指摘できるが，同時に政治的には，中国のWTO加盟を認めた最初の先進国であり，また中国を「市場経済」と認定した最初の先進国であるという外交的経緯が影響している（Hoadley and Yang (2010), Yang (2009))。このことは，ほぼ同時期に交渉を開始したオーストラリアとのFTAが，経済的重要性で上回っていると見られるにも関わらず，未だに妥結に至っていない事実からも傍証しうる[1]。

以上の4例をFTA締結の要因から分類すると，チリとニュージーランドは主に経済的要因から，パキスタンは主に政治的要因から，ASEANは政治，経済の両面からという形で整理できると思われる。このように中国の締結するFTAはそれぞれに政治，経済双方の要因を見ていく必要がある。また経済的要因が主因であったと考えられるチリ，ニュージーランドの事例においても，両国が交渉相手として優先的な扱いを受けた背景には，それまでの経済外交の経緯があったといえる。したがって，経済的要因が大きいケースにおいても，個々の外交関係に着目することは重要と言える。

表13-2 FTAの締結要因の整理

相手国	締結の主な要因
ASEAN	政治的要因と経済的要因の両方
チリ	経済的要因が主（ラテンアメリカにおける経済的橋頭堡）
パキスタン	政治的要因が主（安全保障上の同盟関係）
ニュージーランド	経済的要因が主（先進国（OECD加盟国）との初めてのFTA）

(3) 香港・マカオ及び台湾との FTA

以下では，中国 FTA 政策の1つの特徴とも位置づけられる，香港・マカオ及び台湾との FTA について整理した。

香港及びマカオは，現在は中国の特別行政区であるが，関税政策においては独立しており，それぞれ独自に WTO に加盟する関税地域となっている。また台湾は中国の WTO 加盟後の 2003 年に，WTO に加盟し，やはり独立した関税地域となっている。これらの地域は中国と特殊な政治的関係を有しているが，それぞれ中国と FTA を締結している。

① 香港

経済貿易緊密化協定（CEPA）と呼称される。2003 年 6 月に署名，2004 年 1 月に発効した。その後 CEPA2（2005 年 1 月発効）から CEPA7（2011 年 1 月発効）までの 6 次にわたる内容の追加が行われている。特に CEPA5 以降はサービス貿易の自由化に重点がおかれ，香港のサービス企業の本土での活動が，段階的に自由化されてきている。

② マカオ

香港と同様に経済貿易緊密化協定（CEPA）と呼称される。2003 年 10 月に署名，2004 年 1 月に発効した。その後やはり香港と同様に，7 次にわたる補充協定が発効している。内容的には香港と同様，順次サービス貿易の自由化が進められている。

③ 台湾

海峡両岸経済協力枠組協定（ECFA）と呼称される。2010 年 6 月に締結，同 9 月に発効した。2011 年 1 月にはアーリー・ハーベストによる関税引き下げ（繊維，機械，石油化学製品等）が開始され，2012 年 1 月にはアーリー・ハーベスト対象の 9 割の関税が撤廃された。

台湾側の農産品を関税撤廃の対象から外すなど，台湾との関係改善を目指す中国側の政治的配慮が色濃く出た内容となっている。一方で，2012 年 1 月時点では関税撤廃は中台間の貿易額の 1 割程度に止まっており，FTA としては未完成な部分も残されている。

ECFA の発効は台湾と輸出構造の似通った韓国に，中国市場を巡る競争条件において，大きなインパクトを与えた。これが，後述する中韓 2 国間の

FTA 交渉が 2012 年に開始されることになった，韓国側における要因の 1 つと言われている。

(4) 今後の FTA 政策の方向

中国の今後の FTA 締結の方向について見ると，米国，EU といった大規模先進経済との FTA については，具体的な構想は出されていないことが指摘できる。先進国との FTA においては，知的財産権，政府調達，環境規制，労働問題，競争政策など，現状では中国の合意が困難な分野が交渉に含まれることが一般的であり，交渉開始のハードルは高いと考えられる。

したがってこの点から，米国を主要メンバーとして含む TPP については，近い将来において交渉に加入することは困難と判断される。

こうした中，北東アジアの韓国及び日本を含む FTA については，いくつか大きな動きが見られる。まず韓国との 2 国間 FTA について共同研究が終了し，2010 年 9 月から政府間事前協議が開始されていたが，2012 年 5 月に政府間交渉が開始された。また日中韓の 3 国間 FTA は政府レベルでの共同研究が 2011 年 12 月に終了し，2013 年 3 月から政府間交渉が開始された。

さらには，日中韓を構成員として含む 2 つの東アジアの広域 FTA 構想としては，これまで中国の提唱した EAFTA (ASEAN+3) と，日本の提唱した CEPEA (ASEAN+6) が並立し，交渉の具体化が進まない状況が続いてきたが，2012 年 11 月東アジアサミットにおいて ASEAN+6 の枠組みの RCEP として，2013 年 5 月に交渉が開始された。

この進展の背景には，後述する日本の TPP 交渉への参加が大きく影響を与えている。

2. TPP の展開

(1) TPP 構想とその具体化

アジア太平洋における一方の主要貿易国である米国は，APEC（アジア太平洋経済協力）を舞台として，EAFTA，CEPEA などに対抗する対東アジア通

商政策を打ち出してきた。それがすなわち APEC 全体を領域とする FTAAP（アジア太平洋自由貿易地域）構想である。その経緯は（表13-1）にまとめたようになっている。日本もこの動きに対応し，2009年11月に鳩山政権の発表した「新成長戦略（基本方針）」に，2020年を目途に FTAAP の構築するためのロードマップを策定することが明記された。

しかし一方で，FTAAP は日米中など世界の主要な貿易国を領域とし，多くの利害を調整する必要が見込まれ，短期的には合意に到達することが困難と考えられる。そこで FTAAP に至るステップとして，APEC メンバーのうち有志による FTA，すなわち TPP（環太平洋連携協定）を先行させる戦略をとった[2]。

ブッシュ政権は2008年9月にシンガポール，ニュージーランド，チリ，ブルネイの4カ国による FTA，環太平洋戦略的経済連携協定（Trans-Pacific Strategic Economic Partnership: P4，後の TPP）に参加することを表明した。オバマ政権への移行に伴い，米国の TPP の協議への参加は当初の予定より遅れたが，2010年3月には米国も参加し，公式協議が開始された。さらにオーストラリア，ペルー，ベトナム，マレーシア，カナダ，メキシコも加わり，現在は11カ国による交渉が行われている。

一方，日本の菅政権は2010年10月に TPP 交渉への参加の検討を表明した。同年11月に横浜で開催された第18回 APEC 首脳会議において，TPP は EAFTA，CEPEA と並んで，FTAAP 実現に向けた具体的道筋の1つと位置づけられた。合意において3者が併記されたことは，APEC における東アジア諸国，特に中国の立場に対する一定の配慮と解釈できる。

TPP は内容的には基本的に関税撤廃の例外品目を認めず，サービス，投資，知的財産権などモノの貿易以外の分野についても包括的な合意を目指す，先進的な「21世紀型」の FTA を指向している。TPP 交渉を通じてこうしたレベルの高い自由化の合意形成がなされれば，それが将来の FTAAP における自由化のルールを先取りすることとなる。

一方で，TPP の範囲が2010年当時の交渉参加国（9カ国）に止まるのであれば，その実際の経済効果は限定されたものにならざるを得なかった。交渉参加国はこれまでも比較的 FTA に積極的であった国が多く，Scollay（2011）

によれば，9カ国間の36の2国間組み合わせのうち，25がすでに既存のFTAの対象となっていた。さらに交渉参加国は経済規模が小さい国が多く，対米貿易を除くと各国間の貿易額が小さいことも，経済効果を限定する要因となっていた[3]。

　TPPはこうした直接的な経済効果を拡大するためにも，その範囲を拡大する必要があった。また参加国の拡大は前述のFTAAPへの道筋としての役割からも不可欠となっている。アジア太平洋の域内において，日本，中国，韓国の北東アジア3カ国は，その経済及び貿易の規模からして，TPPの将来の参加者として特に重要な存在といえた。

(2) 日本のTPP交渉参加

　このような状況で，2011年11月にホノルルで開催された第19回APEC首脳会議において，野田首相が「TPP交渉参加に向けて関係国と協議に入ること」を表明した。これはアジア太平洋地域のFTA交渉に大きな波紋を投げかけることとなった。即時的な効果として，カナダ，メキシコ両国が同首脳会議においてTPP交渉への参加を表明した。

　中国は胡錦濤国家主席が交渉参加表明の直後に，日本の交渉参加に理解を示す発言をするなど，公式には冷静で第三者的な反応を示した。しかし一方で，例えば対外政策の形成に一定の影響力を持つと見られる政府系シンクタンク，中国社会科学院アジア太平洋研究所長の李向陽氏は日本のメディアにおいて，TPPを米国の経済のみならず安全保障面においてもアジア回帰を狙った政策手段と批判し，それに対する日本の参加も中国よりも米国を重視する外交政策の転換とする発言をしている[4]。知的財産権，政府調達，環境規制，国有企業，労働問題などの分野を包含し，中国が直ちに参加することが困難といえるTPPが，アジア太平洋地域の経済統合の標準モデルとなっていくことへの警戒の念を，中国政府として有したことは推測できる。

　一方で野田政権は，与党内の反対もあり各国との公式交渉には踏み切れないまま2012年12月の総選挙で敗北し，代わって自民・公明連立による安倍政権が成立した。政権の中心となった自由民主党は総選挙において「聖域なき関税撤廃を前提とする限り，TPP交渉参加に反対する」という公約を掲げ，多く

表 13-3 FTAAP 及び TPP に関する動き

年	月	事項
2004年	11月	チリ・サンチアゴで開催された第12回 APEC 首脳会議で，ABAC（注1）が FTAAP を提案
2006年	7月	環太平洋戦略的経済連携協定（P4）発効（メンバー国：シンガポール，ニュージーランド，チリ，ブルネイ）
	11月	ベトナム・ハノイで開催された第14回 APEC 首脳会議で，FTAAP が議題として取り上げられる
2008年	9月	米国通商代表部，P4 への参加を正式に発表
	11月	オーストラリア，ペルー，P4 への参加を表明（注2）
2009年	11月	オバマ米大統領，東京都内で行った演説で TPP への参加を正式表明
	11月	シンガポールで開催された第17回 APEC 首脳会議で，FTAAP 構想の検討の継続が宣言文に盛り込まれる
	12月	鳩山政権の発表した「新成長戦略（基本方針）」に，2020年を目途に FTAAP の構築するためのロードマップを策定することが明記される
2010年	3月	米国，オーストラリア，ペルー，ベトナム（当初はオブザーバー参加，12月から正式参加）が加わった TPP の第一回交渉が開始
	10月	菅首相，所信表明演説で TPP 交渉への参加検討を表明
	10月	マレーシアが TPP 交渉に参加
	11月	横浜で開催された第18回 APEC 首脳会議において，FTAAP の実現に向け具体的な手段をとることで合意，(1) EAFTA（ASEAN＋3），(2) CEPEA（ASEAN＋6），(3) TPP をそれぞれ FTAAP への道筋として例示
2011年	11月	ホノルルで開催された第19回 APEC 首脳会議において，野田首相が「TPP 交渉参加に向けて関係国と協議に入ること」を表明 カナダ，メキシコも TPP 交渉参加を表明
2012年	11月	カナダ及びメキシコが TPP 交渉に参加
2013年	3月	安倍首相が TPP 交渉への参加を表明
	8月	日本が TPP 交渉に参加

(注1) APEC Business Advisory Council の略，APEC 首脳会議に対し域内のビジネス界から提言を行う組織。
(注2) これ以降，拡大される P4 は環太平洋経済連携協定（TPP）と呼称されるようになった（スコレー (2010)）。
(出所) 各種資料より筆者作成。

の候補者が TPP に反対する農業団体の支持を受けていた。このため，政権交代によって日本の TPP 参加は困難となるという見方も出された。しかし安倍首相は 2013 年 2 月の訪米で，オバマ大統領と面談し，全ての品目が関税交渉の対処となるとの言明を得たことによって，選挙公約は守られるとし，2013 年 3 月に TPP 交渉への参加を公式に表明した。その後，日本は 2013 年 8 月に TPP 交渉に正式に加わった。

(3) TPP と国有企業問題

TPP 交渉では（表 13-4）にあるように，21 の分野が取り扱われている。FTA の中核になる物品市場のアクセスに加え，サービス，投資，知的財産，政府調達など，WTO においてルー化を進めることが困難な分野について，米国を中心に先進的な内容を目指して議論が行われている。

このうちで表では 9 番目に掲げられている競争政策（独占禁止政策）には，加盟国の国有企業に対する規律が分野として含まれている。貿易の自由化を進めていく中で，国有企業に対する特恵的な措置を禁止することを目指すものである。

現在進められている交渉では社会主義から移行経済であるベトナム，国有企業部門を多く抱えるマレーシアなどがこの問題の主な関係国となっている。これまでの交渉過程では，国有企業に対し財・サービスの貿易を自由化し，重要な国家プロジェクトで外国企業を差別的に扱うことを禁止することの義務付けが提案され，これに対し，ベトナム，マレーシアなどは強く反対している。馬田（2014）によれば，交渉の中で主な対立点としては，第 1 に所有形態（国有か否か）を規制するのか，国有企業による競争阻害行動を規制するのか，という点。第 2 に中央政府の所有する企業のみを対象とすべきか，地方政府も含むかという点。第 3 に規律の例外を含むか否かという点，などが上がっている。

また日本についても郵政事業の中で，銀行業務を行うゆうちょ銀行，保険業務を行うかんぽ生命について，株式の売却による完全民営化以前に，業務内容を民間企業と同等に自由化することについて，2 国間交渉で米国から異論が出されている。

また，TPP において米国がこの問題を取り上げる背景には，自国の産業界

第13章　中国のFTA政策とTPP

表13-4　TPP交渉で扱われる分野

- TPP協定交渉では21の分野が扱われている。
- そのうち、我が国がこれまでの投資協定・経済連携協定によって扱ったことがないのは「環境」、「労働」、「分野横断的事項」の3分野。

(1) 物品市場アクセス(農業部会としては、繊維・衣料品、工業)	(2) 原産地規則	(3) 貿易円滑化	(4) SPS (衛生植物検疫)	(5) TBT (貿易の技術的障害)
物品の貿易に関して、関税の撤廃や削減の方法を定めるとともに、内国民待遇など物品の貿易についての基本的なルールを定める。	関税の減免の対象となる「締約国の原産品（=締約国で生産された産品）」として認められる基準や証明制度等について定める。	貿易規則の透明性の向上や貿易手続きの簡素化等について定める。	食品の安全を確保したり、動物や植物が病気にかからないようにするための措置の実施に関するルールについて定める。	安全や環境保全その他の目的から製品の特質やその生産工程等についての「規格」が定められることがある。これらが貿易の不必要な障害とならないよう、ルールを定める。

サービス				サービス
(6) 貿易救済 (セーフガード等)	(7) 政府調達	(8) 知的財産	(9) 競争政策	(10) 越境サービス
ある産品の輸入が急増し、国内産業に被害が生じたり、そのおそれがある場合に、国内産業保護のために該当産品に対して、一時的な関税引上げ等の緊急措置（セーフガード措置）についてのルールを定める。	中央政府や地方政府による物品・サービスの調達に関して、内国民待遇の原則や入札の手続等のルールについて定める。	知的財産の十分で効果的な保護、模倣品や海賊版に対する取締り等について定める。	貿易・投資の自由化で得られる利益が、カルテル等により害されるのを防ぐため、競争政策・政策の強化・改善、政府間の協力、国有企業に関する規律等について定める。	国境を越えるサービスの提供（サービス貿易）に対する無差別待遇や数量規制等の貿易制限的な措置に関するルールを定めるとともに、市場アクセスを改善する。

サービス		環境
(11) 一次的入国	(12) 金融サービス	(13) 電気通信	(14) 電子商取引	(15) 投資	(16) 環境
貿易・投資等のビジネスに従事する自然人の入国及び一時的な滞在の要件や手続等に関するルールを定める。	金融分野のビジネスサービスの提供について、金融サービス分野に特有の定義や措置ルールを定める。	電気通信サービスを提供する主要なサービス提供者の義務等に関するルールを定める。	電子商取引のための環境・ルールを整備する上で必要となる原則等について定める。	内外投資家の無差別原則（内国民待遇、最恵国待遇）、投資に関する紛争解決手続等について定める。	貿易や投資の促進のために環境基準を緩和しないこと等を定める。

		分野横断的事項
(17) 労働	(18) 制度的事項	(19) 紛争解決	(20) 協力	(21) 分野横断的事項
貿易や投資の促進のために労働基準を緩和しないこと等について定める。	協定の運用等について協議等を行う「合同委員会」の設置や権限等について定める。	協定の解釈の不一致等による締約国間の紛争を解決する際の手続等について定める。	協定の合意事項を履行するための国内体制が十分でない締約国に、技術支援や人材育成を行うこと等を定める。	複数の分野にまたがる規則や規制上の障害にならないよう、通商上の規定を設ける。

(出所)　外務省 (2014)。

から中国の国有企業への優遇が,その国際競争力を強化しているという批判が強いことがあげられる。中国は現時点ではTPPの交渉参加国ではないが,TPPによって国有企業問題についても国際的なルール作りを進めたい米国の意図は広く指摘されている。

今後の中国のTPP交渉への参加を考えるとき,国有企業問題は最も大きな論点となることが予想されるところである。

(4) 三中全会と上海自由貿易試験区

このようにTPP交渉が進められ,その内容が具体化する中で,2013年11月に開催された中国共産党第3回中央委員会全体会議(三中全会)では,中国経済の改革の促進のために,より強力な市場経済原理の導入が謳われた。

津上(2014)によれば,会議の結果文書には「市場に,資源配分における決定的な作用を働かせる」という新表現が用いられた。またFTA政策については「環境,投資,政府調達,電子取引等のニューアジェンダの交渉を加速する」「グローバルで高水準のFTAを実現する」といった記述が用いられており,TPPを意識していることがうかがわれる。

これに関連して,三中全に先立って2013年9月に発足した上海自由貿易試験区では

- ネガティブリスト方式による金融,専門サービスなどのサービス部門の自由化
- 外資に対する設立前内国民待遇の付与
- 一部業種での合弁持分比率の緩和・撤廃

などの貿易投資に関する規制緩和策がとられた。これらの内容はこれまでの中国のFTA及び投資協定において,中国側が認めてこなかったものである。この意味で上海自由貿易試験区は,TPPなど新たな内容を含むFTAへの対応を,地域を限定した形で試みるものと見ることができる。今後のTPP交渉参加に向けて,重要な一歩と位置づけられよう。

3. 中国における国有企業問題

　以下では加藤・渡邉・大橋（2013），丸川（2014）他に基づき，中国の国有企業問題の現状について概括し，FTA 政策への影響を展望したい。

(1) 中国国有企業の実態
　改革開放政策の取られた1980年代に入ると，中国の国有企業の利潤率は非国有企業を下回るようになる。これはそれまで計画経済の中で投入されてきた生産要素，すなわち労働，資本が，徐々に市場メカニズムによって分配されるようになった影響である。

　こうした国有企業の停滞を克服するため，経営の独自性を高め効率化を図るために，90年代以降，（表 13-5）に掲げられたように様々な制度改革が進められてきた。

　1993年には会社法が制定され，株式会社，有限会社などの会社制度が創設された。1997年には党大会において「国有経済の戦略的調整」が決議され，国有企業の役割は戦略的分野に限定されることとなった。この結果，中小国有企業の民営化が加速された。1998年には国有企業の経営と行政を分離するために，それまで設けられていた産業別の省庁が廃止された。

　2003年には国有企業を全体的に管理し，改革を進めていくために国務院に国有資産監督管理委員会（国資委）が設置され，中央政府直轄の国有企業はその管理下に置かれることとなった。しかし，実態においては直轄国有企業群の管理は，人事においては共産党中央，投資については経済政策の中心となっている国家発展改革委員会，財務については財政部の，それぞれ強い影響下にあるとみなされており，国資委の権限は限られたものとなっている。

　また，大規模国有企業の民営化の進め方として，国有企業の不採算部門を切り離し，採算部門だけを国内外の株式市場に上場する方式がとられ，多くの国有企業が海外市場で上場することとなった。

　国有企業の支配的地位を保つ必要がある分野については，丸川（2014）によ

表 13-5 中国の国有企業改革のあゆみ

年	事項	内容
1993年	会社法制定	株式会社,有限会社等の企業法制が整う
1997年	「国有経済の戦略的調整」党大会決議	国有企業の役割を戦略的分野に限定,一般の中小国有企業の民営化を加速
1998年	産業別省庁の廃止	中央直轄の国有企業と一体化していた産業別官庁を廃止し,行政と企業経営を切り離した
1999年	「国有企業の改革と発展に関する若干の重要問題の決定」党中央委員会決定	国有企業がコントロールすべき分野を指定 ・国家の安全に関わる産業 ・自然独占の産業 ・重要な公共財や公共サービスを提供する産業 ・支柱産業とハイテク産業の基幹産業
2003年	国有資産監督管理委員会(国資委)設置	中央直轄の国有企業を管理する政府部局
2005年	「国務院の個体経営など非公有経済発展の症例,指示,指導に関する若干の意見」(非公有36条)	具体的に国有独占を打破すべき産業を指定,交通,インフラ,金融など広範な分野への民間企業の参入を明記
2007年	独占禁止法施行	
2009年	「産業調整振興計画」	2008年に発生したリーマン・ショックに対応するため,国有大企業を中心に企業統合を進め競争力を維持するため打ちだした政策,自動車,鉄鋼など,10分野について提示された

(出所) 各種資料により筆者作成。

れば,1999年中国共産党中央委員会で採択した「国有企業の改革と発展に関する若干の重要問題の決定」で,以下の4分野が特定された。

・国家の安全に関わる産業

・自然独占の産業

・重要な公共財や公共サービスを提供する産業

・支柱産業[5]とハイテク産業の基幹産業

さらに,2005年には「国務院の個体経営など非公有経済発展の症例,指示,指導に関する若干の意見」(非公有36条)が出され,具体的に国有独占を打破すべき産業を指定,交通,インフラ,金融など広範な分野への民間企業の参入が明記された。また2007年には独占禁止法が施行され,西側諸国と同様に市場における独占が規制の対象となった。

しかし現実においては，多くの分野で国有企業が未だに支配的地位を占めている。一例としてガソリンスタンドは1999年以前には多くの企業が参入をしていたものが，現在では国有石油企業2社[6]による寡占状態となっている。こうした事態が生じていることについて，加藤・渡邉・大橋（2013）第4章は，「憲政上の欠陥」を指摘している。すなわち本来であれば独占禁止法や，国務院（日本の内閣に相当）の決定である非公有36条による規制緩和が，各省庁に相当する機関の決定するルールに優先されるべきであるのに，実際には後者が優先されているということである。

一方でこうした中，2008年に発生したリーマン・ショックに対応するため，中国政府は国有大企業を中心に企業統合を進め競争力を維持する政策を打ちだした。具体的には2009年に，「産業調整振興計画」として自動車，鉄鋼など，10分野について提示された。これはまぎれもなく，国有企業の地位を再び高める政策と言えた。

こうした状況を捉えて，中国経済において国有企業の成長が民営企業を上回る「国進民退」という表現が使われるようになった。実際には丸山（2014）によれば，統計的には正しくはなく，2009年以降，国有企業のシェアは必ずしも拡大していない。加藤・渡邉・大橋（2013）第2章も同様に，マクロ的には2000年代に入っても，国有企業のシェアが拡大しているということは認められないとしている。

しかし一方で，資源分野などを中心に中国の国有企業が世界の企業ランキングの上位を占める状況[7]も生じている。また国資委の監督下にある国有企業だけでGDPの10%を占める状況は継続している（丸山（2014））。シェアは一定であっても，中国の経済成長に伴い，国有企業の絶対規模は拡大しているといえる。こうした大きなプレゼンスが世界的に中国の国有企業に対する警戒感を呼び起こしているのは否定できないだろう。

(2) **中国国有企業と対外経済摩擦**

中国国有企業が関連した対外経済摩擦の事例としては，2005年の中国石油（CNPOC）による米国石油会社ユノカルの買収計画，2009年の中国アルミ業集団による豪資源大手リオ・ティントへの出資計画などが上げられる。これら

はいずれも，専ら受け入れ国側の安全保障上の理由によって断念に至っている。

TPPにおいて現在取り上げられている国有企業問題は，必ずしもこうした領域を対象とした議論ではないと考えられるが，中国国有企業のプレゼンスの大きさがこうした摩擦の背景にある。TPPをはじめとする国際的な経済ルール形成の場において，中国の制度の現状が議論の対象となるのは避けられないといえよう。

おわりに

中国のFTA政策は近隣諸国とのネットワーク形成を終え，先進諸国との本格的なFTAを視野に入れる段階に至りつつある。その前提として，サービス貿易，投資の自由化に加え，知的財産権，環境，労働に関する協定など，これまで中国が締結してきた発展途上国同士のFTAには含まれなかった分野への対応が必要となる。

TPPはそうした今後の先進国との協定の中でも，ひときわ重要性を持つものと言える。その交渉の中では，既に国有企業問題が大きな論点となっている。一方で中国の国内経済改革の視点からも，国有企業の扱いは大きな論点である。中国のTPPとの今後を展望するとき，国有企業とFTAとのさらなる分析が必要とされる。

注
1) またニュージーランドとのFTA開始以降，中国との交渉開始を目指して，シンガポール，マレーシア，オーストラリアが「市場経済」と認定するなど，中国にとってのプラスの効果も生じた（Hoadley and Yang (2010)）。
2) この経緯は中島 (2010) に詳しい。
3) Scollay (2011) はTPPのFTAとしての質の高さという目標と，参加国の拡大の二律背反を指摘している。
4) 日本経済新聞2012年1月1日朝刊。
5) 第9次5カ年計画（1996～2000年）では「機械・電子，石油化学，自動車，建築・建材工業」を示す（丸川 (2014)）。
6) 中国石油化工集団公司（SINOPEC）と中国石油天然気集団公司（CNPC）の2社。なお2社は後掲のフォーチュン誌のランキングで上位2社を占めている。

7) 丸川（2014）によれば，2012年の米国フォーチュン誌のランキングで，世界の大企業500社のうち，中国企業は70社を占め，日本（68社）を抜いて米国に次ぐ2位となった。このうち国資委が監督する国有企業が41社，国有の銀行・保険会社が11社，地方政府傘下の国有企業が13社で，国有企業が合計67社を占め，民間企業は3社にとどまっている。

参考文献

浦田秀次郎（2011）「APECの新たな展開と日本の対応」馬田啓一・浦田秀次郎・木村福成編著『日本通商政策論』文眞堂，第7章．

馬田啓一（2014）「TPPと競争政策の焦点：国有企業規律」石川幸一・馬田啓一・渡邊頼純編著『TPP交渉の論点と日本』文眞堂．

外務省（2014）「環太平洋パートナーシップ（TPP）協定交渉概要」．

加藤弘之・渡邉真理子・大橋英夫（2013）『21世紀の中国 経済編 国家資本主義の光と影』朝日新聞出版．

木村福成（2011）「東アジアの成長と日本のグローバル戦略」馬田啓一・浦田秀次郎・木村福成編著『日本通商政策論』文眞堂，第15章．

クゥエイ，エレイン・S（2006）「中国の二国間貿易主義：依然として政治主導」ヴィノード・K・アガワル・浦田秀次郎編，浦田秀次郎・上久保誠人監訳『FTAの政治経済分析』文眞堂，第6章．

スコレー，ロバート（2010）「環太平洋パートナーシップ（TPP）協定―始まり，意義及び見通し」『アジ研ワールド・トレンド』No.183，ジェトロ・アジア経済研究所．

トラン・ヴァン・トゥ・松本邦愛（2007）「ASEAN―中国のFTAの政治経済学」トラン・ヴァン・トゥ・松本邦愛編著『中国―ASEANのFTAと東アジア経済』文眞堂，第2章．

津上俊哉（2013）『中国台頭の終焉』日本経済新聞出版社．

津上俊哉（2014）『中国停滞の核心』文芸春秋．

中島朋義（2010）「APEC：太平洋の懸け橋の将来展望」青木健・馬田啓一編著『グローバル金融危機と世界経済の新秩序』日本評論社，第15章．

日本貿易振興機構（JETRO）（2013）「世界と日本のFTA一覧」日本貿易振興機構．

丸川知雄（2013）『現代中国経済』有斐閣．

Barfield, Claude. and Levy, P. I. (2009), "Tales of the South Pacific: President Obama and the Transpacific Partnership", *International Economic Outlook No 2*, American Enterprise Institute, Washington DC, December 2009.

Barfield, Claude (2011), "The Trans-Pacific Partnership: A Model for Twenty-First-Century Trade Agreements?", *International Economic Outlook No 2*, American Enterprise Institute, Washington DC, June 2011.

Hoadley, S. and J. Yang (2010), "China's Free Trade Negotiations: Economics, Security and Diplomacy" in Saori N. Katada and Mireya Solis (eds.) *Cross Regional Trade Agreements: Understanding Permeated Regionalism in East Asia*, Springer, Germany.

Scollay, Robert (2011), "Trans Pacific Partnership: Challenges and Potential", paper presented at Japan Society of International Economics 70th Anniversary Symposium, Kyoto, 11 June 2011.

Wang, Min (2011), "The Domestic Political Economy of China's Preferential Trade Agreements" in Vinod K. Aggarwal and Seungjoo Lee (eds.) *Trade Policy in the Asia-Pacific: The Role of Ideas, Interrests, and Domestic Institutions*, Springer, Germany.

Yang, Jian (2009), "China's Competitive FTA Strategy: Realism on a Liberal Slide" in Mireya Solis, Barbara Stallings, and Saori N. Katada (eds.), *Competitive Regionalism: FTA Diffusion in the Pacific Rim*, Palgrave Macmillan, UK.

(中島朋義)

第 14 章

新たな展開を見せる韓国のFTA

はじめに

　独立以後の韓国の経済発展の歩みは対外経済関係深化の歴史であったといっても過言ではない。朝鮮戦争後の復興途上であった 1961 年，軍事クーデターによって政権の座に就いた朴正熙は，資源に恵まれない反面比較的良質の労働力が存在した韓国の特性を生かして，輸出主導による経済発展政策を展開し，成功した。これが世にいう「漢江の奇跡」である。輸出が経済成長を主導する構造は現在も基本的には変わらず，経済政策の上でも輸出重視は維持されている。長年にわたる輸出重視の結果，韓国は世界有数の貿易立国に成長した。現在では輸出入合計額は 1 兆ドルを超え，GDP 総額にほぼ匹敵するまでになった。

　韓国の輸出主導的な経済発展を支えたのは，20 世紀にあっては GATT・WTO 体制下における世界大での貿易自由化であったが，世紀末にはすでにその跛行性が顕著となっていた。そこで韓国は FTA による自前での自由貿易ネットワークの構築に乗り出し，すでにアメリカ，EU との FTA が発効するなどの成果を上げている。最近ではこれまであまり関心を持たなかった多国間交渉にも活路を見出そうとしており，2013 年 11 月には TPP への関心も表明している。そして，2014 年 11 月には韓国最大の貿易相手である中国との FTA 交渉が実質的に妥結し，本格的な FTA 大国への道を歩み始めている。

　本章では，新たな局面を迎えている韓国の FTA 政策を概観するとともに，韓中 FTA 妥結に至るまでの経緯や意義，日本への含意などを論じようと思う。第 1 節では，まず韓国経済を概観する。輸出主導的な経済発展，韓国経済が直面する問題など，韓国経済の外向性についてみてみる。第 2 節では韓国の

FTA 政策とその変遷を概観する。WTO 重視から FTA 重視への変遷，FTA 戦略の移り変わりとこれまでの成果，朴政権における FTA 戦略についてみてみる。第3節では最近の FTA 戦略のうち，内外の経済に大きな影響を与える韓中 FTA についてみてみる。韓中 FTA のこれまでの経緯，韓国にとっての意義，日本への含意について論じようと思う。

1. 輸出主導による経済発展の軌跡

(1) 輸出主導の発展政策の成功

日本の隣国である韓国は，過去数十年にわたり積極的な輸出主導政策を展開し，所得の向上に努めてきた。韓国経済の急速な成長の歩みは海外との関係深化とともにあった。図 14-1 はその様子を表したものである。朝鮮戦争の終結以後，輸出比率と1人当たり GDP の関係をみると，おおむね右肩上がりと

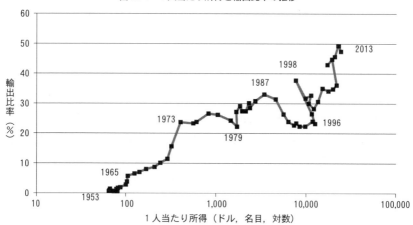

図 14-1　1人当たり所得と輸出比率の推移

(注) 輸出比率は SNA 基準で，総輸出÷所得。使用したデータでは，1970 年と 2013 年に所得系列の基準変更が行われている。所得は，1970 年までは GNP，それ以後は GNI を使用。2013 年に関しては 2010 年基準のデータの伸び率を使って 2005 年基準のデータを外挿した。
(出所) 韓国銀行経済統計システム (http://ecos.bok.or.kr, 2014 年 11 月 14 日アクセス)。

なっており，輸出比率の高まりとともに所得が増加していったことがわかる。

狭小な国内市場や資源賦存の乏しさなどの韓国の初発条件を考えると，輸出重視は必然的であった。国内市場の狭小性により販売先を海外に求めざるを得なかった。また，生活物資，原材料，機械設備などを輸入するための外貨獲得の必要にも迫られていた。1961年に政権の座に就いた朴正煕は，韓国の置かれたこうした状況を考慮し，輸出振興を通じた経済発展を目論んだ[1]。輸出で得られた外貨はインフラ整備や高度な機械設備の購入資金に充てられ，更なる経済発展の原動力となった。こうして，朴の政権担当期間中（1961-79年），輸出と産業高度化の好循環が起き，国民の所得も徐々に向上していった。これが世にいう「漢江の奇跡」である。

(2) 輸出強化でつかんだ繁栄—現在も輸出が経済成長の原動力

輸出が経済成長を主導する構造は現在も基本的には変わらず，経済政策の上でも輸出重視は維持されてきた。とくに，アジア通貨危機以後は内需の成長が鈍って輸出が経済成長を支える原動力となったため，輸出重視の傾向は強まっている。1999年から2013年までの間のGDP成長のうち，消費と投資（固定資本形成）を中心とする内需の寄与率は77％あまりで，外需（輸出入差）の寄与は22％であった。（表14-1を参照）このうち，財貨輸出のみに注目すると寄与率は80％と，ほかの支出項目に比べて突出した重要度を示す。リーマンショック後は外需主導の構図がより鮮明となる。同ショック前の9年間とそののちの5年間では，内需寄与率は87％から57％に縮小した。民間消費と投

表14-1 支出項目別のGDP成長寄与率

	内需	内民間消費	内政府消費	内総固定資本形成	外需	内財貨輸出	内財貨輸入	年平均GDP成長率
1999〜2013年	77.4%	44.3%	14.5%	17.8%	22.0%	79.7%	55.7%	4.2%
1999〜2008年	86.8%	48.3%	13.5%	21.5%	12.2%	72.3%	56.4%	4.9%
2008〜2013年	57.1%	35.6%	16.8%	9.7%	43.5%	95.6%	54.1%	3.0%

（注） 各項目の寄与率＝各項目の増分÷GDPの増分。
（出所） 韓国銀行経済統計システム（https://ecos.bok.or.kr/，2014年2月19日アクセス）所載データより筆者作成。

資(建設,設備)が経済成長をけん引する力を失ったことが主な要因である。これに代わり,外需の寄与率は12%から43%へと大きくアップした。この間,半導体,自動車,携帯電話,テレビなどの分野で韓国企業の躍進が目立ち,財貨輸出は堅調に推移した。これに伴い,財貨輸出のGDP成長への寄与率は72%から96%へと上昇した。つまり,財貨輸出の増加がリーマンショック後の韓国の経済成長をほぼ全的に支えてきたとも読める結果である。

韓国経済の輸出依存深化の結果,財貨輸出の対GDP比は47.7%に達した(2013年)。これまで取られてきた輸出主導による成長政策の結果,2012年のGDP総額は世界第15位となる1兆1292億ドルに達した。同年の1人当たりGDPは市場価格基準で2万2590ドル,為替レート変動を調整した購買力平価基準では3万970ドルとなった。後者の数値は,日本(3万6300ドル)の85%に相当し,日韓市民の生活水準にはもはや大きな差はないといっても過言ではない。

2. FTAの採用とその後のあゆみ

(1) FTAの採用とその後の取り組み

韓国が輸出主導で現在の繁栄を手にしたことを上では見てきたが,1990年代までの韓国の輸出増大はGATT/WTO体制下での自由化,とくに先進国市場の自由化によるところが大きかった[2]。しかし,WTOでの自由化交渉の停滞を受け,1990年代に入って各国はFTAの締結に乗り出すようになっていたが,NAFTAやEU,AFTAなどの巨大経済圏による市場囲い込みも懸念されるようになっていた。各国のFTA推進の流れに乗り遅れることで輸出に支障が出るのを恐れた韓国は1998年にFTA推進を決め,手始めとして日本,チリとのFTA締結に乗り出した。

当初,韓国のFTAへの取り組みぶりは遅々としたものであった。FTA発効の第1号は韓チリFTAで,最初の取り組みから発効までに5年あまりの歳月を要した。韓国政府はFTAへの取り組みを加速すべく,2003年と2004年に相次いでFTAロードマップを発表した。これにより,大陸別の「橋頭堡」

を定めて複数のFTA案件を同時進行で推進すること（「同時多発的」展開）や，主要案件別の重要度付与[3]などがなされた。これ以後，韓国はFTA締結を積極的に進め，自前の自由貿易ネットワークを着々と整備していった。

(2) これまでのFTA推進の成果

これまでの韓国のFTA推進の成果は表14-2のとおりである。2004年に初のFTA（韓チリFTA）が発効して以来日本を上回るペースでFTA締結が進み，これまでにFTA締結にこぎ着けた案件は韓米，韓EUといった主要案件を含む9案件，締約先は47カ国となった。これら無関税で取引が可能となった市場のことを韓国では「経済領土」[4]と呼んでおり，その世界経済に占める割合は56％となった。総輸出に対するFTAカバレッジも38.6％に達する。

このほか特筆すべきは，最大の貿易相手国とのFTAである韓中FTAの交

表14-2　韓国のFTA推進現況（2014年11月現在）

推進区分	相手先	輸出シェア (2013年)	対世界GDPシェア (2012年)
発効 (9案件47カ国)	チリ，シンガポール，EFTA（4カ国），ASEAN（10カ国），インド，EU（28カ国），ペルー，アメリカ，トルコ	38.6%	56.0%
署名 (4案件，4カ国)	コロンビア，オーストラリア，カナダ，中国	28.9%	16.5%
交渉中 (5案件，17カ国)	日中韓（2カ国），インドネシア，ベトナム，RCEP（15カ国），ニュージーランド	6.5%	8.5%
交渉再開待ち (3案件，7カ国)	日本，メキシコ，GCC（ペルシア湾岸協力会議，6カ国）	4.9%	3.7%
交渉準備・共同研究 (5案件，23カ国)	MERCOSUR（4カ国），イスラエル，中米諸国（5カ国），マレーシア，TPP（12カ国）＊	3.2%	4.5%
	合計72カ国（重複を除く）	82.2%	89.2%

（注）　TPPについては「関心表明」（2013年11月）。輸出シェア，対世界GDPシェア計算において，複数の推進区分に該当する相手先については，上位の推進区分により計算。対世界GDPシェアの計算では，韓国自身は「発効」に含めた。
（資料）　韓国政府FTAウェブサイト（http://www.FTA.go.kr），韓国国家統計ポータル）（http://kosis.kr），世銀データサイト（http://data.worldbank.org）などを参考に筆者作成（いずれも2014年11月14日アクセス）。

渉が妥結したことである。この点については後に詳しく見ていくことにする。しかし，最古参案件である日韓EPAは2004年11月に日本の農産品開放幅の少なさや日本メーカーとの競争を懸念した自動車業界の強い反対などにより交渉が中断して現在に至っている。TPPについては2013年11月に「関心表明」がなされている。

これまでに締結されたFTAは所期の目的を達成したであろうか？韓国はFTA推進に当たって締約先の関税撤廃を通じた輸出の増勢を維持・拡大に大きな関心を持っているが，これまでのところおおむね良好な実績が出ているようである。図14-2は2012年までに発効した8つのFTAについて，締結以後の対締約国輸出の増加率と対世界輸出の増加率を対比させたものである。締約国向け輸出増加とその間の世界向け輸出増加を対数回帰したところ，係数は1.338，つまり締約国向け輸出増加率が対世界輸出増加率の約3割増しとなる傾向がみられた（図中点線にて表示）[5]。一方，図示は省略するが輸入に関してはFTAが締約国からの輸入を加速させる傾向は輸出の場合より多少弱く，係数は1.259に留まった。

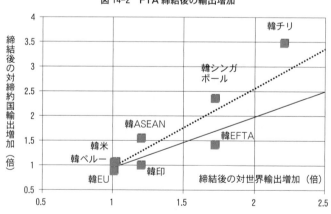

図14-2　FTA締結後の輸出増加

（注）　実線はFTA締結後の対世界輸出とFTA締結先への輸出が等倍で増えた場合の軌跡（45°線）を表し，点線はFTA発効後の締約国向け輸出増加の平均的推移を表す。
（出所）　韓国貿易協会貿易統計（http://stat.kita.net/，2014年2月20日アクセス）より筆者作成。

(3) これまでのFTAが輸出増加を実現した背景

これまでに発効したFTAの効果が輸出のほうにやや強く出ていることについては次のようなことが考えられる。第1に輸出入品の価格弾力性の差である。韓国の輸入品は部品，素材，機械などの中間投入財，資本財が多く，価格変動に応じて供給元を切り替えることがそれほど多くない，つまり価格弾力性が相対的に低いと考えられる。一方，輸出品には自動車や家電製品などの最終消費財が多く含まれるが，これら製品は厳しい価格競争にさらされている。つまり，価格弾力性が輸入品の場合よりも高く，FTAによる関税引き下げの効果をより強く受けるのではないかと考えられる。第2に，輸出品に係る関税払い戻し制度の存在である。韓国では輸出品製造のために用いられる輸入原材料等に賦課された関税を事後に払い戻す制度[6]が現在も運用されており，輸出促進の1つの柱として機能している。このため，GDPの半分に達する輸出品製造に当たって必要とされる輸入品（輸出用輸入）には事実上関税がかかっておらず，FTAによる関税撤廃の影響は専ら内需用輸入のみに表れる。図14-3

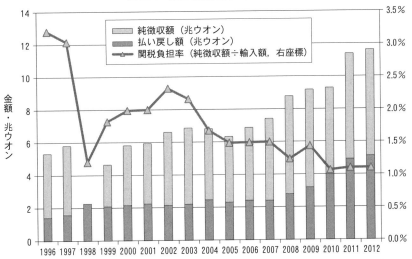

図14-3 関税徴収額と負担率の推移

（出所）韓国e-国家指標（http://www.index.go.kr），韓国銀行経済統計システム（http://ecos.bok.or.kr）所載データより筆者作成（2014年2月20日アクセス）。

は関税徴収額のうち，払い戻し額と純徴収額を分け，併せて輸入額に対する関税負担率の推移を示したものである。これによれば，関税払い戻し額が年々増加していることがわかる。2000年代には30%台で推移していた払い戻しの割合も，近年では40%台に増大している。一方，輸入総額に対する関税負担率（純徴収額ベース）は低下傾向にあり，2012年には1.1%となった。これらのことから，韓国での市場開放に伴う関税撤廃の影響は農産品などの脆弱部門を除くとそれほど大きくなく，影響も内需用製品に局限される一方，輸出においては相手先の関税引下げの効果を比較的大きく受ける構造となっているものと考えられる。

(4) 朴槿恵政権におけるFTA戦略

2013年2月に発足した朴槿恵政権は，FTA推進の従前の方針を維持しつつも，いくつかの点で新たな方向性を示している。

2013年6月，政府は朴政権下でのFTA戦略の基本方針をまとめた「新政府の通商ロードマップ」を発表した（表14-3を参照）。まず注目されるのがFTAを積極的に新規開拓してきた従来の方針を改め，国内対策重視を打ち出したことである[7]。「産業との連携」，あるいは「国内政策との連携強化」国

表14-3 新旧FTA戦略の比較と新政権の推進課題

	従前の通商政策戦略	新通商政策戦略
推進戦略	FTA交渉中心の通商	産業との連携を強化する通商
通商交渉	FTAハブの構築	地域統合の核心軸（リンチピン）
通商協力	巨大経済圏中心	新興国，オーダーメード型 通商協力モデルの開発
成果共有	FTA効果の体感度低下	通商政策の実効性向上 （雇用，中小企業）
推進方式	通商推進体系がバラバラ 政府主導	通商交渉・履行・対策の一元化 官民協業と意思疎通
新政権の推進課題	1．国際通商秩序の再編に先制対応する通商交渉の推進 2．産業資源協力と連携した通商政策の推進 3．国内政策との連携強化で成果の国内共有拡大 4．疎通と協業を通じた通商政策の推進基盤の拡充	

（出所）関係部署合同（2013）3ページ。

内対策の中でもとりわけ朴大統領の関心が高いのが農林水産業への被害対策である。農畜産部門に大きな被害をもたらすことが懸念されている韓米FTAの履行が2012年に始まっており，具体的な被害救済策の策定が待たれていたところであった。農林水産業被害の救済については，朴大統領が2012年末の選挙戦における韓米FTAの是非をめぐる論戦の中で特に強調している。国内重視と関連しては，雇用や中小企業，意思疎通の重視など，朴政権の経済政策上の諸重点もFTA戦略に盛り込まれている。今後の対外交渉方針も注目される。これまではアメリカ，EUなど巨大経済圏中心の交渉を展開してきたが，「地域統合の核心軸」，「国際通商秩序の再編に対応」の具体策として政府は韓中FTAの早急な締結，新興国とのFTA，東アジアでの地域統合の動きに対応した多国間FTAへの展開などを目指している。このうち，韓中FTAについては2014年11月に両国首脳が交渉妥結宣言を行い，発効への道筋がついた。また，取り組むべき多国間FTAとして挙げられているのは日中韓，RCEP，TPPの3つで，いずれも日本への影響を少なからず持つものといえる。

3. 韓中FTA

(1) 韓中FTAのこれまでの歩み

韓中間の経済関係は年を追うごとに緊密さを増している。2012年現在，中国は韓国最大の貿易相手国である。両国間の往復貿易量は2151億ドル，対世界貿易の20.2%を占めるに至った。中国は韓国企業の投資先としても重要で，残高ベースで2位，件数では1位の投資先となっている。2012年末の残高は396.8億ドルで，世界向け投資の18.5%を占める。韓中FTAが発効すると，韓国自前での自由貿易ネットワーク完成への大きな第一歩となる。

韓中FTAは，投資呼び込みや東アジアにおける影響力拡大，アメリカの対中包囲網への対抗を狙う中国側が熱心であったが，韓国は利益が大きい反面，影響も甚大と見てその推進に慎重であった。しかし，その後韓国側も韓中FTAの推進を急ぎ始めている。その背景には，成長著しい中国市場をFTAによって先制したかったこと，そして中国に大挙進出している韓国系企業の対

母国調達の円滑化や中国での権利保障などのメリットを重視したことがある。中国は関税率を比較的高めに維持しているため，FTAによる関税減免で貿易赤字が大きく増えるとみられるが，それにも増して中国は投資誘致を重視している。交渉の最終段階では輸入増を警戒した中国側の慎重姿勢も見られたが，韓国からの投資誘致に伴う得利の方が輸入増のデメリットを大きく上回る見通しで，中国側はFTAに伴う対韓貿易赤字を甘受すると見られる[8]。

　韓中FTAは政治色が強いFTAでもある。このFTAは，2011年11月の韓米FTA批准後に急進展を見せた。韓国は韓米同盟への配慮から韓米FTA処理を先行させた形である。中国の対韓FTAラブコールにうっかり乗れば「親中国家」に仕立て上げられる恐れもあった。そうなれば韓米関係冷却のリスクを負うこととなる。2010年秋の北朝鮮による延坪島砲撃により対南攻撃の可能性も否定できなくなったことで，北朝鮮の「南侵」に対する最強の守りとなる韓米軍事同盟の価値が改めて認識され，韓米FTAは優先処理される必要があった。しかし，韓国が得る経済的メリットは韓中FTAの方がはるかに大きく，韓米FTAの処理が終わると間髪入れず韓中FTAの推進に移った。流動化する朝鮮半島情勢に歯止めをかけたい韓国は，韓米同盟が存在するにもかかわらず中国の北朝鮮に対する影響力にも注目し，それを活用する思惑を抱き始めていた。これも韓中FTAの推進をためらう韓国の背中を押した。このFTAに熱心な中国の誘いに乗ることで対北朝鮮への影響力の活用を可能にし，以て半島情勢の安定に資する，という目論見である。こうして，韓国は2012年5月に韓中FTA交渉に踏み出した。

　2012年5月の第1回交渉では商品を一般品目群と敏感品目群に分割し，敏感品目群に関する第1段階の交渉をまとめたうえで全品目に関する第2段階の交渉に移るという2段階交渉方式をとることが早々に決まった。しばしばFTA交渉がこじれる原因となる敏感品目についての交渉を先行させることで全体の交渉を早期にまとめるという目論見であった。当初，両国はレベルの高い自由化を目指していた。しかし，韓中が互いに貿易・投資の主要相手先であることから，その影響が甚大であることを踏まえた慎重な交渉姿勢が次第に目立つようになった。交渉過程で韓国は農水産，中国は自動車，機械，石油関連製品を敏感分野として提示した。

2013年2月に誕生した朴槿恵政権は，大統領選の際に韓中FTAの重視を打ち出しており，同年6月に策定された「新政府の通商ロードマップ」でも同FTAの重視が引き継がれたのは上述のとおりである。そして2013年9月に第1段階の交渉が終結し，韓中FTA交渉は一つの節目を迎えた。この時示された関税譲許の割合は品目ベースで90%程度であり，韓国が推進するほかのFTAに比べて自由化の度合いがかなり低いものとなることがわかった。このことは，第1段階の交渉で敏感品目の扱いについて両国で折り合いがつかず，対立点をそのままにして協定全体の妥結を政治主導で急ごうとしている印象を強く与えた。その後も関税譲許を巡って両国間の交渉が難航していることが交渉最終盤になっても伝えられたが，政治サイドからは交渉終結を促すメッセージが相次いだ。2014年7月の習近平・中国国家主席の訪韓の際に出された韓中共同声明では，「韓中FTAの年内妥結に向けた努力を強化する」とされた。そして，同年11月10日の韓中首脳会談の際に韓中FTAの交渉妥結が宣言された。

　詳細な合意内容はまだ伝わっていないが，2013年9月の韓中間合意の通り，自由化の度合いが低いFTAとなった。協定発効後20年以内に関税が撤廃されるのは品目数ベースで中国が91%，韓国が92%に留まる。自動車とコメについては両国において適用除外となったほか，液晶パネル（LCD）は10年以内での段階的な関税撤廃に合意した。中国市場でパラキシレンが除外されるなど，工業製品での適用除外品目は多い。韓国市場での農水産品開放も低水準であった。農水産物は品目数ベース70%，輸入額ベース40%での開放に留まり，韓国FTA史上最低の水準となった。超敏感品目（輸入額ベース60%）は開放除外30%，関税割当制度適用16%，関税削減14%という最低限の譲歩に留まった。コメの他，トウガラシ，ニンニク，タマネギなどの野菜類と牛肉，豚肉，リンゴ，ナシなど610品目余りは開放除外対象となった。

　韓国は現在も，韓中FTAに伴う韓国国内産業への被害が出た場合，その規模は甚大と見ている。特に農業部門においては地理的に近いこと，また作付品目も似ていることから，韓米，韓EU FTAよりも広範かつ大規模な影響を懸念している。これまでの韓中FTA推進の過程では，民間研究および産官学研究が実施された。この慎重なアプローチは貿易不均衡の悪化を警戒した日韓

EPA の場合によく似ている。農業を中心とした影響分析と国内補償対策についてはその後も検討が続けられた。企画財政部（2012a）によれば，韓中 FTA の発効10年後における韓国の GDP は，農産物・製造業製品をそれぞれ10%留保することを仮定するその後の交渉状況に近い低開放ケースで2.28%増加するという[9]。韓中 FTA 交渉の妥結を受け，農林畜産食品部や海洋水産部など農林水産品関連部署は同 FTA の批准同意案の国会提出に合わせて国内補完対策を発表するための準備に直ちに入った。

　企業は国内への影響を憂慮しつつも韓中 FTA を歓迎する姿勢を示してきた。韓国貿易協会の調査（2010年2月）によれば，調査対象の製造業企業のうち韓中 FTA への賛成が58.8%，反対が36.8%と，韓米 FTA に対する世論とよく似ている。特に中国との取引がある企業について見ると賛成は75%と，期待は大きい。2014年9月に開かれた韓中財界会議でも双方は韓中 FTA の早期妥結を求めることで一致した。

　韓中 FTA 交渉が妥結したことにより，発効・妥結基準での韓国の経済領土比は，輸出額基準で67.5%，GDP 基準で72.5%となり，名実ともに FTA 大国となった。韓中 FTA は中国が主導する FTA 案件の中でも中核的な存在で，日中韓 FTA など今後中国が推進するアジア地域での多国間 FTA 案件のベンチマークとなるものと思われる。

(2) 韓中 FTA の効果分析

　韓中 FTA はまだ発効していないが，韓国にとっての対中貿易の存在がきわめて大きなものであることからしてその影響もまた大きいものと見られる。ここで，韓中 FTA 発効に伴う関税引下げ効果を分析してみることにする。

　影響推計に当たっての主要前提は次のとおりである。2010年を基準年次とした影響推計結果[10]を土台に2014年時点での交易規模と各国の市場シェアを外挿することによって現時点で予想される効果のあらましを示そうとするものである。分析対象は韓中両国の輸入であり，FTA 締結相手の国内産業の他，第3国からの輸入に及ぼす影響についても見ていく。韓中 FTA による自由化の効果がフルに表れる発効後20年目における効果を見ることとし，計算の基礎となる両国間の交易規模は，2014年1-9月の実績数値に1.33を乗じて年間

数値に換算した。各国の市場シェアはその総額に関してのみ計算に反映させ，各品目レベルでのシェア変動は織り込まなかった。このため，品目別の影響分析は，今回は見送った。

韓米両国が合意した関税引下げスケジュールはまだ詳細が公開されていないため，韓中市場ともに，韓米 FTA における韓国側の関税引下げスケジュールにひとまず倣ったうえで，韓中 FTA の自由化水準が低いことにかんがみ，影響総額に 0.9 を乗ずることとした。韓国については，韓米 FTA の HS10 ケタレベルでの引下げスケジュールを対中輸入にそのまま適用し，中国については韓米 FTA による関税引下げ幅を HS6 ケタ水準で加重平均したうえで対韓輸入に適用することにした。代替弾力性は GTAP6（2005 年公表）に準拠した。韓国市場に関しては，輸出品生産のための輸入投入財にかかる関税払い戻しを考慮したが，中国市場に関しては輸出に伴う戻し税の類を考慮していないことに留意されたい。効果を明確に算出するために FTA 利用率 100％[11]というかなり強い仮定をおいた。したがって，この試算の影響額は多めに見積もった数値の性格を帯びていることにも留意されたい。

上記のような仮定の下で韓中 FTA の影響を推計してみると，中国市場での影響が大きく，特に，韓国が得るメリットは非常に大きい。現状で大幅な対中出超の状態である韓国が輸出をさらに伸ばす形となり，韓中間の受益幅に大きな差が出そうである。韓国については輸入増 83 億ドルに対して輸出増は 497 億ドルにのぼり，差し引き 414 億ドルの輸出純増となる（表 14-4）。この輸出

表 14-4　韓中 FTA の影響（2014 年ベース）

	締約国		第 3 国					
	韓国	中国	日本	EU27	米国	ASEAN10	台湾	その他
輸入増・輸出喪失（100万ドル）	8,281	18,429	8,721	8,871	2,907	3,411	5,477	7,447
輸出増（同）	49,701	13,842	―	―	―	―	―	―
輸出純増（同）	41,421	-4,587	-8,721	-8,871	-2,907	-3,411	-5,477	-7,447
輸出純増の対 GDP 比（％）	3.18	-0.05	-0.18	-0.05	-0.02	-0.15	-1.12	―

（出所）　奥田（2013）155 ページをもとに筆者計算。

純増額は，2013年GDP対比3.18%に相当し，同年のGDP成長率が3.0%に終わった韓国にとってこのメリットはマクロ経済的観点からも無視しえない存在といえる。対中輸出増497億ドルのうち184億ドルが中国製品との代替で，313億ドルが日本を含む第3国製品との代替，すなわち貿易転換効果に相当する部分である。中国市場において第3国が合計で313億ドルの輸出を失うということであり，この影響もまた甚大である。中国が比較的高い関税を幅広い産業分野の製品に対して課してきたことを反映し，韓国が輸出を伸ばす品目もまた広範囲にわたるものと見られる。

　一方，中国は対韓輸入増が184億ドル，対韓輸出増が138億ドルで，差し引き46億ドルの赤字増加となる（表14-4）。中国は自身の高い関税率のためFTA発効により対韓輸入が増えるが，韓国のFTA発効前の関税水準が中国よりも若干低く，中国製品の韓国市場への浸透もまだ十分に進んでいないためFTAによる対韓輸出はそれほど増えない。これが中国側の赤字増の背景である。上述の通り，中国は投資の呼び込みを狙っており，この程度の赤字増は必要なコストであると認識し，容認するとみられる。

　次に第3国への影響を見ると（表14-4），第3国の輸出は韓中両市場で合計368億ドル失われる。このうち，中国市場において失われる第3国の輸出が313億ドルと大半を占める。日本は韓中FTAの影響を最も大きく受ける競争国の一つとなりそうである。日本の韓中両市場での輸出減少額は87億ドルで，中国で77億ドル，韓国で10億ドルと，中国での影響が相当に大きい。中国市場における日韓間の激しい競争と，韓国市場における日中間のすみわけが示唆される結果とも読める。最大の影響を受けるのはEUで，韓中両市場で89億ドルの輸出を失う。EUは中国市場で輸出70億ドルを失うほか，韓国においては日本よりも多い18億ドルの輸出を失う。台湾の輸出減少（55億ドル）も比較的大きい。日韓台3カ国が中国市場で三つ巴戦を繰り広げていることを反映しているとみられる。特に台湾の相対的影響は大きく，輸出減少幅の対GDP比は1.12%に上る。

　2010年基準の影響推計と今回の2014年基準の影響推計を比較すると，中国の対韓輸入の伸びと，韓EU FTA発効後の韓国の対EU輸入の急増，そして中台経済関係の緊密化に伴う中国の対台湾輸入の伸びなどのため，中国市場で

の影響，とりわけ韓国の輸出増と台湾の輸入増の幅が大きくなったほか，韓国市場における EU の影響も大きくなった。一方，韓国と中国の対日輸入の伸びは停滞しており，影響はそれほど大きくなっていない。

おわりに

　韓中 FTA の交渉妥結を受け，両国は日中韓 FTA など地域内で展開する FTA 交渉を加速させる考えであるという。日中韓 FTA の日本にとっての最大のメリットは，未だ FTA が締結されていない韓中両国との自由貿易の道が開かれることである。この FTA が発効するまでには今後何年もかかりそうだが，日本の中間・資本財の付加価値を間接的にせよ世界各地の消費者にさらに多く届けるため，今のうちから準備しておくのはどうか。日中韓 FTA と同時に，韓国が参加表明をしている TPP についても韓国が参加したときのことを考えて準備しておくべきであろう。

　韓中 FTA の発効により，日本が失う輸出は 87 億ドルに上るとの試算を示したが，「攻撃は最大の防御」ともいう。日本自身が FTA を展開していくことが肝要となる。韓国の TPP 参加が決まり，日中韓 FTA が発効した場合に日本が採り得べき一つの戦略としては韓国の国内市場への食い込みがある。実は日本の対韓輸出のうち韓国の内需向けとなる部分は意外に少ない。付加価値ベースの貿易分析[12]によれば韓国内で実現される日本製品の付加価値（付加価値輸出額）は 231.1 億ドルで，グロス概念の約半分に過ぎない。ここから日本の対韓付加価値輸入を差し引いた対韓付加価値黒字額は 64.2 億ドルと，グロス概念の貿易黒字の 3 割程度にとどまる。関税払い戻し制を運営する韓国では FTA の影響は内需向け輸入に多く表れる。韓国の TPP 参加は韓国の製品輸出促進を通じた日本の間接的輸出増のほか，韓国の内需向け輸出にも効果を表わすと期待される。

注
1)　朴正煕は当初農村とインフラの復興を目指したが，経済発展政策を立案する中で外貨不足の深刻さに気付き，輸出振興を通じた外貨獲得を目指すようになった。野副（1998）はその間の経緯

2) 外交通商部（2006）は，それまでの韓国自身の対外経済政策を振り返り，「GATTに代表される世界大の多国間自由貿易体制を最もうまく利用した模範的事例国」であったと述べた。外交通商部（2006）153ページを参照。
3) 2003－04年FTAロードマップでは，短期推進対象として日本，ASEAN，メキシコ，インドなどが挙げられ，比較的早期に交渉が進められたアメリカ，EUなどのほか，中国も中長期推進対象となっていた。奥田（2010）58ページを参照。
4) 「経済領土」という用語は，FTAによって韓国企業の活動領域が広がる感覚を込めた用語で，2010年ごろから使われ始めた。FTA相手先のGDP規模を念頭に置いて用いることが多いが，人口や輸出額を想定することもある。
5) 切片をゼロとした対数回帰の結果，推定係数は1.338，推定係数の1からの隔たり（つまり，FTA発効後の締約国向け輸出が加速したか否か）に関するt値は1.80，誤差限界15％で有意という結果を得た。ただし，この結果は小サンプルから導き出されたものであることに留意する必要がある。
6) 輸出品製造にかかる関税減免制度の歴史は長く，1961年に関税法上の事前免税制度が定められたことにさかのぼる。1975年7月以降は「輸出用原材料に対する関税等払い戻しに関する特例法（払い戻し特例法）」に基づく事後払い戻し制度が関税払い戻し実務の主流となって，現在に至る。韓EU FTA交渉の際にはこの制度の廃止をEU側が強く求めていたが，韓国側は制度の存置に成功している。制度の沿革については関税庁ウェブサイト（http://www.customs.go.kr，「輸出用原材料に対する関税払い戻し制度の概要」（関税払い戻し実務教育資料））を参照。
7) 朴政権が更なる対外交渉推進の姿勢を見せなかったことの背景としては，これまでの積極的なFTA推進により新規開拓先が少なくなったことが挙げられる。FTA未着手の主要先のうち主要なものとして，地域的には南米，アフリカ，中東などが挙げられ，個別国・地域としては香港，台湾，ロシア，ブラジル，イラン，イラク，南アフリカなどが挙げられる。
8) 2012年5月の中国社会科学院関係者からの聞き取りによる。FTA発効により貿易収支がかえって悪化するとみられるケースは日韓EPAにおける韓国側の例がある。この場合は貿易不均衡の悪化を問題視した韓国側が交渉のテーブルから離れている。しかし，中国は資本主義体制の国と違ってFTAの抵抗勢力への説得・指導は容易で，貿易収支悪化の見通しが韓中FTA推進の抵抗になることはなさそうだという。
9) この推計の基礎となったキム・ヨングィ（2012）によれば，上記影響推計は関税減免とサービス貿易自由化の効果は盛り込んだが，2004年以降の韓中間の貿易・投資の急速な緊密化を織り込んでおらず，非関税障壁や投資障壁も織り込んでいない。これらにより，キム・ヨングィは推計結果が過小推計気味であることを示唆している。
10) 奥田（2013）155ページを参照。
11) 実際には原産地規則不充足や事務煩雑を理由としたFTA利用放棄は多い。原産地証明が自己証明方式であるため利用しやすい韓米FTAでも利用率は6－7割程度であり，機関証明方式のため煩雑といわれる韓ASEAN FTAでは高々2－3割程度しか活用されていないとされる。
12) 通常の分析で用いられるのは，最終財と中間財を区別しないグロス概念の輸出入および収支額であるが，付加価値貿易の概念によれば中間財貿易の二重計算を排除し，中間財に体化された付加価値が最終的にどの国で実現されたかを，世界大での国際産業連関表の枠組みを使って推計しようとしている。OECDは付加価値貿易概念に基づく主要国の貿易額及び貿易収支の推計を行い，2013年に公表した。データベース形式によるデータ提供は以下のウェブサイトにて実施されている。http://stats.oecd.org/index.aspx?queryid=47807

参考文献

奥田聡（2010）『韓国の FTA：10 年の歩みと第 3 国への影響』アジア経済研究所．
奥田聡（2013）「韓国の FTA とその影響」，伊藤元重編『日本の国際競争力—貿易・国際収支の構造的変化がもたらすもの』第 5 章，中央経済社．
高安雄一（2012）『TPP の正しい議論にかかせない米韓 FTA の真実』学文社．
野副伸一（1999）「朴正熙の開発哲学：農業開発中心から輸出主導型経済へ」『アジア研究所紀要』第 25 巻，亜細亜大学アジア研究所．

Kim, Gyupan (2013), *Japan's Participation in TPP Negotiation: Prospect and Policy Implications for Korea*, Seoul: Korea Institute for International Economy.
Petri, Peter A., et al (2013), "Adding Japan and Korea to the TPP," Peterson Insitute for International Economics, http://asiapacifictrade.org/.

関係部署合同（2013）「新政府の通商ロードマップ」（韓国語）．
産業通商資源部（2013）「環太平洋経済同伴者協定（TPP）公聴会開催（11.15）結果」（報道参考資料），11 月 18 日（韓国語）．
──（2014）「'13 自動車産業—輸出，内需小幅減少するも輸出額史上最大」，1 月 14 日．
外交通商部（2006）『2006 年外交白書』（韓国語）．

（奥田　聡）

索　引

欧文

ACFTA　120, 172
ACTA　63
AEC スコアカード　102
AEC ブループリント　97, 102
AFTA　96, 98, 120
AICO　99
APEC　18, 96
　――（アジア太平洋経済協力会議）　13, 78, 188
ASEAN　42, 159
　――協和宣言　96
　――経済共同体（AEC）　35, 47, 95, 172
　――憲章　97
　――自由貿易地域（AFTA）　47
　――首脳会議　43
　――・中国自由貿易地域（ACFTA）　162
　――の中心性　34, 44, 106
　――＋1 の FTA 網　44, 100
　――＋3　22
　――＋6　22
　――連結性マスタープラン（MPAC）　98
ASEM（アジア欧州会合）　78
CEPEA　34, 42, 101, 188
CLMV　44
　――諸国　102
EAFTA　34, 42, 101, 188
ECB　144
EEA　146
EFTA　146
EIA　69
EMU　144
EPA　69
EU（欧州連合）　66, 142
FTA　69, 83, 114, 204
　――カバレッジ　205
　――政策　182
　――のカバー率　116, 133
　――の空白地帯　32, 84
　――利用率　116, 177
FTAA（米州自由貿易地域）　132, 150, 185
FTAAP　18, 33, 43, 189
G20 ピッツバーグ・サミット　11
G20 ロンドン・サミット　10
GATT　130
GPA　57
ISDS 条項　57, 137
ITA　71
LDC（後発途上国）　6
MFN 税率　118
NAFTA（北米自由貿易協定）　56, 130, 132
P4　33, 189
RCEP　7, 35, 101, 106, 114, 123, 157
SPS（衛生植物検疫）　58
TBT（貿易の技術的障壁）　58
TISA　13
TPA　138
TPP（環太平洋経済連携協定）　7, 31, 35, 36, 45, 74, 77, 79, 85, 114, 123, 157, 189
　――交渉　101, 133
　――マイナス　38
TRIPS　62, 137
TTIP　7, 45, 77, 79, 114, 123, 151
　――交渉　133
WTO（世界貿易機関）　3, 21, 77, 161, 204
　――閣僚会議　5
　――プラス　8, 38, 134

和文

【ア行】

アキ・コミュノテール　146
アジア NIES　144
アジア回帰　133, 190
アジア経済危機　97
アジア太平洋自由貿易圏（FTAAP）　20

索引 219

アジア通貨危機　203
アベノミクス　66
アムステルダム条約　145
アーリー・ハーベスト　5, 47, 162, 184
安全基準　59
アンチ・ダンピング（AD）税　10
域外差別　14
生きた協定　64
市場アクセス　55, 75
市場経済　185
市場経済原理　194
一括受諾方式　11, 170
遺伝子組み換え作物（GMO）　60
インボイス　49, 179
ウルグアイ・ラウンド交渉　130
衛生植物検疫（SPS）措置　60
欧州協定　149
欧州経済領域　146
欧州債務危機　54
欧州自由貿易連合　146
欧州中央銀行　144
欧州連合　142

【カ行】

改正政府調達協定　57
環境物品　13
漢江の奇跡　201
関税削減効果　126
関税同盟　143
関税払い戻し制度　207
関税番号変更基準　48, 102, 166, 177
関税率差　123, 124
環大西洋貿易投資パートナーシップ（TTIP）　53, 79
韓中FTA　209
韓米FTA　210
企業内貿易　89
偽装された保護主義　10
強制規格　10
競争政策　192
共通関税譲許表　49
共通効果特恵関税協定（CEPT）　96
共同市場　144
グローバル・ガバナンス　14

グローバル・スタンダード　64
グローバル・パートナー　76
グローバル・バリューチェーン　28
グローバル・ヨーロッパ　155
軽薄短小型産業　67
経済格差　172
経済統合協定　69
経済ブロック　78
経済領土　205
経済連携協定（EPA）　74
原産地基準　117
原産地規則　28, 48, 117, 165, 176
原産地証明　102, 125
　　──書　49, 174
賢人会議　19
広域FTA　42
　　──構想　33
公正貿易　130
工程間分業　32
合同ハイレベルグループ　74
国際生産ネットワーク　8
国際標準　58
　　──化機構（ISO）　58
国有企業　192, 195
　　──改革　92
国家輸出イニシアティブ（NEI）　54
コトヌー協定　148
ゴールド・スタンダード　36
コンセンサス（全会一致）の原則　11

【サ行】

最恵国待遇　21, 151
サービス貿易一般協定（GATS）　13
サプライチェーン　7, 32, 46, 106
産業内貿易　90
三中全会　194
ジェネリック医薬品　137
次世代型の貿易投資　28
上海自由貿易試験区　194
収穫しやすい果実　55
自由化率　47, 55, 167
重厚長大型産業　67
自由貿易協定（FTA）　67, 74
譲許税率　10

情報技術協定（ITA） 13
食糧備蓄 6
新型 FTA 151
シングル・アンダーテーキング 11, 170
シングルウィンドウ 50, 104
新政府の通商ロードマップ 208
親中国家 210
スクリーン・クォータ制 56
スコアカード 98
スコーピング作業 75
スタンダード協定 58
スタンドスティル 10
ステージング（段階的関税削減） 125
スパゲティ・ボウル現象 8, 48, 178
生産ネットワーク 90, 106
製造物責任 60
政府支援 10
政府調達協定（GPA） 13
世界金融危機 99
世界貿易機関 161
石油危機 144
石油ショック 67
全会一致の原則 7
センシティブトラック 163, 169
センシティブ品目 92, 163, 174
相互承認 59, 61

【タ行】

第 3 者証明 125
第二 WTO 20
多角的貿易体制 21
多国籍企業 57
ダボス会議 13
タリフライン 55, 135
単一市場 144
　──・生産基地 97
単一欧州議定書 144
地域主義のマルチ化 8
地域累積付加価値基準 165
チェンマイ・イニシアチブ（CMI） 99
知的財産権 62
仲介貿易 178
直接投資 97
地理的表示 62

底辺への競争 137
東京ラウンド交渉 130
投資家国家紛争解決（ISDS） 63
投資保護 57
投資ルール 57
東方政策（ルックイースト） 165
特別セーフガード・メカニズム（SSM） 5
ドーハ公衆衛生宣言 137
ドーハ・ラウンド 4, 72, 77, 161

【ナ行】

南米南部共同市場 150
ニクソン・ショック 144
西側の復権 54
21 世紀型貿易 7, 15
21 世紀型の FTA 79
21 世紀型の協定 37
ニース条約 145
日 ASEAN 包括的経済連携（AJCEP） 114
日 EU・FTA 123
日 EU 戦略的パートナーシップ協定（SPA） 67
日韓 EPA 206
日中韓 FTA 35, 82, 114, 123, 215
日中韓投資協定 85
日中共同提案 35
日本・EU 経済連携協定（EPA） 66, 114
日本叩き 69
日本問題 69
認定輸出者証明 125
ネガティブリスト化 92
ネガティブ・リスト方式 56, 137, 194
農業補助金 6
ノーマルトラック 163, 169

【ハ行】

バイ・アメリカン条項 9
バブル崩壊 69
バリ・パッケージ合意 5
バリューチェーン 32
ピアプレッシャー 102
比較劣位産業 89
東アジア共同体構想 85
東アジア自由貿易地域（EAFTA） 34
東アジア地域包括的経済連携（RCEP） 42

東アジア包括的経済連携（CEPEA） 34
非関税障壁 59, 75, 144
開かれた地域主義 21
ファスト・トラック権限 138
フォーカル・ポイント（合焦点） 28
付加価値基準 48
不公正貿易慣行 130
部分合意 5
プラザ合意 96
プラチナ・スタンダード 37
プルリ協定 12
プルリ合意 12
ブレアハウス合意 65
紛争解決メカニズム 68
米韓 FTA 55, 135
米豪 FTA 55
米州自由貿易圏 150
貿易円滑化協定 6
貿易救済措置 10, 44
貿易自由化 23
貿易促進権限（TPA） 64, 138
貿易転換効果 25
貿易不均衡 69, 211
貿易摩擦 67, 68
北米自由貿易協定（NAFTA） 78
保護主義 9
　──的措置 9
ボゴール宣言 20
ボゴール目標 27
ポジティブリスト方式 137

【マ行】

マーストリヒト条約 80, 144
マルチトラック・アプローチ 130
マンデート 76
民営化 195
メガ FTA 3, 7, 14, 39, 45, 79, 105, 107, 114, 123, 133
　──時代 32
　──ドミノ 36
　──の三角形 38
メガ・リージョン 77
メルコスール（南米南部共同市場） 132, 150
モダリティ 4

モニタリング 10, 98
模倣品・海賊版拡散防止条約（ACTA） 12

【ヤ行】

輸出結合度 90
輸出主導 202
輸出倍増計画 100
ユーロ危機 145
ユーロ圏 145
横浜ビジョン 20
ヨーロッパ2020 156

【ラ行】

リスボン条約 56, 80, 145
リーマン・ショック 9, 145, 197, 203
累積原産地規則 49
累積付加価値基準 102
累積付加価値率 177
連合協定 145
ローマ条約 144
ロメ協定 148
ロールバック 10

【ワ行】

枠組み協定 162

執筆者紹介（執筆順）

馬田　啓一	杏林大学総合政策学部教授	第1章
石戸　　光	千葉大学法経学部教授	第2章
菅原　淳一	みずほ総合研究所政策調査部上席主任研究員	第3章
石川　幸一	亜細亜大学アジア研究所教授	第4章
安田　　啓	世界平和研究所研究員	第5章
渡邊　頼純	慶應義塾大学総合政策学部教授	第6章
阿部　一知	東京電機大学未来科学部教授	第7章
清水　一史	九州大学大学院経済学研究院教授	第8章
高橋　俊樹	国際貿易投資研究所研究主幹	第9章
瀧井　光夫	桜美林大学名誉教授	第10章
田中　友義	駿河台大学名誉教授	第11章
助川　成也	ジェトロ企画部事業推進室長	第12章
中島　朋義	環日本海経済研究所調査研究部主任研究員	第13章
奥田　　聡	亜細亜大学アジア研究所教授	第14章

編著者紹介

石川　幸一（いしかわ　こういち）
　1949年生まれ。東京外国語大学外国語学科卒業。ジェトロ国際経済課長，国際貿易投資研究所研究主幹等を経て，現在，亜細亜大学アジア研究所所長・教授。国際貿易投資研究所客員研究員。主要著書に，『ASEAN経済共同体』（共編著，ジェトロ，2009年），『TPPと日本の決断』（共編著，文眞堂，2013年），『ASEAN経済共同体と日本』（共編著，文眞堂，2013年），『TPP交渉の論点と日本』（共編著，文眞堂，2014年）など多数。

馬田　啓一（うまだ　けいいち）
　1949年生まれ。慶應義塾大学大学院経済学研究科博士課程修了。現在，杏林大学総合政策学部教授。国際貿易投資研究所客員研究員。主要著書に，『通商政策の潮流と日本：FTA戦略とTPP』（共編著，勁草書房，2012年），『日本のTPP戦略：課題と展望』（共編著，文眞堂，2012年），『アジア太平洋の新通商秩序：TPPと東アジアの経済連携』（共編著，勁草書房，2013年），『通商戦略の論点』（共編著，文眞堂，2014年）など多数。

国際貿易投資研究会

　(財)国際貿易投資研究所（ITI）における自主研究プロジェクトとして，山澤逸平一橋大学名誉教授が発起人となりFTAに関心を持つ学者やジェトロのスッタフ有志が参加して，2007年10月から毎月1回程度のFTA研究会としてスタートした。2010年11月に国際貿易投資研究会と名称を変更。現在，会員数は産官学合わせて約70名。FTAをはじめとする国際貿易・投資の最新動向に関する報告を基に，現実に即した政策論を戦わす場となっている。

FTA戦略の潮流：課題と展望

2015年3月31日　第1版第1刷発行　　　　　　　　　　　検印省略

編著者　　石　川　幸　一
　　　　　馬　田　啓　一
　　　　　国際貿易投資研究会

発行者　　前　野　　隆

発行所　　東京都新宿区早稲田鶴巻町533
　　　　　株式会社 **文　眞　堂**
　　　　　電話　03（3202）8480
　　　　　FAX　03（3203）2638
　　　　　http://www.bunshin-do.co.jp
　　　　　郵便番号(162-0041)　振替00120-2-96437

印刷・モリモト印刷　製本・イマキ製本所
© 2015
定価はカバー裏に表示してあります
ISBN978-4-8309-4858-9　C3033

【好評既刊】

焦眉の諸問題現状と課題を学際的に考察。

国際関係の論点 グローバル・ガバナンスの視点から

馬田啓一・小野田欣也・西 孝 編著
ISBN978-4-8309-4857-2／C3033／A5判／220頁／定価2800円＋税

大きく変容する戦後の国際秩序，その先行きには暗雲が漂う。一国の統治だけでは解決できない多くの厄介な問題に直面する世界。利害の対立で綻びが目立つ国際協調の枠組み。グローバル・ガバナンスの意義が問われている。焦眉の国際関係の諸問題にどう対応していくべきか，現状と課題を学際的に考察。

ASEAN経済共同体の実像と将来。

ASEAN大市場(メガ)統合と日本 TPP時代を日本企業が生き抜くには

深沢淳一・助川成也 著
ISBN978-4-8309-4838-1／C3033／A5判／292頁／定価2200円＋税

2000年代，日本，中国，韓国，そしてインド，豪NZがASEANを巡りFTAの主導権争いが展開された。通商環境が激変する中，日本企業は東アジア戦略の舵をどう切り，今後どう展開していくべきなのかを分析。ASEAN経済共同体（AEC）の死角から東アジア大統合の展望まで全てわかる。ビジネス関係者，学生，研究者から政府関係者まで必読の1冊。

東南アジアのエネルギーの最新情報満載！

東南アジアのエネルギー 発展するアジアの課題

武石礼司 著
ISBN978-4-8309-4825-1／C3033／A5判／174頁／定価：2000円＋税

好調な経済の下，発展を遂げてきた東南アジアの10カ国は，アセアンを形成して域内協力を深めており，日本にとって，ますます重要な国々となっている。アセアン10カ国は，歴史，人口，気候，宗教，資源，産業も大きく異なり，エネルギー需給への取り組みと政策も実に多様である。最新の現地情報を盛り込み，アセアンの現状と今後を解説する。

難航するTPP交渉の背景と争点を検証。

TPP交渉の論点と日本 国益をめぐる攻防

石川幸一・馬田啓一・渡邊頼純 編著
ISBN978-4-8309-4823-7／C3033／A5判／256頁／定価2300円＋税

年内妥結かそれとも漂流か。正念場を迎えたTPP交渉。日米をはじめ交渉参加12カ国はセンシティブな問題をめぐり激しく対立。関税撤廃，知的財産権，国有企業規律，投資（ISDS条項），環境など難航する交渉分野の主な争点は何か。合意への道筋をどう付けるのか。本書は，TPPの背景と交渉分野における主要な論点を取り上げ，攻めと守りのTPP交渉を検証。

日本の通商戦略論の最新版！
通商戦略の論点 世界貿易の潮流を読む

馬田啓一・木村福成 編著
ISBN978-4-8309-4822-0／C3033／A5判／232頁／定価2600円＋税

世界貿易の潮流に大きな変化が生じるなか，日本の通商戦略も大きな転機を迎えている。日本経済再生のカギを握る新通商戦略が目指すべきものとは。アジア太平洋の新通商秩序，新たな通商立国の条件，次世代型の通商課題など，日本が直面する目下焦眉の通商上の問題を様々な視点から取り上げ，その現状と課題を鋭く考察。

現代社会のリスクの本質を開示し，克服の平和経済学を提唱！
開発リスクの政治経済学

郭　洋春 編著
ISBN978-4-8309-4806-0／C3033／A5判／248頁／定価2700円＋税

東日本大震災とそれに続く福島第一原発事故は，現代社会は決して安全な社会ではない，すなわちリスク社会だということを認識させた。現代は開発をすればするほどリスクが増大する社会となった。なぜこれほどリスクが増大するのか。本書は現代社会のリスクの本質を明らかにし，それを克服するための新たな価値体系としての平和経済学を提唱する。

アジアの経済発展の軌跡をたどり，その開発経験をあざやかに描く。
アジア開発経済論 持続的成長，貧困削減，危機克服の経験

セイジ・F・ナヤ 著／吉川直人・鈴木隆裕・林　光洋 訳
ISBN978-4-8309-4804-6／C3033／A5判／270頁／定価2700円＋税

アジア経済研究の第1人者が，高成長や貧困削減を促した成功要因，経済パフォーマンスの格差，1997-98年の経済危機を生んだアジアに内在する問題点に注目し，アジア地域の経済発展の軌跡をたどり，開発経済学の枠組みにもとづいて「アジアの開発経験」を描く。開発分野の学生，研究者，実務者に有用であり，開発経済学やアジア経済論のテキストとしても最適である。

真の国益を問う！TPP 推進論の決定版！
TPPと日本の決断 「決められない政治」からの脱却

石川幸一・馬田啓一・木村福成・渡邊頼純 編著
ISBN978-4-8309-4779-7／C3033／A5判／240頁／定価2600円＋税

正念場を迎えた日本の通商戦略。TPP 参加は，なぜ日本にとって戦略的に重要な選択であるのか。日本の真の国益は何か。本書は，TPP の意義，TPP 交渉の現状と課題，日本の対応など様々な視点から鋭く考察。第一線で活躍する研究者たちが執筆陣に参加したTPP 推進論の決定版。

2015年，世界の成長センターASEANが巨大統合市場に！

ASEAN経済共同体と日本 巨大統合市場の誕生

石川幸一・清水一史・助川成也 編著

ISBN978-4-8309-4778-0／C3033／A5判／238頁／定価2600円＋税

2015年，ASEAN経済共同体（AEC）が創設される。完成すれば中国やインドにも対抗する経済圏となり，日本と日本企業にとっても最重要な地域となる。日本とASEANとの関係は40年を迎え，ASEANとの経済関係を戦略的に見直す時期に来ている。各分野の専門家が統合への進展状況，課題，実現への展望などを検討，2015年末のASEANの姿を描く。

日本経済再生への処方箋を提示！

日本経済の復活と成長へのロードマップ 21世紀日本の通商戦略

浦田秀次郎・21世紀政策研究所 編著

ISBN978-4-8309-4776-6／C3033／A5判／258頁／定価2800円＋税

バブル崩壊後20年以上にわたって低迷を続ける日本経済。エネルギー安定供給の不確実性，人口減少，高齢化，深刻な財政状況，経済の閉鎖性などの諸問題を抱える日本経済に復活・成長の可能性はあるのだろうか？本書は通商戦略に焦点を当て，処方箋を提示する。現在，日本経済にとって最も重要な通商戦略はTPPへの参加とRCEPの推進である。

201X年，日本の投資はどこへ向かうのか？

ASEANシフトが進む日系企業 統合一体化するメコン地域

春日尚雄 著

ISBN978-4-8309-4772-8／C3033／A5判／212頁／定価2400円＋税

近年の状況を見ると，海外進出企業は集中のメリットを優先し，リスク分散をはかる必要を軽んじていた感がある。日本企業はASEANとりわけメコン地域への投資の比重を増やす行動が起きつつある。本書では一大経済圏となりつつあるGMS（拡大メコン経済圏）で，日系グローバル企業を中心に産業の集積と分散がどのように起きているかを論じている。

TPP，欧州危機など焦眉の課題を鋭く考察！

国際経済の論点

馬田啓一・木村福成 編著

ISBN978-4-8309-4771-1／C3033／A5判／259頁／定価2800円＋税

高まる国際経済の不確実性とリスク。グローバル化と相互依存の深化によって，日本経済もその影響から逃れることはできない。日本に次々と押し寄せる荒波。先行きの不透明な国際経済の動きをどう読み解くか。本書は，国際経済における目下焦眉の諸問題を論点に取り上げ，その現状や問題点，課題を鋭く考察。